KB159069

스마트세대의 교양

수학의 역사

김수홍 著

21세기사

머리말

    수학은 문명의 중요한 구성요소이며, 그 형성에 크게 이바지 하여왔다. 한국에서는 학교에서 배우는 수학이 입시 때문에 큰 역할을 다하지 못한다는 평가를 받고 있는 것이 안타까운 현실이다. 입시위주의 수학공부는 진정한 수학에 대한 연구의 동기나 추리과정이 생략되는 경우가 많다. 더 나아가 수학의 본질이 인간의 사고과정이라는 근본을 망각하게 되는 경우가 많다. 진정한 수학공부는 인간의 수학적 정신의 구현이라는 사실을 인식하는 것이다.

    수학사를 연구하는데 가장 매력적인 소득은 과거에 창조된 수학의 업적 속에서 인간정신이 어떻게 변하고 발전되어 왔는가를 찾을 수 있다는 것이다. 그러나 수학 발전의 핵심은 시대적으로 사회상의 현실적인 요구 보다는 순수한 지적 호기심과 사색에서 유래된 것이 대부분이다. 수학사는 수학적 정신의 발자취이다. 수학정신의 발자취는 한마디로 이성의 역사이며, 완전한 것으로 향하는 인간의 의욕을 고취하는 것이 바로 이 수학적 정신이다. 수학사에서 우리가 얻으려는 것은 과거에서 현재까지 시대와 사회상의 변화와 더불어 쌓아 올린 이 수학적 정신의 발자취에서 인간의 얻은 이성과 지혜의 정수가 무엇인지 알고자 함일 것이다. 이 책에서는 교양함양을 위한 고대에서 현대까지의 이러한 인간의 수학적 정신의 발자취를 찾아보고자 하였다.

2015년 1월
안서동에서 필자

목 차

"수학은 어떤 특별한 지식이나 기술이 아니라
수학적 정신 바로 그것이다."

C. Lanczos "Numbers without End"

1

고대의 수학

기원전 2,000년까지에는 고대 4대 문명(나일강 유역의 이집트 문명, 티그리스/유프라테스 강 유역의 메소포타미아 문명, 인더스강 유역의 인더스 문명, 황하강 유역의 황하 문명) 이라고 부르는 상당히 발달된 고대 국가 사회가 형성되어 있었다. 고대 국가의 주요 경제 활동은 농업과 목축으로서 이 강들의 홍수로부터 농토를 관리하는 일과 거기서 나오는 생산물을 분배하고 조정하는 일은 무엇보다 중요하였다. 따라서 문명 초기의 수학의 특징은 농업이나 토목, 건축과 같이 실용적인 산술과 측량에 있었다. 이로부터 대수와 기하학이 시작되었다.

오늘날 기록으로 남아있는 것은 이집트와 바빌로니아의 것뿐이다. 바빌로니아 인들은 구운 점토판을 사용했고, 이집트인 들은 돌과 나일강변의 갈대로 만든 파피루스를 사용했다. 그러나 초기 중국인들과 인도인들은 나무껍질이나 대나무와 같은 썩기 쉬운 재료에 기록을 남겨 놓아 오늘날까지 확실하게 전해진 것은 거의 없다.

1. 수학의 태동

그리스의 헤로도토스(Herodotos, B.C 484-425?)는 그가 지은 책 속에서 다음과 같이 쓰고 있다. "세소스트리스 왕은 모든 이집트 사람에게 사각형의 땅을 추첨하여 분배하고 그 토지에서 얻은 수확에서 세금을 거두어들였다. 나일강에 대 홍수가 일어나 땅이 황폐되면 백성은 왕에게 이 사실을 알렸고, 왕은 관리를 시켜 다시 토지를 측량하고 세금을 조정하였다."

세계에서 가장 오랜 문명국이었던 이집트는 아프리카 대륙의 동북방에 위치하고 있다. 그러나 이 고대 문명국가는 이미 2,000년 전에 멸망했고, 현재는 같은 땅에 전혀 다른 나라가 그 자리에 들어섰다. 이집트는 무더운 날씨가 연중 계속되고, 비가 적지만, 다행히 이 나라의 중심지에 나일강이 흐르고 있어서 해마다 일정한 계절에 주기적으로 이 지방 일대에 큰 홍수가 터진다. 이 대홍수 덕분에 상류지방의 기름진 흙이 쓸려 온다. 그래서 이 물이 빠진 후에는 거름을 주지 않아도 농사는 저절로 잘 된다. "이집트 문명은 나일강이 준 선물이다." 라는 말이 있듯이 이집트 사람에게는 이 대홍수야말로 하늘이 베푼 가장 큰 선물이었다.

그러나 해마다 되풀이 되는 나일강의 범람은 동시에 여러 가지 문제를 야기 시켰다. 첫째, 홍수가 시작될 시기를 정확하게 알아낼 필요가 있었다. 왜냐하면 이 범람을 농사에 이용하기에 앞서 이집트 전체가 물바다가 되기 때문에 아주 광범위한 준비를 해야 하고 따라서 사전에 이것을 알고 있어야만 했던 것이다. 둘째로는, 홍수가 지나간 다음의 농토정리의 문제였고, 셋째로는 나일강을 관리하기 위한 여러 가지 토목사업 즉, 운하를 파고, 수문을 만들고, 둑을 쌓는 등의 일이었다.

이러한 사업을 위해서 당시의 이집트 사람들에게 절실히 필요 하였던

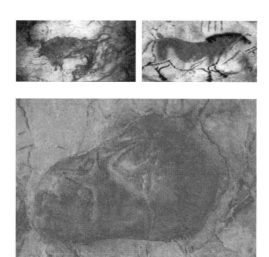

[그림 1-1-1] 알타미라 동굴의 벽화

[그림 1-1-2] 아브델키나의 벽화

[그림 1-1-3] 기자의 피라미드

[그림 1-1-4] 기자의 스핑크스

기술은 우선 수학에 관한 것이었다. 헤로도토스의 기록을 보면 이미 고대 이집트에 기하학이 있었다는 것을 알 수 있다. 이러한 사정은 이집트와 같이 오랜, 그리고 빛나는 수학의 역사를 가진 바빌로니아의 경우에도 마찬가지였다. 메소포타미아 평원을 흐르고 있는 티그리스/유프라테스 두 강의 홍수와 그 유역에서 일어난 문명에 관해서 잘 알려져 있다.

그리스 이전의 수학은, 기원전 6세기로부터 기원전 5세기에 걸쳐서 탄생한 그리스 수학이 시작된 이후에도 아주 오랫동안 이집트나 바빌로니아의 수학은 제 구실을 하였을 뿐만 아니라 그리스 수학에 실제로 영향을 미쳤다. 특히 그리스 초기의 수학자는 모두 예외 없이 이집트, 바빌로니아, 그리고 지중해 연안의 아시아의 나라들을 두루 다니면서 수학을 익히고 그 지식을 자기 나라 사람들에게 전파시켰다. 그리스 이전의 수학이 그리스처럼 완전한 지식체계를 이루지 않았다고 하더라도 그 원조이었다는 것만은 틀림없는 사실이다.

고대 수학은 처음 어떻게 태동되었으며 어떤 내용의 것이었는지 살펴보자. 독일의 철학자 임마누엘 칸트(Immanuel Kant, 1724-1804)는 "그리스 사람들은 사물의 본질을 규명해왔다. 다시 말해서 물질의 실체를 파악하고 수의 뜻을 밝히는 등 하나의 합리적인 통일체로서의 세계를 인식하기 위해 힘썼다." 라고 설명했다. 그리스 사람은 그 이전과는 전혀 다른 문명형태를 확립한 것으로 평가하고 있다. 그들의 문화는 기하학에 잘 상징되어 있다. 고대에는 기하학이라는 학문을 이렇게 정의하고 있다. "기하학이란 원, 삼각형, 사각형 등의 도형을 정확히 그려내고, 이들 원, 삼각형, 사각형 사이에 어떤 관계가 있는가를 세밀히 따지고 몇 개의 원, 삼각형, 사각형이 있을 때는 어떤 위치에 있는지를 연구하는 학문이다." 그러나 이렇게 길게 설명하여도 아직 충분한 설명은 되지 못한다. 왜냐하면, 가령 하나의 원이 있을 때, 이 원의 반지름을 측정해보면 그 길이가 모두

[그림 1-1-5] 고대 바빌로니아 지역

[그림 1-1-6] 바빌로니아 점토판

[그림 1-1-7] 점토판

[그림 1-1-8] 간단한 도형

같다는 것을 알 수 있는 데, 그 이유를 따지는 일도 기하학의 대상이 된다. 이런 경우도 있다. 여기에 두 원이 있을 때, 원끼리 2점에서 만날 경우, 두 원이 1점에서만 만날 경우, 두 원이 전혀 만나지 않을 경우가 있지만 이 세 가지 경우는 어떤 조건에서 일어나는지를 따져 보는 것도 기하학에서 다룬다. 그리고 또 삼각형의 각 변의 중심과 그것에 맞선 꼭지 점을 이어보면 이 3직선은 반드시 1점에서 만난다. 그뿐 아니라 이점은 그 사이 각을 2:1의 비율로 나누고 있다. 이러한 문제도 기하학에서 다룬다.

고대 농업 국가이었던 이집트, 바빌로니아, 중국 등에서는 토지의 측량에 필요한 수학 즉, 기하학이 일찍부터 발달하였고, 그 중에서도 여러 가지 모양의 토지 넓이를 측정하는 일이 주요한 국가의 행정 문제였다. 따라서 그 기본이 될 삼각형은 그 넓이가 밑면 × 높이 ÷ 2 라는 사실도 알려졌다.

이렇게 따져보면 앞의 기하학의 정의는 만족스러운 것이 못 된다는 것을 알 수 있다. 그렇다고 달리 그럴 듯한 말을 꾸며보아도 기하학이라는 이름으로 다루는 모든 지식을 예외 없이 포함시킬 수 있는 그러한 설명을 찾아내기 힘들다. 그러나 기하학의 영역은 이 초급 기하(유클리드의 원론 즉, 유클리드의 기하학은 이보다 수준이 높다)에 그치지 않고 비유클리드 기하, 사영기하, 그리고 위상기하(Topology) 등 다양하다.

우선 수학이 어떻게 발생되었는가를 살펴보자. 이것은 수학에 접근하는 손쉬운 방법이면서 수학이 무엇인가를 알아내는 데 좋은 실마리가 될 수도 있기 때문이다. 이집트라든지 메소포타미아(바빌로니아), 그리고 중국에서는 놀라울 정도로 그 옛날부터 수학이 알려져 있었다. 특히 이집트와 바빌로니아에는 이미 기원전 2천 5~600년 전부터 수학이 존재하였다는 것이 정설이다.

[그림 1-1-9] 부피계산

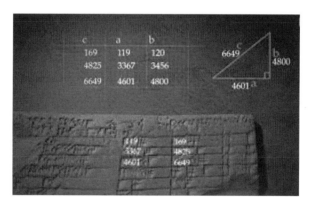

[그림 1-1-10] 이집트 점토판(제곱,제곱근)

[그림 1-1-11] 이집트 서기의 상

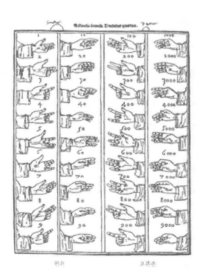

[그림 1-1-12] 고대의 손가락 셈

이집트 사람은 물건의 개수를 셈할 때, 작은 돌을 사용해서 물건 하나에 돌 하나씩을 대응시켜 그것이 10개 모아지면 한 단위를 올렸다. 말하자면 그들은 10개씩 묶어서 셈을 하는 10진법을 사용하였던 것이다. 왜 하필 10진법의 셈을 하였는가에 대하여 우리 인간의 손가락이 10개라는 사실이 바로 그 답이 된다. 바꾸어 말하면 고대 이집트에서 돌멩이로 셈하기에 앞서서 손가락셈을 하였다는 이야기가 된다. 10진법은 인류가 문명을 일으킨 곳마다 예외 없이 사용되었던 셈법이다. 손가락셈은 대단히 중요한 역사적인 의미가 있다고 생각할 수 있다. 이 원시적인 방법을 바탕으로 해서 가감승제의 사칙연산은 물론 간단한 방정식까지도 풀었다고 알려져 있다.

고대국가에 있어서는 과학적인 지식이 신비적인 종교의 기문이나 경문처럼 지배자의 권위를 높이는 데 크게 기여했다. 노예들로부터 노동력을 제공받는 대신 지배계급 사람들은 신으로 부터 얻은 권능인 수학 지식을 이용해서 우매한 백성들을 다스렸다. 이집트의 수학도 바빌로니아의 수학도 극히 실용적이고 기술적인 것이었다. 실용적인 지식이란 그만큼 백성을 지배하는데 큰 권위를 발휘하였음을 뜻한다.

고대 중국의 수학에 눈을 돌려보면 주나라 때 이미 그 중요부분이 만들어진 구장산술이라는 수학의 고전은 일찍부터 우리나라를 포함한 동양의 여러 나라에 보급되었다. 이집트의 수학은 세계 최초의 수학서라 할 수 있는 아메스(Ahmes)의 "파피루스"에서 그 내용을 짐작할 수 있다. 그런데 이 수학책을 엮은 아메스라는 사람이 기원전 18세기경의 성직자였다는 사실이 알려져 있다. 이 동서양의 2개의 수학고전이 모두 각기 고전에서 다루고 있는 지식을 신비로운 것으로 간주하고 있다는 점이다. 아메스의 파피루스 첫머리에는 "모든 대상에 숨어 있는 의문스러운 사실, 모든 비밀을 이해하게 만들어주는 여러 가지 지침" 이라고 씌어있고, 구장산술

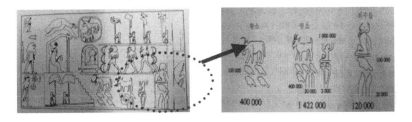

[그림 1-1-13] 바빌로니아의 쐐기 문자

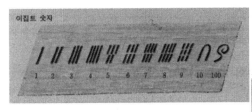

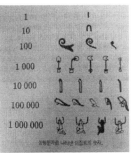

[그림 1-1-14] 이집트의 기수법

[그림 1-1-15] 마야의 기수법

[그림 1-1-16] 마야의 석비

B.C. 5세기 경의 것으로 추정되는 아테네의 그리스 비문 (단편). 세번째 줄에 3달란트와 3 935(+×?) 드라크마 의 합계가 나타나 있다.

1	I	100	H	10 000	M
2	II	200	HH	20 000	MM
3	III	300	HHH	30 000	MMM
4	IIII	400	HHHH	40 000	MMMM
5	Γ	500	Γ꙰	50 000	Γ꙰
6	ΓI	600	Γ꙰H	40 000	Γ꙰M
7	ΓII	700	Γ꙰HH	70 000	Γ꙰MM
8	ΓIII	800	Γ꙰HHH	60 000	Γ꙰MMM
9	ΓIIII	900	Γ꙰HHHH	90 000	Γ꙰MMMM
10	Δ	1 000	X		
20	ΔΔ	2 000	XX		
30	ΔΔΔ	3 000	XXX		
40	ΔΔΔΔ	4 000	XXXX		
50	Γ꙰	5 000	Γ꙰		
60	Γ꙰Δ	6 000	Γ꙰X		
70	Γ꙰ΔΔ	7 000	Γ꙰XX		
80	Γ꙰ΔΔΔ	8 000	Γ꙰XXX		
90	Γ꙰ΔΔΔΔ	9 000	Γ꙰XXXX		

B.C. 5세기에서 서력 원년에 이르기까지 두루 검증되고 있는 아티카의 비문에 나타 난 수 기록 체계.

[그림 1-1-17] 그리스 숫자

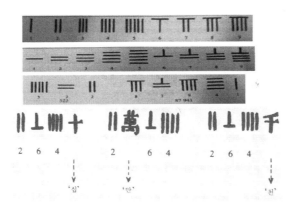

[그림 1-1-18] 중국의 숫자

[그림 1-1-19] 중국의 주판

<table>
<tr><td>1.4</td><td>↓I</td><td>51</td></tr>
<tr><td>1.4</td><td>XXCIIII</td><td>84</td></tr>
<tr><td>1.5</td><td>↓XXIIII</td><td>74</td></tr>
<tr><td>1.5</td><td>CXXIII</td><td>123</td></tr>
<tr><td>1.6</td><td>C↓XXX</td><td>180</td></tr>
<tr><td>1.7</td><td>CCXXXI</td><td>231</td></tr>
<tr><td>1.7</td><td>CCXXXVII</td><td>237</td></tr>
<tr><td>1.8</td><td>CCCXXI</td><td>321</td></tr>
<tr><td>1.12</td><td>ᗡCCCCXVII</td><td>917</td></tr>
</table>

B.C. 172년과 158년에 집정관 C. 포필리
우스 라에나스에 의해 건축된 루키니
(이탈리아 남부) 소재 포필리 대광장에서
발견된 비문.

비문에 나타나 있는 수에
관한 언급.

[그림 1-1-20] 로마의 숫자

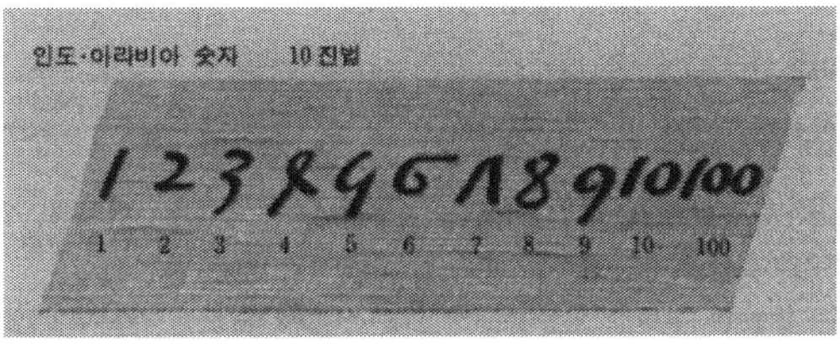

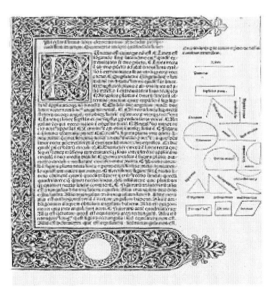

인도·아라비아 숫자   10진법

| 1 | 2 | 3 | 4 | 5 | 6 | 7 | 8 | 9 | 10 | 100 |

표현 방식	0	1	2	3	4	5	6	7	8	9
아라비아-인도식	•	١	٢	٣	٤	٥	٦	٧	٨	٩
동 아라비아-인도식 (페르시아 및 우르드)	•	١	٢	٣	۴	۵	۶	٧	٨	٩
데바나가리(Devanagari) (Hindi)	०	१	२	३	४	५	६	७	८	९
타밀(Tamil)	(빈칸)	க	உ	௩	ச	௫	சு	எ	அ	கூ

[그림 1-1-21] 인도아라비아의 숫자

A page from Euclid's *Elements.*

[그림 1-1-22] 유클리드의 원론

[그림 1-1-23] 구장산술

[그림 1-1-24] 살로몬 보크너

의 머리글에도 역시 "옛날에 인괘(人卦)를 그리고 만물을 다스리는 신통력을 얻고 삼라만상의 변화를 깨닫고 99의 셈법을 만들었다." 와 같이 씌어 있어서 지금 생각하면 극히 당연하고 간단한 곱셈의 구구법조차도 어떤 신비한 힘이 작용한 결과로 알고 있었던 모양이다.

그러나 살로몬 보크너(Salomon Bochner, 1899-1982)의 말을 빌리면 "수학이라는 것은 경우에 따라서 비밀스런 종교적인 성격을 가진 것처럼 보이기도 하지만 어쨌든 인간의 역사상 처음으로 얻어진 체계적이고 합리적인 지식이었다. 옛 시대의 수학적 성과는 건축, 시각예술, 음악, 상업, 항해, 시, 종교, 도덕 등에 있어서의 옛 시대의 성과와 비슷할 정도로 놀라운 것임에 틀림이 없다.

이처럼 놀라운 인간의 창조물이 그 후 계속 발전되지 않고 왜 긴 세월 동안 그대로 멈추고 정체되었는지는, 가장 의문이 생기는 역사적 사실이다. 왜냐하면 수학을 포함해서 모든 과학은 끝없이 계속 앞으로 진전된다는 이른바, 과학적 발전관이 오늘날의 상식이기 때문이다. 그러나 과거의 수학은 그렇지는 못했고, 고대 수학 중에서도 특히 이집트와 중국의 수학은 정체성이 심했었는데 이에 대하여 유명한 수학사 연구가인 카조리(Florian Cajori, 1859-1930) 는 다음과 같이 풀이하고 있다. "이집트 사람은 중국 사람처럼 정치방면뿐만 아니라 과학 면에서도 정체상태의 국민이라고 할 수 있다. 왜냐하면 수학의 발견이나 의학에 관한 것이 이미 일찍부터 성전으로 취급되었고 그 이후 이것에 수정을 가하거나 보완을 하면 이단자처럼 취급받았기 때문이다. 이런 이단화의 태도는 과학사상의 발전을 처음부터 막아버렸던 것이다." 중세의 유럽에서도 사정은 비슷했다. 수학교육을 받은 사람이라 하면 세속을 떠난 학식 있는 성직자 계급에 국한되었다.

모든 학문의 연구에는 무엇보다도 자유가 보장되어야 한다. 여기서 말하는 자유란, 미신, 종교 또는 어떤 권위 있는 학설, 사상 등의 정신적인 요인 때문에 억눌러서 자의든 타의든 연구와 그 결과의 발표에 하등의 지장을 받는 일이 없는 자유를 말한다. 유럽에서는 고대의 천문학이 기독교 신학과 결부되어 그 때문에 근대 천문학의 개척자들이 수많은 수난을 겪었다. 종교재판소의 문을 나오면서 "그러나 지구는 돌고 있다"라고 투덜댔다는 갈릴레오의 독백이 당시 과학자들의 고충을 여실히 전해준다. 학자들은 감히 선지자의 뜻과는 다른 새로운 지식을 창조할 생각은 엄두도 내지 못했던 것이다. 수학의 발달을 위해서는 무엇보다 자유로운 정신이 보장되어 있어야 한다.

2. 그리스의 수학

모든 문화는 그리스에서 시작되었다고 유럽인은 알고 있다. 유럽의 지도를 펼쳐보면 지중해 한복판에 긴 부츠(boots) 모양을 한 이탈리아 반도가 있다, 그 동쪽에 자리하고 있는 것이 그리스 반도이다. 이 반도에서 약 2천 5~600년 전에 유럽인들의 정신적 고향인 그리스 문화가 꽃을 피웠다. 그런데 이 문화는 그 시대에 활동한 사람들은 그리스 사람이었지만 그 무대는 지금의 그리스보다도 이집트, 터키, 이탈리아 등의 지중해 연안지방이다. 그리스는 지리적으로 보면 우리나라처럼 삼면이 바다로 둘러싸인 반도이다. 내륙 쪽으로 험준한 산으로 가로막힌 그리스 사람들이 여기서 살아 나갈 수 있는 길은 바다뿐이었다. 그들은 이 바다를 밑천으로 삼아 상업, 무역, 그리고 때로는 해적질도 주저하지 않았다. 그리하여 기원전 7, 8세기 경 부터는 당시의 문명국인 바빌로니아, 이집트 등과 무역을 활발하게 하였고, 그 결과 이 선진국들로부터 많은 것을 배우게 되었다.

진취적인 그리스 사람들은 이 밖에 지중해 여러 곳에 많은 식민지를 만들어 여기 저기 여행을 한 덕분에 아주 색다른 지역의 자연풍물과 이질적인 생활습관, 그리고 문화의 양식을 한 눈에 볼 수 있었고, 그만큼 견식도 넓어졌다. 탈레스, 피타고라스, 플라톤, 유클리드 등 그리스의 대표적인 학자가 모두 예외 없이 율리시즈의 바다를 종횡으로 누비면서 이곳저곳에서 얻은 산지식을 밑거름으로 하여 학문을 닦았기 때문에 많은 사람들을 공감시킨 폭넓은 철학적 사상을 탄생시킬 수 있게 발전 하였다. 이것을 승화시킨 것이 그리스 기하학이었다. 그러나 역사란 우리가 생각하는 것보다는 훨씬 아이러니한 것이어서 민주적인 아테네를 상징하는 것은 귀족주의적인 관념론 철학자 플라톤이며, 실지로 학문적으로 발달한 것은 신권적인 알렉산드리아였다.

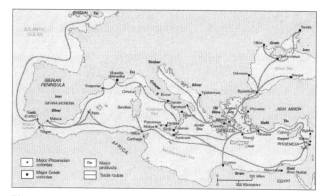

Greek and Phoenician Colonies and Trade. The Western Mediterranean was first colonized by Phoenicians and Greeks who together controlled trade throughout the region.

[그림 1-2-1] 고대 그리스의 지도

[그림 1-2-2] 파르테논 신전

탈레스는 그리스 철학의 아버지라고도 하고, 기하학의 창시자라고도 불리어지는 그리스 칠현의 한 사람이다. 탈레스 사후 그리스의 학문 사상은 몇 갈래의 흐름으로 나뉘어졌으나 그 중에서 대표적인 철학자 한 사람을 고른다면, 역시 플라톤(Platon, B.C.427-347)이 적절한 선택일 것이다. 플라톤이 그리스적인 사고방식을 창조했다는 뜻에서가 아니라, 반대로 그의 철학이 그리스 사람의 사고방식을 가장 잘 반영한다는 의미에서이다. 플라톤이 소크라테스(Socrates B.C. 470-339)의 제자였다는 것을 모르는 사람은 없을 것이다. 그러나 스승인 소크라테스가 죽은 후, 플라톤은 널리 여러 나라를 여행하면서 유명한 수학자들과 친교를 맺었다. 큐레네라는 곳에서는 데오도로스(Theodoros)로부터 기하학을 배웠고, 이탈리아에서는 피타고라스학파 사람들과 사귀었다. 그 결과 수학을 멸시하였던 소크라테스와는 반대로 수학을 사랑하였고, 아카데모스의 숲에 세운 학교 아카데미아에서는 기하학에 소양이 없는 사람은 입학이 금지될 정도였다.

플라톤의 철학은 한마디로 말해서 이데아(idea)이다. 플라톤은 이 세상에 나타나는 모든 현상은, 이를테면 신의 정신인 이데아가 일시 방편적으로 그림자를 던진 것에 지나지 않는다고 생각하였다. 사실은 눈, 귀, 손 … 등의 감각으로 그 존재를 느낀 것만으로는 확실한 것이 못 된다. 또한 꿈속에서 실제로는 보지도 만지지도 못하면서, 마치 현실의 현상처럼 느껴지게 된다. 이와 같이 우리 현실의 일은 초월적인 신이나 영혼이 꿈꾸면서 만들어내는, 말하자면 허구의 세계라는 것이다. 참된 세계는 이데아의 세계라야 한다는 이 주장은 어떻게 보면 불교의 진리관과 비슷한 것같지만, 불교에서는 현상뿐만 아니라 그 이면에 있을 본질의 존재까지도 모두 부정해버린다. 그러나 플라톤의 이데아에서 현상의 부정은 본질을 강조하기 위한 방편으로 쓰여진 것이었다.

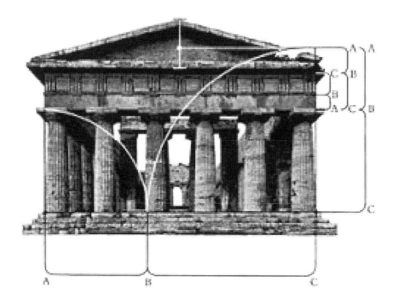

[그림 1-2-3] 신전의 황금비

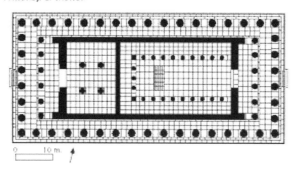

[그림 1-2-4] 신전의 평면도

이러한 생각은 플라톤의 한사람의 생각이라기보다는 그리스 사람의, 그리고 그 후 유럽인의 전통적인 사고의 바탕이 된 것이다. 플라톤의 설명의 한 예를 들어보면, 바다나 사막에 신기루가 나타나면 갑자기 호수라든지 도시가 있는 것처럼 보이지만 사실은 그렇지 않다. 그것은 우리의 감각이 주는 착각에 지나지 않는다. 물속에 곧은 막대를 집어넣어보면, 짧게 또는 구부러져 보이는 그러한 착각 즉, 그릇된 현상을 믿고 본질의 세계를 제대로 보지 못하는 것은 돌이킬 수 없는 실수라고 보는 것이다. 플라톤은 이것을 동굴에 갇힌 사람에 비유하였다. 불행하게도 어떤 사람이 타고날 때부터 평생을 동굴에 얽매어 살 숙명을 지녔다고 하면, 이 죄수가 볼 수 있는 것은 창살 밖에 있는 간수들의 횃불로 동굴 벽에 비친 제 모습의 그림자뿐이므로, 이것만 가지고 인간을 이해 할 수 밖에 없다는 것이다. 이를테면 우리가 옳다고 믿고 있는 눈, 귀 등의 감각기관을 통해서 얻는 인식이란 이 불쌍한 사나이의 경우와 무엇이 다른 점이 있느냐 하는 것이 플라톤의 설명이다.

이와 같은 입장에서 수학을 생각하기 위해 가령 삼각형이다 원이다 하는 도형을 생각해보자. 아무리 정확한 자로 직선을 그린다고 해도, 그리고 또 공을 들어서 콤파스를 사용한다고 해도 그것은 단순히 그렇게 보일 뿐 실제로 똑바른 직선이란 있을 수 없고, 그 위의 모든 점이 중심에서 똑같은 거리에 있는 그러한 원은 현실의 세계에는 존재하지 않는다. 진짜 직선과 원은 인간의 이성 즉, 이데아의 세계에만 존재한다. 완전한 삼각형, 완전한 원은 눈으로 보고 손으로 만질 수 있는 현실 속에서가 아니라 이데아의 세계에서만이 이루어지는 것이다.

그리스 이전의 문명시대인 즉, 이집트라든지 바빌로니아에서는 기하학을 공부하는 가장 큰 이유는, 그 지식을 실제생활에 응용하는데 있었다. 필요는 발명의 어머니라는 속담이 말해주듯이 토지측량, 토목공사 등 절

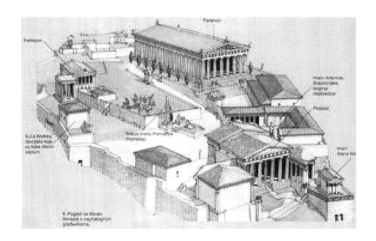

[그림 1-2-5] 신전 주변

실한 현실문제의 해결에 꼭 필요한 수단이었던 것이다. 너무도 구체적인 그 때 그 때의 문제 해결만을 다루다 보니 그들의 생활수학은 그 이상의 발전을 하지 못하고 말았다.

그러나 플라톤 철학이 대표하는 그리스적 사고의 산물인 수학은 이것과는 판이한 성격의 것이었고, 그 수명도 길어서 현대에 와서 다시 부활하고 있다. 이 사실에서 중요한 교훈을 우리는 얻게 된다. 학문이란 너무 현실과 밀착되어 있으면 그 생명이 그렇게 오래 지속되지 못한다는 말이다. 세상은 우리의 상식과는 달라서 일상적인 일은 모두 노예에게 맡겨버리고, 초현실적인 관념의 세계에 몸담았던 그리스의 자유인이나 귀족들의 사치스러운 명상 속에서 얻은 지식이 현실에 밀착된 계산 기술보다 더 값진 힘을 보여준 것이다. 너무 현실을 외면했기 때문에 마침내는 괴상한 형이상학으로 타락해버리는 면이 없지도 않았지만, 감각을 떠나서 오로지 이성에만 호소할 때, 비로소 이데아의 세계를 문제 삼을 수 있었다. 그리고 이 이성은 수학적인 방법에 의해서 다듬어진다고 하였으니 이 수학은 단순히 기술적인 문제를 위한 것이 아니었고, 그보다 모든 학문에 접근하기 위한 기본적인 소양이기도 하였던 것이다.

그래서 그리스에서는 계산술 따위의 하찮은 기술은 로기스티케(logistike)라고 불러 고상한 수학과 엄연히 구별하였다. 그리고 이러한 일은 노예들에게 맡겼다. 유클리드의 원론에는 계산하는 내용이 없다. 그리스 수학의 특징의 하나는 수학자들이라고 해서 오늘날과 같이 수학전문가를 뜻하는 것은 아니었다는 점이다. 수학자는 모두가 동시에 철학자이기도 하였다. 이것은 학문분야가 엄연히 분리되지 못했던 고대 지식사회의 공통적이 경향이라고 할 수 있으나, 양자 사이의 교양의 의미나 내용이 크게 다르다는 사실에 유의할 필요가 있다.

고대 그리스의 교양인들은 소크라테스와 같은 예외가 있기는 하지만 거의 모두가 "수학을 모르는 자는 철학을 못한다." 라든지 "신은 기하학적으로 사고한다." 라고 하는 신념을 믿어 의심하지 않았다. 즉, 수학은 그들의 이성적 사고인 로고스(logos) 바로 그것이었다. 그런데 인간의 사고를 이성적인 것으로 가다듬기 위해서는 논리적으로 따질 능력이 있어야한다. 그 당시 논리적인 수학 그것은 계산적이 아니라 기하학이다. 그리스의 수학을 대표하는 것은 당연히 기하학이어야 하였던 것이다. 그리스의 미술과 건축, 음악, 그리고 심지어는 그 우주관은 모두 기하학적 프로포션(propotion, 조화)과 심메트리(symmetry, 균형)를 바탕으로 하였다. 그만큼 기하학적 정신은 비단 철학에서뿐 아니고 그리스 사람의 온갖 사고를 지배하였다고도 말할 수 있다. 그러나 그들이 크게 내세우는 완전한 본질이니 또는 순수한 지성이라는 것들이 실지 그리스적이라는 인상을 주지만 그것이 너무나도 지나치게 큰 권위를 갖게 되자 그 이후의 과학의 방법을 규정해 버린 것이다. 그들의 과학의 방법론 즉, 분석하고 종합한다는 과학체계는 오늘의 학문의 발전의 추진력이 된 것이 사실이지만, 때로는 과학이 비약적으로 혁신을 시도할 때는 이 기성의 체계가 크게 방해될 수가 있다.

3. 그리스 수학자들

1,000년 이상 계속된 그리스 문명 속에서 기라성같이 나타난 수학자 몇 사람의 일화는 알아두어야 할 필요가 있다.

3.1 탈레스

현상을 합리적이고 논리적으로 설명하고자 하면서, 탈레스는 수학적 명제를 단순히 말만하는 것이 아니라 확실히 증명할 필요를 느껴서, 수학적 사고 방법을 연구하기 시작했다.

탈레스가 증명한 기하학의 정리는 다음과 같다.

① 원은 지름에 의해 이등분된다.
② 이등변삼각형의 두 밑각의 크기는 같다.
③ 맞꼭지각의 크기는 같다.
④ 한 변과 양끝 각의 크기가 각각 같은 두 삼각형은 합동이다.(기록에 의하면 바빌로니아인들은 이 사실을 탈레스보다 1,400년 전에 이미 알고 있었다고 한다)
⑤ 반원이 만드는 원주각은 직각이다.

이 중 앞의 네 개의 정리는 겹치는 방법으로, 다섯 번째 정리는 도형을 겹치는 방법과 중심의 둘레로 180도 회전시키는 방법으로 증명한 것 같다. 그는 공간도형의 합동 개념을 최초로 생각해냈다. 수에 대해 이야기 되는 같음의 개념을 공간적 대상에도 확장하는 것은 공간을 수학화하는 작업에서 커다란 도약이었다. 이 개념 확장은 공간의 균질성 즉, 움직일 때 도형이 접히지도 않고 크기가 변하지도 않는다는 것을 전제하는데 이 전제는 현재의 공간개념에는 타당하지 않다. 탈레스는 이들을 실용적으

[그림 1-3-1] 탈레스

로 응용하는 데에도 1인자였다. 그뿐 아니라 수학의 문제 해결에 항상 "왜?" 라는 물음을 추가하여 무엇이든 엄밀하게 증명하고자 하는 논증 수학의 기초를 닦은 것은 탈레스가 수학사에 남긴 큰 발자취라 할 수 있다.

이집트의 기하학이 토지 측량에서 발생하여 이와 직접 관련된 기하학으로서 대체로 평면기하학의 상태에 머물고 있었던 반면 그리스의 기하학은 탈레스의 논리적인 과정을 통하여 결론을 이끌어내는 증명을 통해 추상적인 것으로 발전해 왔다. 따라서 그리스인은 이집트인보다 훨씬 많은 도형을 이용하기 시작했다.

탈레스가 이집트를 여행할 때 이집트의 대제사장들이 자신들의 우수한 문화를 자랑하기 위해 탈레스에게 자랑거리인 피라미드를 구경시켜 주었다. 탈레스가 이미 기하학에 상당한 지식을 쌓고 있다는 사실을 모르는 그들은 탈레스가 모래 바닥에 생긴 피라미드와 막대의 그림자의 길이를 측정해 단숨에 피라미드의 높이를 계산해 내자 벌어진 입을 다물지 못했

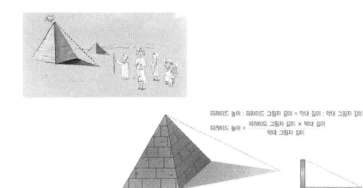

[그림 1-3-2] 탈레스의 피라미드 높이 구하기

다고 한다. 탈레스는 삼각형의 닮음을 이용하여 비례식으로 풀었겠지만 모르는 이들은 정말이지 놀랄 수밖에 없었을 것이다. 그림자의 길이를 측정하여 피라미드의 높이를 계산하는 것이 가능하려면 그림자의 길이가 피라미드의 높이와 같아지는 순간, 그리고 그림자가 피라미드의 밑변과 수직을 이룰 때 그 길이를 측정해야 한다. 다행히 피라미드의 한 방향이 정남향이었기 때문에 탈레스는 이 순간을 포착할 수 있었다. 탈레스는 여러 가지 시행착오를 겪은 후 이집트에서 11월 21일과 1월 20일에 그림자의 길이를 재면 된다는 것을 알아내었고 탈레스가 계산한 피라미드의 높이는 147m였다고 한다.

탈레스는 소금, 기름 따위를 거래하는 상인으로서 이집트를 여행하였던 당시는 자립심 강한 청년이었다. 그가 상인생활을 그만두고 학자로서 여생을 마치게 된 것도 이와 같은 천부적 자질이 있어서였다. 탈레스는 소위 이오니아학파의 창시자였는데 이것이 지금 자연철학이라고 부르는 학파의 시작이다. 철학자 탈레스는 수학보다 천문학과 관련해서 더 잘 알려져 있다. 그는 당시에 이미 지구는 둥글다는 것을 알고 있었으며, 1년이 365와 1/4일이라는 것을 그리스에 소개하기도 했다. 무엇보다도 그의 이름을 높인 것은 기원전 585년 5월 28일에 일식이 있다는 것을 예언해서 그것이 적중했기 때문이었다. 더욱 극적인 것은 메디아와 리디아의 전쟁이 이때 끝이 난다는 것까지를 덧붙여 말했다는 사실이었다. 일식 때문에 태양이 갑자기 빛을 잃는 것을 본 두 나라 군대의 장군 들은 "이대로 전쟁을 계속하다간 신의 노여움을 사게 된다. 이 전쟁을 끝내고 신에게 용서를 빌어야 한다." 고 했으니 제대로 탈레스의 예언은 적중하였던 것이다.

3.2 피타고라스

기원전 6세기경의 사람이라고 전해지나, 그의 이야기는 너무도 신화적인 면이 많다. 젊었을 때부터 이집트, 바빌로니아를 두루 여행하면서 40세쯤 되어서 고향인 그리스의 크로톤에 돌아와 학교를 세웠다. 영재를 가르친다는 것이 그리스의 학자에게 큰 보람으로 생각했던 것 같다. 이 학교는 별 모양의 오각형의 배지를 달고 피타고라스를 중심으로 연구 활동을 했으며 강한 규율로 운영되어 연구 결과도 피타고라스의 이름으로만 발표하기로 되어 있었다. 이렇게 하다가, 자연히 비밀 결사체처럼 되었고, 정치에도 큰 영향을 미치게 되었다. 원래 학원을 중심으로 비밀 결사체를 만들면 그것은 일종의 엘리트의 집단이 되기 쉬웠다. 결국은 귀족주의를 표방하게 되어 때마침 일어난 민주화의 풍조를 반대하는 입장을 취하다 끝내는 그들로부터 압박을 받게 되어 피타고라스는 학살당하고 말았다.

피타고라스라고 하면 무엇보다도 피타고라스의 정리가 먼저 생각하게 되는 데, "직각삼각형의 빗변을 1변으로 하는 정사각형의 넓이는 다른 2변위에 세워진 정사각형의 넓이의 합과 같다." 그는 이 정리를 발견했을 때, "이것은 나 혼자 힘으로 된 것이 아니고 오로지 신의 도움으로 가능했다." 라고 기뻐하면서 황소 100마리를 잡아 신에게 공물로 바쳤다고 전해진다. 2개의 변으로 길이 각각 3, 4의 직각삼각형으로 만들어보면, 빗변의

[그림 1-3-3] 피타고라스

길이는 5가 된다. 즉, 직각삼각형의 3개의 변의 길이가 가장 간단한 경우
는 이것들이 각각 3, 4, 5가 될 때다. 또 실지로 1자 2치의 밧줄을 각 부분
이 3치, 4치, 5치씩으로 구분되도록 구부리고 양끝을 맺어보면, 3치와 4치
의 변의 사이의 각이 꼭 90도 즉, 직각이 된다. 자나 콤파스 없이 직각을
만들고 싶을 때는 이 방법으로 만든다. 지금도 목공, 석공들이 이 방법을
이용한다. 피타고라스 정리는 얼핏 보기에는 넓이에 관한 정리인 것처럼
생각되지만, 직각을 이루는 각 변의 길이의 관계 또는 거꾸로 말해서 직
각을 만들기 위한 3변의 길이에 관한 문제라고 할 수 있다. 피타고라스는
이것 이외에도 음악이론, 수의 이론 등 많은 업적을 남겼다. 폭도들이 피
타고라스를 죽이고 학교를 불사르기는 했으나 그가 발견한 일들은 인류의
공동 재산으로 지금까지 전해지고 있다.

3.3 플라톤

플라톤의 수학에 대하여 살펴보자. 소크라테스의 가장 우수한 제자에 플라톤이 있었다. 그는 아테네의 교외 아카데모스의 숲에 학교 "아카데미아" 를 열어 우수한 제자를 육성하였다. 오늘날 아카데미라는 말이 전문 학술 기관을 의미하게 된 것은 여기서 비롯된 것이다. 플라톤의 학교에서 가르치는 주요 과목은 기하학과 수의 이론인 수론이었다. 그는 교문 현판에 "기하학을 모르는 자는 이 문 안에 들어오지 말라." 라고 써 붙였다고 한다. 기하학의 사고방식 즉, 논리적인 사유가 모든 학문의 기본이라는 뜻일 것이다.

플라톤과 기하학의 관계를 말해 주는 유명한 이야기에 배적문제라는 것이 있다. 어느 땐가 이 도시에 괴질이 유행했다. 시민들이 평소에 늘 섬기고 있었던 아폴로 신에게 이 병의 퇴치를 기원하자, "제단의 부피를 2배로 늘리면 너희들의 소원을 들어주겠다." 라는 신탁을 받았다. 석공을 시

[그림 1-3-4] 플라톤

커서 육면체의 각 변의 길이를 각각 2배로 만들었으나 질병은 그치지 않았다. 재차 신탁을 기다리자. 새 재단의 부피는 2배가 아닌 8배가 되어버렸으니, 꼭 2배로 고치라는 분부였다. 결국 이 문제는 3제곱근 $\sqrt[3]{2}$ 를 작도하는 수학 문제로 귀결되어 플라톤의 아카데미아에서도 이 문제 해결에 나섰으며 플라톤은 마침내 자와 콤파스보다 더 편리한 기계를 만들어 이 문제를 해결하였다. 그러나 그는 스스로 "수학이란 기계의 힘을 사용하지 않고 사유에 의해서 즉, 자와 콤파스만을 사용하여 문제 해결을 해야만 의의가 있다." 라고 해서 끝내 자신의 해결 방법에 만족하지 않았다.

플라톤의 이러한 수학관은 결국 그의 철학인 이데아에 근거를 두고 있다고는 할 수 있으며, 그의 사상은 당시 그리스의 사회상을 잘 반영하고 있다. 기계적이거나 기술적인 조작 등의 온갖 생산 활동은 노예들이나 하는 일이라는 것이 그 당시 교양사회의 일반적인 풍조였다. 그 후의 역사에 대한 그리스 문명의 강한 영향은 기하학을 끝내 자와 콤파스 즉, 직선과 원의 수학으로 국한시키는 결과를 가져오고 말았다. 이 배적문제는

[그림 1-3-5] 플라톤의 학당

자와 콤파스만으로서는 작도 할 수 없다는 것이 플라톤 이후 2,000여 년이나 지나서야 비로소 증명되었다. 궤변으로 이름 높은 소피스트들은 너무나 이상주의적인 플라톤의 주장에 대해서 가만히 있을 턱이 없었다. 소피스트 중에서도 악명 높기로 제 1인자였던 프로타고라스(Protagoras, B.C. 500-430)는 기하학에 있어서의 접선의 개념을 다음과 같이 꼬집었다. "원과 1점에서 접하는 접선이란 있을 수 있나? 원과 직선이 떨어져 있으면 1점도 공유할 수 없을 것이고, 또 붙어 있다면 1점일 수 없으니 말이다." 이 반론에 대해서 세계 최초의 유물론자 데모크리토스(Demokritos. B.C. 460-370)가 다시 반발하고 나섰다. "인간은 불완전한 도구를 사용하기 때문에 실제로는 수학적인 원에 접하는 수학적인 직선을 그을 수 없다. 그러나 우리는 정신의 눈으로는 볼 수 있으며 논증의 힘으로 그것을 알 수 있다." 플라톤은 한 수를 더해서 "수학자들은 설명이 필요 없는 존재를 인정할 수 있다. 또 이들 가설에서 논리를 전개하고 구하고자 하는 결론을 얻어낸다. 눈에 보이는 도형을 이용하고, 그것에 관해서 따지지만 그들은 눈에 보이는 도형을 생각하는 것이 아니고 도형이 나타내는 사실을 생각한다." 고 하였다.

3.4 유클리드

플라톤의 아카데미아에서 낳은 인재 유클리드는 그 학파의 사상을 가장 잘 나타낸 수학자이다. 유클리드는 B.C. 330년경 시리아(Syria)의 지루에서 출생하였으며, 아버지는 노크라데스, 할아버지는 시날크스라고 하는 다마스커스 출신의 그리스인이었다. 유클리드가 태어났던 시대는 아리스토텔레스와 메네쿰스(Menaechums)의 시대였고 아테네가 문화의 중심지였다. 그래서 노크라데스 부부는 아들에게 좋은 교육을 시키기 위해 유클리드를 아테네에 유학시켰으며, 플라톤 학파의 아카데미아에서 학교 교육을 받게 하였다. 머리가 좋은 유클리드는 그 교리와 이치에 정통하였으며 특히 수학에 비범한 재능을 발휘하였다.

[그림 1-3-6] 유클리드

한편 알렉산더 대왕은 B.C. 336년에 20세의 젊은 나이로 마케도니아의 왕으로 즉위하였다. 그 후 B.C. 332년에는 그리스를 비롯한 소아시아와 이집트 등을 차례로 정복하면서 세계에서 가장 장엄한 도시를 건설하여 자신의 이름을 붙이려고 계획하였다. 그리하여 이집트의 나일강가에 있는 한 촌락이 후보지로 선정되었고, 그 시대에 가장 유명하고 기술이 있는 디노크라테스(Dinocrates)를 초청하여 아름답고 화려하며 거대한 도시를 건설하였다. 그리고 그 도시의 이름을 알렉산드리아로 지었으며 그 시대 정치, 경제의 중심지를 이룩하였다. B.C. 323년에 젊은 나이로 알렉산더 대왕이 서거하자, 그 부하들 중 가장 탁월한 정치가였던 프톨레마이오스 (Ptolemaios B.C. 367?~B.C. 285)가 이집트 땅에 군림하여 알렉산드리아를 수도로 정하였다. 프틀레마이오스는 문화 정책에도 큰 관심을 가졌으며 데메트리오스가 설계 감독한 60만 개의 원형 기둥으로 된 대형 도서관을 비롯하여 박물관, 동물원, 식물원, 실험소 등을 건설하였고, 특히 왕궁 가까운 곳에 세계 최초로 대학을 건설하였다.

B.C. 300년경에 대학이 준공되자 그는 아테네로부터 그 당시의 이름 있는 학자들을 모두 초청하였다. 물론 유클리드도 초청되어 이 대학 수학 교수의 우두머리가 되었다. 그 후 알렉산드리아는 오랫동안 문화의 중심지가 되었으며 알렉산드리아 문화의 황금시대를 열게 되었다. 전란의 참화와 폭군의 학정을 피하여, 평화로운 곳에서 진정한 학문을 연구하려는 젊은 학도들이 사방에서 구름같이 몰려와 알렉산드리아는 문자 그대로 문화의 황금시대를 이루게 되었다. 그 후 흥망성쇠는 있었으나 문화의 중심지로서 오랫동안 번영하다가 A.D. 641년 12월 10일 알렉산더 대왕으로부터 약 1,000년 후, 사라센의 장군 오마루가 이 도시를 함락하였다. 이때 시가지는 불꽃 속에 타버리고 도서관과 대학 건물들은 무참히 파괴되었으며, 수많은 귀중한 문서와 책들이 재가 되고 말았다. 이때의 이야기로는 그리스의 학도들이 도서관을 지키기 위해 오마루 장군에게 도서관 보전을 애원하였으나 그는 이를 듣지 않고 수만 권의 귀중한 서적을 공중목욕탕으로 끌어내어 전부 태워 버렸다고 하는데 이때 걸린 시간이 6개월이나 되었다고 한다.

유클리드의 저서는 많은데, 그 중에서 가장 유명한 것이 "기하학 원본"이라는 교과서로서 전부 13권으로 되어 있다.(그 후 2권이 더 첨가되어 15권이 원본이라고도 한다) 이 책은 그의 선배인 피타고라스, 플라톤, 히포크라테스 등이 연구한 여러 가지 자료를 정선하고 거기에 자신의 창작을 가미하여 조직적인 교과서로 편찬한 것으로서 수학사상 최고의 성전(聖典)이라고도 할 만한 것으로서 이 책의 번역본은 수 없이 많다. 그러나 유클리드가 직접 쓴 그리스어의 원본은 전해지지 않으며, 테온(Theon)이라는 사람이 쓴 교정본을 참고로 하이베르그(Heiberg)라는 독일인이 1883년에서 1888년 사이에 복사한 것이 전해지고 있는데 현재 귀중한 수학 서적으로 보존되고 있다.

[그림 1-3-7] 기하학원론

　　유클리드는 훗날 이집트의 프톨레마이오스 2세가 될 왕자에게 기하학을 지도한 적이 있었는데 어찌나 골치가 아팠던지 너무 어려우니 좀 간단히 가르쳐 달라는 왕자의 말에 "기하학에는 왕도가 없습니다." 라고 꾸짖었다는 말이 있다. 기하학이 제왕학이었기 때문에 왕자에게도 서슴치 않은 힐책을 가할 수 있었던 것이다. 이것은 그리스 사람의 이성을 대변하는 것이 기하학이고 따라서 기하학은 진리를 깨치는 방법이며, 또 진리는 누구에게나 예외가 없기 때문에 기하학의 공부도 예외가 있을 수 없다는 철저한 논리를 말해주고 있다. "논리로만 이어지는 이 원론을 배워서 어디에 써먹겠다는 말입니까?" 라는 제자를 유클리드는 "너는 장사나 해서 돈이나 벌어라." 하고 하인을 시켜 돈을 몇 푼 주게 하여 호통쳐 내보냈다고 한다. 이 에피소드는 바로 그리스 수학의 특징을 말해 주는 좋은 예이다.

3.5 아르키메데스

아르키메데스처럼 매력을 느끼게 하는 천재는 찾기가 어렵다. 그의 머릿속 에는 그리스적인 것과 근대적인 것이 서로 얽혀 공존하고 있었다. 그 어느 면은 지극히 현실적이었고, 또 반면에 지나치게 비현실적인 데가 있었다. 그러나 그가 인류 역사상 10인 이내에 들어갈 과학자임에는 틀림이 없다. 그의 학문 분야도 수학, 기계학, 물리학, 수력 … 등 광범위하였다. 수학적인 업적 중에는 π 즉, 원주율에 관한 것이 있는데 그는 원주와 지름의 비율은, 다시 말해서 π는 22/7 보다 작고 223/71 보다는 크다 즉, 3.14084 〈 π 〈 3.14285860 를 증명 하였다. 원주율의 연구는 원의 넓이, 원주의 길이를 셈하는데 불가결하다. 원의 지름 x 원주율은 원주가 된다는 사실에서 그는 원의 넓이를 다음과 같이 계산했다.

[그림 1-3-8] 아르키메데스

(1) 원주의 길이를 구한다 … $2\pi r$

(2) 원주의 길이에 반지름을 곱한다 … $2\pi r^2$

(3) 위의 결과를 2로 나눈다 … $\dfrac{2\pi r^2}{2}=\pi r^2$

아르키메데스의 연구 결과는 오늘날 초등학교에서 배우는 것과 똑같은 것이지만 방법이 달랐다. 이어서 그는 구의 표면적은 그 큰 원 즉, 주어진 구의 반지름을 갖는 원의 넓이의 4배와 같다고 했다. 즉, 구의 표면적인 V = (πr^2) x 4 임을 증명했고, 원기둥의 표면적과 부피, 그리고 구의 부피 등을 연구했다. 그가 좋아하는 증명의 하나는 "원주 속에 틈이 생기지 않게 내접하는 구의 부피는 그 원주(통) 부피의 2/3 와 같다" 라는 것이다. 그는 평소 입버릇처럼 자신의 묘비에 이 사실을 적어달라고 유언하였다.

아르키메데스가 남긴 말로서 잘 알려진 "나에게 지렛대와 받침대만을 준다면 달도 움직여볼 수 있다." 는 주장은 결코 허풍을 떨 줄 모르는 근엄한 학자의 자신에 넘친 장담이었기 때문에 더욱 주위 사람들을 놀라게 하였다고 한다. 또 비중에 관한 연구에 대해서는 왕관의 금이 진짜인가, 그렇지 않으면 가짜가 섞였는가를 알아낸 유명한 일화가 있다. 아르키메데스의 현실감각은 전쟁 무기의 제작에서 그 두각을 나타냈다. 그가 살던 시라쿠사가 로마의 침략을 받았을 때, 그는 그의 왕을 위해 수많은 신무기를 만들었다고 전해진다. 그 중에는 태양 빛을 반사하는 거대한 육각형의 거울을 조립해서 오목렌즈를 발명하여 그것으로 로마의 배를 불태웠고, 돌을 던지는 기계 등도 그때 등장했다. 로마의 장군 마르켈루스는 아르키메데스를 100개의 눈을 가진 거인 브리아레오스(Briareos)라고 부를 정도였다고 하니 그의 발명품이 얼마나 위력을 발휘하였는가를 짐작할 수 있다. 그러나 그의 이와 같은 발명에도 불구하고 시라쿠사가 마침내 패하자 로마병정들이 쳐들어 왔다. 마침 모래 위에 원을 그리면서 수학 문제에 몰두하고 있던 아르키메데스는 그 병정이 모래를 밟자, "그 원을 밟지

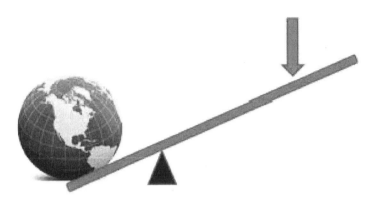

[그림 1-3-9] 지렛대의 원리

[그림 1-3-10] 아르키메데스의 최후

말라." 라고 소리를 질렀다. 아르키메데스를 몰라본 병정은 패전국의 노인이 소리를 지르는 것을 보고 홧김에 그 자리에서 아르키메데스를 죽이고 말았다. 로마의 장군 마르켈루스는 아르키메데스라는 학자에 대한 존경심이 두터운 사람이었기 때문에 그의 죽음을 깊이 애도하며 아르키메데스의 생전의 희망에 따라 원통 속에 구가 내접하는 그림을 새긴 묘비를 세웠다고 한다.

아르키메데스를 근대의 수학의 창시자라는 사람도 있다. 그것은 기술로서 자연을 지배해 나가는 일면과, 또 한편으로는 논리를 전개해서 학문을 형성하는 또 다른 면을 그가 지니고 있었다는 뜻일 것이다. 수학발전의 원동력이 될 이 두 가지 측면중의 어느 한쪽이 그 후의 수학의 역사 전체를 통해 구현되었다. 그의 생애, 그의 재능 어느 하나만으로도 수학의 본질을 구현했다고 할 수 있는 과학 사상 몇 안 되는 위대한 영웅이 아르키메데스였다.

3.6 로마시대의 수학자와 히파티아

로마제국은 그리스의 여러 도시국가를 병합하고 지중해를 제패했으나 그리스 과학의 꽃인 수학은 그로부터 오히려 시들기 시작했다. 로마는 독자적 문명이라고는 거의 없었고, 단순히 피정복국인 그리스, 이집트, 카르타고 등의 문화를 흡수하고 모방하는 데 그쳤다. 문명은 항상 강한 무기일 수는 없다. 무력은 야만국이 오히려 강할 때가 있다. 로마 사람은 그리스의 문화를 강탈하기는 했으나, 제대로 발전시키지는 못했다. 특히 수학은 그들 관심 밖의 일이었으며 수학사 상에 남은 로마 사람의 업적이란, 수의 표시에도 계산에도 번거롭기만한 로마숫자가 있을 뿐이다. 1에는 I, 5는 V, 10은 X, 50은 L, 100은 C를 사용했는데 이것은 5진법이다. 현재 우리가 사용하는 10진법에 비해 불편한 것이 사실이다.

[그림 1-3-11] 히파티아

   고대의 문명의 기틀에서 성장하고 그리스에서 발달한 수학의 전통은 로마에서는 질식하고 말았던 것이다. 그리스 수학의 몰락과 기독교의 보급이 동시에 일어났다는 것은 흥미 있는 일이다. 원래 종교란 반과학적이며, 지적활동은 포교의 방해로 여겨지는 것이 상식이다. 종교가 가열하면 반과학의 분위기가 조성되기 마련이다. 이것은 끝내 인간성을 무시하는 두려운 결과를 초래하기도 한다. 인간성의 회복 내지 재인식은 과학이 부활하는 것과 때를 같이한다. 따라서 수학과 인간성의 문제는 동일한 범주에서 취급된다. 헬레니즘의 종말을 알리는 기독교 광신자들에 의한 미모의 여류 수학자 히파티아의 처참한 죽음은 종교의 반수학적인 성격을 여실히 보여준 사건이었다.

2

동양의 수학

고대 중국의 수학에 관해서는 그 근원적인 본질에 관한 어떤 것도 우리에게 전해진 것은 없다. 그 제일 큰 이유는 고대 중국인들이 그들의 발견을 영구 보존할 수 없는 대나무 위에 기록 했다는 것과, 더불어 기원전 213년에 진시황의 명령에 의하여 분서갱유(焚書坑儒) 사건이 발생하여 많은 책들이 불타 버렸기 때문이다. 중국은 기원전 1,030년 경부터 주, 한, 후한, 당, 오조, 송, 원, 명 왕조를 거쳐 오면서 수학을 발전시켰으나 유럽으로부터 영향을 받은 것은 예수회 선교사들의 도래가 있은 명조(明朝)에서 시작되었다. 주(周)나라시대 이전(즉, 기원전 14세기 상(商)나라 시대)부터 중국의 기수법은 10진법이었으며, 그 후도 계속 10진법이 사용되었다. 한(漢)대나 혹은 그 이전에 대나무 막대의 배열을 이용하는 막대 수체계가 만들어 졌는데 그 체계에서 빈 공간은 0을 나타내는 것이었다. 기본적인 산술계산은 셈판 위에서 대나무 막대로 하였다. 오늘날 쓰여 지는 수판(數板) 또는 주판(珠板)은 나란한 막대나 줄에 움직일 수 있는 구슬을 꿴 것으로 고대 중국사회에서 사용되어지고 있었다고 추측된다. 음수의 개념도 기원전 2세기 중국인들은 붉은 산목(算木)으로 나타내었다. 이는 서양보다 1,700년이나 앞섰다.

마방진(魔方陣)은 주(周)대 이전에 개발되었다. 고대 중국의 수학 책 중에서 가장 중요한 구장산술(九章算術)은 한(漢)대에 쓰여 진 것으로, 훨씬 이전의 내용도 담고 있는데, 농업, 상업, 공업, 측량, 방정식의 해나 직각삼각형의 성질 등에 관한 246개의 문제를 담고 있다.

1. 동양수학의 배경

그리스 수학과 동양수학을 비교하는 것으로 동양수학의 배경을 설명하기로 한다. 그리스의 철학은 처음에 세계는 무엇으로 만들어진 것인지를 따지는 데서 시작되었다. 대상인 세계를 이루고 있는 그 실체는 무엇인가를 추구한 것이다. 따라서 그들이 가장 중요시한 학문은 존재란 무엇인가를 따지는 형이상학이었다. 그리스 사람은 자연의 세계를 생각할 때도 이 존재라는 문제와 직결시켜서 본질적인 요소가 무엇인가를 따졌다. 자연 현상의 근본 원인을 따지는 이러한 철학을 앞서 이야기한 바와 같이 특히 자연철학이라 부른다. 물론 동양에도 자연철학이 있었다. 역(易)이나 음양, 오행사상에는 이러한 경향이 다분히 있었으며 주자학에서도 이 문제를 다루었다. 자연세계의 연구도 모두 인간과의 관계에서 따졌으며, 따라서 자연학과 인간학을 동등하게 인식하였다. 즉, 중국의 철학자는 정치학, 윤리학 등에 집중하였던 것이다.

유럽에서 오랜 학문의 전통을 이룬 인문학과 기술학의 구별은 그리스에서 처음 시작된 것이다. 유럽계의 학문을 처음으로 체계화 시킨 아리스토텔레스는, 그의 저술인 형이상학에서 전연 손을 쓰지 않고 머리만 쓰는 사색이야말로 인간이 할 수 있는 일 중에서 가장 고귀하고 값진 것이라고 말하였다. 플라톤이 배적 문제를 기계를 사용해서 해결하면서도 그것이 옳은 방법이 아니라고 스스로 인정한 태도는 이러한 그리스의 풍조를 반영한 것이다. 중국 사람의 전통적인 생각은 기술을 개발하고 백성의 생활을 윤택하게 한 사람은 성인이라고 불러 가장 높이 평가하였다. 성인이란 그리스에서의 철학자처럼 중국 사회의 이상적인 인간형이었다. 따라서 일반적으로 기술적인 일을 노예의 것이라고 경시하는 일은 없었다. 실제로는 기술자의 사회적 지위가 낮았다는 것은 이것과는 별개의 문제이다.

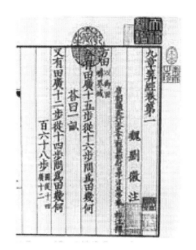

[그림 2-1-1] 구장산술-3

[그림 2-1-2] 구장산술-4

중국 사람의 사고 속에서는 기술의 개발자와 기술의 종사자가 분리되어 있었던 것이 사실이다. 중국 수학은 유클리드기하학에 비교할 만큼 논증적인 학문은 아니었으나, 그 반면에 거의 그것과 같은 시기에 제 1장에서 말한 바 있는 구장산술이라는 수학에 관한 대표적 고전을 낳았다. 구장산술은 현실적인 문제를 대수적인 방법에 의하여 취급하였으며, 내용은 토지의 측량, 양곡의 교환, 세금의 비례안분, 창고나 그릇의 부피, 토목공사의 진척상황, 운수 … 등 당시 중국 사회에서 필요로 하였던 실제적인 문제를 주로 다루고 있었다. 하나의 예를 균수(均輸)의 장(章)에서 찾아보면 다음과 같은 문제가 있다. "조를 운반할 때, A읍에서는 1만 호(戶)인데 도읍까지 8일간 걸리고, B읍에서는 9,500호인데 도읍까지 10일간, C읍에서는 1만 2,350호인데 도읍까지 13일간, D읍에는 1만 2,200호이고 20일간이 걸린다. A, B, C, D에서 25만석의 양곡을 징수하고 호수에 비례해서 할당한다면 조 및 수레를 어떻게 배당해야 하는가?" 이와 같이 중국 수학의 특징은 현실문제와 밀착되어 있었다. 물론 그렇다고 중국 수학을 결코 경시할 수는 없다. 중국의 전통적인 수학은 지금 세계수학 속에 묻히고 말았으나 어떤 영역에서는 당시의 유럽 수학을 훨씬 앞지르기도 한 훌륭한 업적이 있다는 것을 잊어서는 안 된다.

중국 과학은 독자적인 사상과 방법을 배경으로 하여 발전하였다. 오늘날 중국은 수학, 기타 자연과학 영역에서 유럽계의 지식체계를 전적으로 받아들이고 있는 것이 사실이지만 그 밑바탕에는 정통적인 과학관, 방법론이 여전히 강하게 작용하고 있음을 부정할 수는 없다. 전통의 뿌리는 과학의 세계에 있어서도 심각하리만큼 깊다. 근대 사회가 이룩되기 이전의 각 사회와 문화에 고유한 과학을 인류학자들은 고유과학(固有科學: ethno-science)이라고 부른다. 그것은 사회와 문화의 유지에 불가결한 기능을 다하고 있다. 중국의 전통수학은 오늘날 이러한 고유수학(ethno-mathematics)의 구실을 하고 있는 셈이다.

한국의 과거 전통사회를 살펴보면, 한국 과학은 중국의 경우처럼 거의 전적으로 왕권의 보호 밑에서 발달했다. 한마디로 말한다면 관영과학이었다. 따라서 정치적 사상과도 깊은 관련이 있을 수밖에 없었다. 고대 중국 사람의 마음에 깃든 최초에 자연철학은 음양 사상이었다. 이것이 오행설(五行說)과 결합하여 불리어 왔다. 물(水), 불(火), 나무(木), 쇠붙이(金), 흙(土)의 우주 및 사회현상의 설명 원리로 삼은 오행설은 얼핏 그리스의 오원소설(五原素說)을 연상시키지만, 오원소설이 물질의 본체에 관한 것인데 대해서, 오행설은 사물 사이의 관계 즉, 사물 사이의 상대적인 성질을 분류하는데 있다는 점이 다르다. 그렇게 말하면 음양설과 피타고라스의 이원론적 우주론을 대조할 때도 같은 결론에 도달한다. 그러나 이들 원리는 아리스토텔레스가 형이상학에서 설명하였듯이 원소적인 뜻으로 쓰인 반면, 중국계의 음양론은 관계개념에 관한 것이다. 즉, 유럽적인 이원론은 빛과 어두움, 신과 악마, 정신과 육체, … 처럼 무한히 천상적인 것과 무한히 지하적인 상반되는 방향으로 대립하는 개념으로 이루어졌으나, 중국의 음양이원론에는 이를테면 유럽적인 의미의 악의 개념이 존재하지 않으며, 선과 악 사이는 그냥 이어지고 있다. 악은 선과 대립하는 개념이 아니라 선이 결여된 상태에 지나지 않는 것이다.

음양을 각각 나타내는 2개의 추상적인 기호인 효(爻 : ─, ‒ ‒)를 바탕으로 이루어진 역(易)의 정연한 음양이원론 체계는 유럽의 철학자들의 비상한 관심을 끌었다. 양효(陽爻 : ─)가 1을 그리고, 음효(陰爻 : ‒ ‒)가 0을 나타낸다고 간주하면 역의 64괘는 [그림 2-1-3]과 같이 2진법적 수론구조를 지니고 있음을 알 수 있다. 이것에 감명을 받아 대 수학자이자 철학자인 라이프니츠는 "0 과 1 의 기호만을 사용한 그 효용 및 그것이 복희의 고대 중국의 괘상(卦象)에 준 의미에 관한 고찰" 이라는 기다란 부제를 단, "이진법 산술해설" 이라는 논문을 발표할 정도였다.

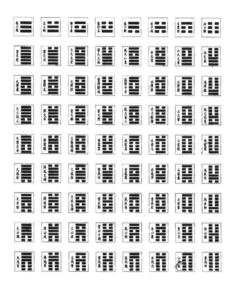

[그림 2-1-3] 주역64괘

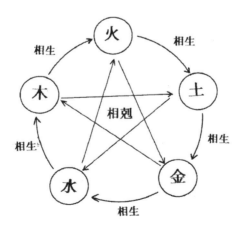

[그림 2-1-4] 음양오행도

2진수	10진수	16진수
0000	0	0
0001	1	1
0010	2	2
0011	3	3
0100	4	4
0101	5	5
0110	6	6
0111	7	7
1000	8	8
1001	9	9
1010	10	a
1011	11	b
1100	12	c
1101	13	d
1110	14	e
1111	15	f

[그림 2-1-5] 2진법과 10진법

2. 구장산술

신라가 삼국을 통일한 이후 산학제도를 법으로서 정하고 중국의 예를 따라 수리적인 사무 처리를 담당하는 기술 관리를 정부 내에 두기로 하였다. 그때의 기본 산서는 앞에서 언급한 동양 수학의 대표적 고전인 구장산술이었다. 이 책의 특징은 수학의 대상을 일일이 현실적인 문제에 밀착시켜서 다루고 있다는 점이다. 또 그 형식도 물음, 답, 풀이로 되어 있다.

예를 들면
물음 : 원형의 땅이 있다. 둘레가 30척, 지름이 10척 일 때 그 넓이는
　　　　얼마냐?
답 : 15척 평방
풀이 : 반지름에 원둘레의 반을 곱하여라.

또 "1등품의 볏단이 5다발이 있다. 그 중에서 벼 1말 1되를 감하면 2등품의 벼 7다발을 얻을 수 있다. 또 1등품 7다발에서 벼 2말 5되를 감하면 2등품의 벼 5다발을 얻는다. 1, 2등의 볏단 하나의 벼는 각각 얼마냐?"는 따위 구체적인 수치를 제시하고 현실적인 문제를 다루고 있다.
또 피타고라스의 직각삼각형에 관한 문제도 있다.
그러나 그리스의 경우처럼 $a^2 + b^2 = c^2$ 식의 일반 명제가 아니라 $3^2 + 4^2 = 5^2$ 라는 따위의 구체적인 수를 대응시키고 있다.

수학의 간단한 계산, 이를테면 2 + 3 = 5에도 모든 사람이 납득할 수 있는 논리 즉, 증명의 정신이 바탕에 깔려 있어야 한다. 그러나 수학에서는 이 증명의 절차가 뚜렷이 표면화 되어 있을 때와 그렇지 않을 때와는 판이한 양상을 드러내며 수학으로서의 발전의 방향도 크게 달라진다. 동서 수학의 성격 차, 그리고 수학의 역사의 흐름이 이질화된 이유도 주로

이런 측면에서 찾아야 한다. 그리스 수학을 추진시킨 증명의 정신은 모든 존재의 본질을 규명한다는 존재론적인 사고방식에 의하여 뒷받침되어 있었으며, 그것과는 대조적으로 우리 동양인의 사고는 존재의 근본은 우리 인간이 헤아릴 바가 못 된다는 소위 동양적인 입장에 서 있었다.

한국 수학은 계산술에 있어서는 우수한 것이었음에도 불구하고 일반적인 보편 명제에 대해서는 관심이 없는 중국 수학의 전통에 충실했다. 신라를 거쳐 고려, 그리고 이조 말기까지 이러한 수학의 성격은 여전히 변함이 없었다. 한국 수학은 로고스(이성)가 아니라 로기스티케(logistike, 계산술)의 전통에 속해 있었던 셈이다.

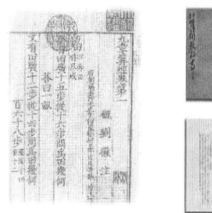

[그림 2-2-1] 구장산술-5

3. 한국의 수학

조선시대에 접어들면서 드디어 우리의 역사상 최대의 과학의 황금시대가 세종대왕에 의해 열리게 되었다. 세종대왕의 업적을 얼른 손꼽아보기만 하여도 한글 제정, 음악의 정비, 도량형의 정리, 천문학의 진흥, 농지 면적의 측량 등 매우 그 폭이 넓다. 원래 그리스의 사학에 대응하여 동양에는 사대부 사이의 교양으로 악(樂), 예(礼), 서(書), 산(算의) 네 가지가 중요시 되어 왔으며, 세종대왕의 업적도 크게 본다면 이 범위서 벗어난 것은 아니었다.

전통 음악의 정비는 한마디로 말해서 음률의 기본인 황종음(黃鍾音)을 정하는 것을 뜻한다. 중국계의 전통적 음악이론인 소위 오성십이율(五聲十二律)은 B.C. 3,000년쯤의 전설적인 제왕 황제시대부터 비롯된 것으로 일컬어지고 있다. 보통 삼분손익법(三分損益法)의 이름으로 알려지고 있는 이 이론은 이미 기원전에 수많은 고전 속에서 다루어졌다. 실로 중국의 음악이론은 일찍부터 그리스의 그것 이상으로 활발하였던 것이다. 뿐만 아니라 이 삼분손익법이 실제로 제전(祭典)에 쓰이는 음률조정에 기여하였다는 사실은 특히 주목할 만하다. 피타고라스는 그의 형이상학적인 수론(數論)을 바탕으로 칠음율(七音律)을 제창하였지만 가공적인 이론이라는 지탄을 받았고, 중국의 이 음률의 수학적 이치는 실용 면에서는 그대로 적용되었던 것이다.

세종대왕 시대에는 천문학 관련 역산(曆算)과 농본(農本)주의 정치의 기본요건인 측량문제에는 수학지식이 필수적이었다. 그래서 대왕 스스로 성인의 학문이라 하여 스스로 연구할 만큼 수학에도 열의를 보였다. 그러나 명군 세종대왕의 영도력 아래서 크게 발달하였던 수학의 경우, 그것은 여러 과학 분야를 통일적으로 지배하는 기본학문으로서의 성격을 갖추지는

[그림 2-3-1] 구장산술-6

[그림 2-3-2] 오성십이율

못했다. 아무리 대왕이 지도력과 천재성을 가졌다 해도 그 한계는 어찌할 수가 없었던 것이다. 그것은 당시의 사회적, 사상적 여건이 도저히 수학을 과학의 밑뿌리에서 추상하고 형이상학에서 분리시킬 수 있을 만큼 되어 있지 않았기 때문이다.

이것을 그리스의 경우와 비교해보면 흥미 있다. 그리스에서는 원래 수학이란 천문, 음악, 기하, 수론을 전부 포함하는 학문을 뜻하였다. 이들 여러 학문을 지배하는 법칙성을 수학이 지니고 있다는 사실을 깨닫고 마침내 수학을 학문으로서 독립시키기에 이르렀다. 수학이 과학의 여왕이라는 말은 여기서 나왔다. 또 수학이 과학으로부터 분리됨으로써 주관적인 형이상학적 경향을 벗어나게 되었다. 그리스 시대뿐만 아니라 근대에 있어서도 칸트 이후 이들 학문의 독립성이 재인식되어 지금에 이르고 있는 것이다. 우리의 전통 사회에 있어서는 철학, 수학, 과학(천문학, 본초학) 등 여러 학문이 분리되지 않은 채 있었다. 세종대왕의 업적이 위대한 것은 사실이지만 그 방법론은 본질적으로 그리스 이래의 유럽적인 정신과는 판이한 중국계의 고전적인 학문관에 입각하고 있었다. 세종대왕의 고전 정신에 입각한 학문관이 성공을 거두었다는 것은 그만큼 한국인의 전통적인 과학의 연구방법이 본래의 방향대로 고착되어 있었다는 사실을 입증하는 것이다.

그밖에 또 세종대왕의 한글 제정 작업도 수학과 무관한 것은 아니었다. 직접 수학적인 지식이 쓰인 것은 아니지만, 한글의 구성에는 종합과 분석이라는 데카르트적인 근데 수학의 기본정신이 내포되어 있음을 알 수 있다. 다시 말해서 세종대왕의 중요업적은 예외 없이 모두 수학정신 내지 직접 수학 지식이 필요한 것 들 뿐이었다. 이미 이야기한 것처럼 세종대왕은 수학의 중요성을 충분히 깨닫고, 부제학 정인지로부터 직접 당시 가장 높은 수준의 수학서인 산학계몽을 강의 받기도 하였다. 한국의 역사상 아마도 수학에 열의를 보인 왕은 오직 세종대왕 한 분 뿐이었다. 그리스에서는 유클리드와 플라톤이 수학을 왕자에게 직접 강의했으며 왕이 되기 위한 가장 기본적인 지식이라고 믿어지고 있었다. 우리나라에서도 제왕학의 일부로서 유학적 교양과 함께 산학(算學)이 태자의 교육에 빠뜨릴 수 없었던 것은 사실이나 그것은 형식에 지나지 않다.

세종대왕은 또 수학을 연구시키려는 목적으로 유학생을 중국에 파견하기도 했다. 수학 유학생 역시 아마 우리 역사상 이때가 처음이었을 것이다. 세종대왕 시대에 많은 수학책이 간행되고 고위 관료들도 수학을 학습하는 등, 우리 역사상 으뜸가는 수학의 황금시기를 이룩하였다. 세종실록에 적혀있는 이러한 사실은 오늘날의 우리 눈에도 충격적인 사건으로 비칠 정도이다. 세종대왕 이후 이런 풍조는 점점 쇠퇴하고 임진왜란을 계기로 세종대왕 대에 간행된 책들이 대량으로 일본에 넘어가고 그것이 기초가 되어 화산(和算)이라는 이름으로 불리는 일본 고유의 전통 수학을 일으키게 되었다.

수학이 문화의 구성요소라는 당연한 이유 때문에 문화의 형태는 곧바로 당시의 수학에도 반영이 된다. 한국의 전통문화는 한마디로 사장문화(詞章文化)라 해도 과언이 아닐 만큼 식자층에 속하는 사람은 예외 없이 시인이자 문장가였다. 시를 잘 짓는다는 것이 입신출세에 직결되는 사회였다. 이조 시대에 가장 인기가 높았던 수학책인 산법통종(算法統宗)에도 이러한 풍조가 잘 반영되어있다. 그 중 한 가지 예를 들어보면,

> 我問店家李三公
> 衆客都到來店中
> 一序七客多七客
> 一序九客一房空

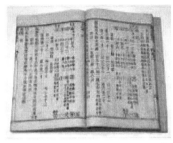

[그림 2-3-3] 산법통종

뜻은 "여관업을 하는 이가의 집에 손님이 많이 몰려왔는데 한 방에 7명씩 넣으면 7명이 남고 한방에 9명씩 넣으면 방 하나가 남는다. 손님수와 객실 수를 알아내라?" 답은 손님 수는 63명이고, 방수는 8개이다.

이렇게 시의 형식으로 된 수학은 억지로 시의 틀로 엮어서 문제를 제시한 탓으로 문제의 표현이 애매할 때가 많고, 더욱이 한국 사람에게는 한자란 일종의 외국어 문자였기 때문에 더 어려웠을 것으로 보인다. 즉, 수학을 직접 다루지 않고 "외국어 → 시 → 수학" 과 같이 이중의 장벽을 뚫고 수학을 접해야 할 때 그 발달이 크게 제한 당하게 되는 것은 너무도 당연하였다. 그러나 바꿔 생각하면 당시의 지식인들은 시를 통해서 멋을 부리고, 더욱이 수학지식으로 합리성을 자랑하는 즐거움을 동시에 누리고 있었다고도 볼 수 있다.

한국에 미친 중국 문화의 영향은 헤아릴 수 없을 만큼 컷고, 이 점에 관해서는 수학도 물론 예외일 수는 없었다. 그러나 이 사실은 중국계의 수학이 수입되기 전에는 한국 사람들이 계산조차 할 줄 몰랐었음을 뜻하는 것은 결코 아니다. 무엇보다도 그것을 구체적으로 나타낸 것이 한국의 재래의 수사(數詞)이다.

1, 2, 3, 4, 5, …
일, 이, 삼, 사, 오, …

는 분명히 중국식의 발음이지만 이밖에 독특한 한국 수사가 있다. 이것은 어제 오늘에 생긴 것은 아니며 단군이래라고 말할 수 있을 만큼 아득한 옛적부터 사용해온 것이다. 기록으로 보아도 중국 송나라시대의 손목(孫穆)이 엮은 계림유사(鷄林類事)에는 고려의 방언, 그러니까 당시의 우리 말이 350여 가지나 실려 있는데 그 중에서 수사를 골라보면 [표 2-1]과 같다. 괄호속의 로마자는 현대식 중국 발음을 나타낸다.

[표 2-1] 고려시대의 수사

숫자	수사	숫자	수사
一	河屯(ha tun)	二十	戌沒(shu mo)
二	途孛(tu po)	三十	寅漢(shi hao)
三	酒斷乃酒切(sa)	四十	麻雨(ma lia)
四	迺(nai)	五十	舜(shun)
五	打戌(ta shu)	六十	逸舜(i shun)
六	(逮戌)(i shu)	七十	一短(i duan)
七	(一急)(i ji)	八十	逸頓(i dun)
八	(逮答)(i da)	九十	鴉順(ya shun)
九	鴉好(ya ho)	醯	百(yun)
十	晛(ye)	千	千(aiau)
		萬	萬(wan)

위 낱말을 정확히 발음하기 위해서는 12세기 초의 중국의 한자 음으로 읽어야 할뿐더러 이것으로는 우리말을 정확히 표시하기가 어려워서 손목 (孫穆)의 표시 자체가 어느 정도 정확한지 분명치 않다. 이것과는 별도로 일부 언어학자에 의해 밝혀진 것으로

> 百 = 온 (온 몸이 아프다 할 때의 온)
> 千 = 즈믄
> 萬 = 드먼(전북 김제 만경을 드먼이라고 하고 두만강을 만 가지
>   지류를 가졌다 해서 두만강이라 하는 따위)
> 京 = 골(골백번 죽어도 할 때 의 골)

등이 있다. 중국식의 큰 수의 명칭은 億, 兆, 京, 亥, 稀, 壤, 溝, 澗, 正, 載, … 등인데 正을 우리말로는 "잘" 이라 했다. 압도적인 중국계의 문자에 대항해서 남아 있는 한국말들이다. 큰 수를 나타내는 낱말이 있다는 것은 생활 속에서 다루는 수의 범위가 그만큼 크다는 뜻이며, 따라서 이 사실은 한반도의 고대 토착사회에서 이미 상당한 산술적 기초가 갖추어져 있었음을 시사해주는 것이다.

이조시대의 기본적인 정치이념은 유교를 바탕으로 한 것이며, 따라서 사대부들이 유학의 교양을 갖추었음은 말할 나위가 없으나, 그들은 또 예외 없이 역사상에 깊이 심취하였다. 그중에서도 특히 역의 기본원리를 도식화한 하도(河図), 낙서(洛書) 그리고 이것들이 상징되는 신비적인 수 체계에 대해서 비상한 관심을 기울였다. 이 형이상적인 수론은 신앙 비슷하게 고정화된 일종의 형이상학에 의하여 뒷받침되었다. 삼라만상이 생긴 후에 형태가 이루어지고, 형태가 갖추어진 후에 번성하고 그 후에 수가 나타난다. 따라서 우주를 인식하는 방법은, 수(數)에서 상(象)으로, 그리고 물(物)의 순서를 따라야 한다는 것인데 성리학의 대가 이퇴계를 비롯

한 이조의 유학자는 어김없이 이 명제를 공리적으로 받아들였다. 이 비유는 동양에서는 흔히 미지의 현상을 파악하는 사고 모델로 쓰여 졌다.

주자(朱子)는 물질의 본래적 속성인 수적 구조에 관해서 다음과 같이 설명하고 있다. "이(理), 수(數)의 관계는 어떤 것입니까?" 하는 제자 임기손 의 물음에 대하여 주자는 다음과 같이 답하였다. 즉, "이(理)가 있으면 기(氣)가 있으며, 이 기가 있으면 이 수(數)가 있다. 수야말로 경계를 나눈 구실을 하기 때문이다. 또 天一, 地二, 天三, 地四, 天五, 地六, 天七, 地八, 天九, 地十, … 이라는 역(易)의 명제는 자연의 이치이기 때문에 결코 이 원리를 피할 수는 없다. 이를테면 물의 수는 6이고 눈의 결정(結晶)이 6개의 꽃잎으로 이루어진 것은 수를 아무렇게나 적당히 배치한 것이 아니다." 이것은 이(理)와 수(數)는 본질적으로 하나라는 주장이며, "실제 인식되는 것은 모두 수를 가진다. 만일 수의 본질이 존재하지 않는다면, 온갖 사물은 그 자신 및 상호의 관계에 있어서 누구에게나 아무것도 밝혀 줄 수 없는 것이다" 라는 그리스의 필로라오스의 명문(M.R.Cohen and E. Dradkin, A Source Book in Greek Science)을 연상시킨다. 그러나 비슷한 견해임에도 불구하고 동양의 수론은 끝내 신비주의의 영역에 머물렀으며, 이것과는 대조적으로 유럽에서는 수의 수학(Mathematics of Number)으로 발전하였다.

전설에 의하면 하도(河図)는 황하에서 나온 용마(龍馬)가 입에 물고 온 두루마리 속에서 나왔다고 하며, 낙서(洛書)는 낙수(洛水)에서 나온 신구(神龜)의 등에 그려져 있었다고 한다. 하도와 낙서의 도표는 [그림 2-3-5]에서 알 수 있듯이, 1에서 10까지의 수로 이루어진 십자형의 간단한 방진(方陣)이다. 그리고 짝수는 검게 홀수는 희게 나타내고 있다.

[그림 2-3-4] 구귀가

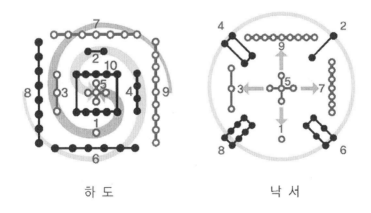

하 도   낙 서

[그림 2-3-5] 하도와 낙서

Benjamin Franklin's Magic Square

52	61	4	13	20	29	36	45
14	3	62	51	46	35	30	19
53	60	5	12	21	28	37	44
11	6	59	54	43	38	27	22
55	58	7	10	23	26	39	42
9	8	57	56	41	40	25	24
50	63	2	15	18	31	34	47
16	1	64	49	48	33	32	17

[그림 2-3-6] 프랭클린 매직 스퀘어

이것은 미국의 벤자민 프랭클린(Benjamin Franklin)이 만든 이른바 프랭클린 매직 스퀘어(Franklin Magic Square)와 같다. 즉, 세로의 (7,3,5,4,6) 또 가로의 (8,2,5,1,9)의 합은 모두 25이다. 하도는 중앙의 5와 10을 무시하면 홀수의 조와 짝수의 조가 각각 합계 20이 되도록 수를 배열한 것이다. 낙서의 점의 개수를 숫자로 표시하면 즉, 가로 세로 대각선의 합이 모두 15인 3차의 마방진이다. 이러한 도표는 지금 사람에게는 하나의 숫자놀이에 지나지 않지만 옛날 중국 사람에게는 중대한 의미를 가진 것이다. 역의 기본원리는 음양오행설이었으며, 특히 오행설은 모든 대상을 다섯 가지로 분류해서 생각하는 것이다. 그런데 3차의 마방진을 오행설로는 다음과 같이 나타낼 수 있다. 즉, 마방진을 위와 같이 묶어 생각한다면 (7,2) (9,4) (6,1) (8,3) (5,0)은 모두 괄호 안의 두 숫자의 차가 5이다. 이 사실을 수학적으로 표현한다면 5를 밑으로 하는 잉여식. 즉, 5의 합동식을 뜻하는 것이 된다.

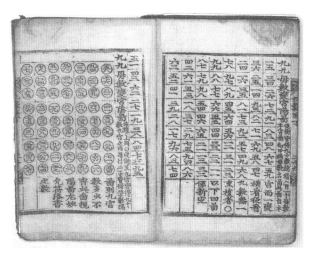

[그림 2-3-7] 지수귀문도

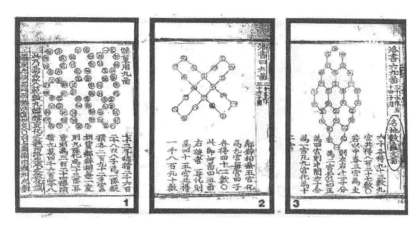

[그림 2-3-8] 양휘산법의 마방진

$7 - 2 = 5,\ 9 - 4 = 5,\ 6 - 1 = 5,\ 8 - 3 = 5,\ 5 - 0 = 5$

따라서 $7 = 2, 9 = 4,\ 8 = 3,\ 6 = 1, 5 = 0\ \text{mod}\ 5$

이와 같이 풀이하면 이 3차의 마방진은 이상적인 수표가 되고, 이 표를 이용해서 달력을 만들 때 여러 가지 미신적인 해설을 붙일 수 있게 된 것이다.

중국에서 이 방진이 수학의 문제로서 다루어지게 된 것은 아마도 13세기부터의 일인 것 같다. 양휘(楊輝)는 속고적기산법(續古摘奇算法)에서 이것을 본격적인 수학문제로 취급하였다. 그는 방진의 기본법칙을 마련하였는데, 이를 테면 1에서 16까지의 수를 가로 세로 4행 4열로 차례로 배열하고 내부의 사각형과 외부의 사각형에서 각각 대응한 구석의 2개의 수끼리를 바꿔놓으면 각행, 각열 그리고 대각선상의 수를 합하여 모두 34가 되는 방진이 만들어진다는 사실을 밝혔다. 양휘의 연구는 정대위(程大位)의 산법통종(算法統宗)까지 이어졌다. 양휘의 연구는 순수한 수학적 입장의 것이었으며 하도, 낙서와 같이 마술적 신비주의적 요소는 찾아볼 수 없다. 13세기 말엽에 중국과 비잔틴에서 거의 동시에 방진의 연구가 철저하게 과학적으로 다루어졌다는 것은 특이하다.

그러나 한국의 경우, 마방진에 대한 관심은 신비사상과 분리되지 않은 관계에 있었다. 이조의 대표적인 사대부 출신 학자인 최석정에게서 이것을 뚜렷이 볼 수 있다. 최석정은 그가 저술한 수학서에는 마방진의 관련 지면이 많다. 그 중에서도 [그림 2-3-12]의 최석정의 9차 마방진은 최석정 스스로 이것을 천하에 절묘한 것이라고 자부하고 있을 정도이다. 이 방진은 각행, 각 열, 각 대각선의 합이 각각 369가 될 뿐만 아니라 그 내부에 A에서 I까지의 9개의 소 행렬을 포함하고 있으며, 또 각 연속된 3개의 수의 합은 123이 된다. 가령 9행의 처음 3개의 수를 생각할 때 처음 3개의

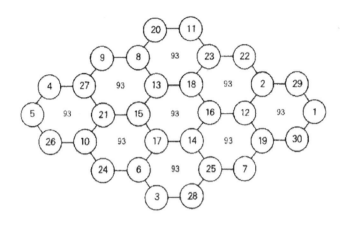

[그림 2-3-9] 마방진

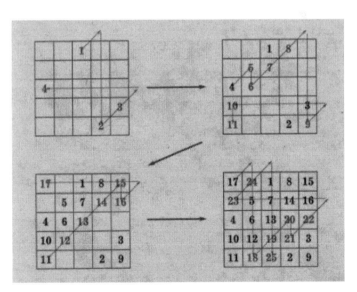

[그림 2-3-10] 마방진 푸는 법

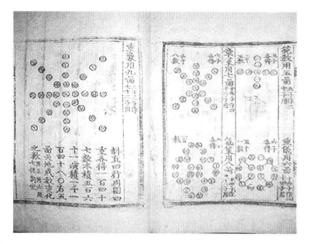

[그림 2-3-11] 구수략의 마방진

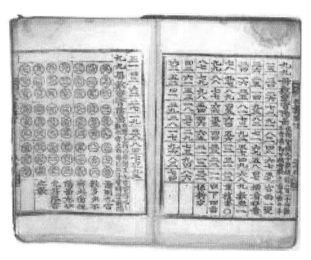

[그림 2-3-12] 최석정의 9차 마방진

수(14, 46, 63)와 다음(58, 53, 12) 또 그 다음의 수(75, 8, 40)의 합은 모두 123이다. 즉, 이 방진 속에는 특수 한 3행 3열의 소마방진 5개와 4개의 준 마방진 B, D, H, F가 들어있다. 또 재미있는 것은 낙서 69면과 같은 거북 모양의 마방진이다. 이 도표는 1부터 30까지의 수를 중복이나 빠뜨림 없이 배열해서 6개로 만들어진 각 조의 수의 합이 모두 93이 되도록 되어 있다. 최석정이 이토록 마방진 연구에 열을 올린 것은, 수학외의 목적에서였음은 거의 의심의 여지가 없다. 각 방진마다

百子子數陰陽錯綜面, 百子生成交數面, 天數用五面, 河面四五面, 洛書四九面, 重象用九面, 重卦用八面, … 등 역에 관련 있는 명칭을 덧붙였다는 사실이 이것을 말해주고 있다. 아무튼 이 정도의 마방진을 만든다는 것은 대단한 일이지만 수에 대한 관심이 중세적인 신비주의적 수론의 단계에 머물고, 따라서 수 자체의 성질을 보다 깊이 추구하는, 이를테면 정수론 따위로 발전시키지 못하였다는 점에 이조의 사대부수학(士大夫數學)의 한계를 볼 수 있다. 우리나라 수학의 방법이 서양의 그것과는 매우 차이가 있었을 뿐더러 연구의 풍토가 중국과도 크게 차이가 있었기 때문에 최석정의 수학을 그처럼 만들어 놓은 것이다.

4. 한국의 수학책

정부의 기술 관료인 산사용(算士用) 수학서를 법으로 제정하고 있었다. 이를 테면 신라시대는 구장(九章), 육장(六章), 삼개(三開)가 있었고, 고려시대는 구장(九章), 육장(六章), 철술(綴術), 사가(謝家)가 있었고, 이조시대는 산학계몽(주세걸, 1299), 양휘산법(양휘, 13세기말), 상명산법(안지제, 14세기)이 있었다. 산서는 산경(算經)이라는 이름으로 존중되었다. 옛글을 경전시하는 중국계의 학문 관에 따른 것이었지만, 수학책도 이러한 태도로 제작된 결과 그 형식은 다분히 암기위주의 것으로 꾸며질 때는 그 이상의 발전을 기대할 수는 없는 것이나 다름없다.

일찍부터 좋은 산학제도를 갖고 있었으면서도 왜 우리 조상이 수학을 적극적으로 발전시키지 못했는가의 이유가 분명해진다. 즉, 그 첫째 이유가 산학을 지나치게 철학과 결부시킨 때문이었고, 둘째는 산서를 산경으로 삼을 정도로 보수적인 사고방식에 있었으며, 셋째는 수학이 관영과학의 테두리 안에서 요구되는 실학(實學)이었다는 성격으로 농정국가의 실용기술의 수준에 머물렀기 때문이었다. 요컨대 학문으로서의 수학의 독립성, 그리고 기억보다는 생각하는 일이 중요하다는 수학정신이 한국 수학의 전통 속에서 강하게 부각되지 않았기 때문이다.

4.1 산사의 집단

이조시대는 폐쇄적인 관리의 인사제도와 수학교육이 일반에게 보급되지 않았기 때문에 한국만의 독특한 산사의 집단이 형성되었다. 이조 때 공인된 산학자의 명단이 남아있는데. 산학의 과거의 합격자 명단인 산학인격안(算學人格案)과 산학선생안(算學先生案)에 의하면 연산군 이후 이조 말까지 무려 1,400여명에 달하는 수학자가 배출되었다. 이조 말기에

[그림 2-4-1] 구장술해

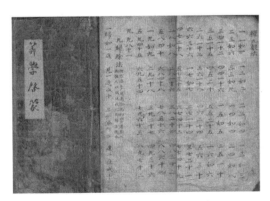

[그림 2-4-2] 산학계몽

[그림 2-4-3] 양휘산법

[그림 2-4-4] 상명산법

가까워질수록 산사 층은 거의 세습화 되었고, 결혼도 거의 산학자의 집안 끼리 하게끔 되었다. 이들의 신분이 양반과 상인(常人)의 중간에 있었다 해서 중인(中人)이라 불리긴 하였으나, 지방의 하급관리인 아전(衙前), 이서(吏胥) 등과는 엄연히 다른 교양인들이었으며 그만큼 자존심도 강했고 양반 지식층과의 교제가 빈번하였다. 아무튼 이와 같이 산학자의 직업공동체가 형성되면 여러 가지 부작용이 따르기도 하지만, 반면에 집안 식구들이 모두 수학자여서 평소에 수학의 이야기가 화제가 될 때가 많아 수학 연구의 분위기가 조성되기 마련이다.

이조의 산사집단은 당초 서자(庶子) 출신들에 의하여 이루어졌다고는 하지만, 지식의 독점적인 세습화는 후계자들에게 일종의 자부심을 안겨주어, 스스로 수학연구에 정진케 만드는 경향을 낳기도 하였다. 그 좋은 본보기로서 홍정하(洪正夏)를 들 수 있다. 그의 아버지. 할아버지, 증조부는 물론 외가의 할아버지 또 장인까지 수학자였던 전형적인 경우이다. 서양의 학문은 대화를 바탕으로 하여 이루어졌다. 소크라테스의 경우에서 보는 바와 같이 항상 토론을 하고 피차 사고의 부족한 점을 보완해 나가는 태도가 그것이다. 유럽수학은 논리가 그 생명이지만 논리란 대화를 공식화 한 것이다.

그런데 홍정하가 지은 구일 집(九一集)이라는 수학책은 한국 수학사상 유일하게 수학의 대화가 소개되어 있다. 1713년 5월 29일에 있었던 일이다. 그때 문화의 종주국(宗主國)임을 자부하던 중국은 가능하면 일류급 학자를 뽑아 사신으로 주변 각국에 파견하였다. 홍정하와 유수석 두 수학도는 마침 이 사신의 일행으로 조선에 온 중국인 사력(司曆) 하국주를 방문하여 수학의 논쟁을 벌인 것이다. 사력이란 중국 천문대의 관직이며 천문과 역산에 밝았고 산학에도 깊은 조예가 있었다. 그는 유명한 중국의 수학전서인 수리정람(數理精蘊)의 편찬에 참가하기도 했던 수학자였다.

묵사집산법 (천)
(默思集筭法 天)

[그림 2-4-5] 묵사 집산법

[그림 2-4-6] 구수략-1

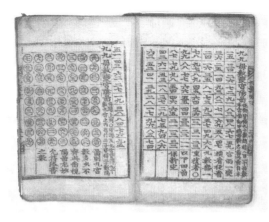

[그림 2-4-7] 구수략-2

[그림 2-4-8] 구일집 표지

다음은 홍정하와 유수석이와 중국인 사력 하국주와의 수학에 대한 대담 내용의 일부분이다. 공손하게 "아무것도 모르니 산학을 가르쳐 주시오"라고 하는 홍정하에게 중국사신이 처음 내놓은 문제는 "360명이 있는데 한사람마다 은 1냥 8전을 낸다. 합계는 얼마인가? 또 은 351냥이 있다. 쌀 한 가마의 값이 1냥 5전이다. 몇 가마를 구입할 수 있는가?" 라는 따위의 유치한 문제였다. 물론 답은 당장에 나왔다 그 다음 문제는 "제곱한 넓이가 225제곱자일 때 1변의 길이는 얼마인가?" 그리고 "대소 2개의 정사각형이 있다. 그 넓이의 합은 468제곱자이고, 큰 정사각형의 1변은 작은 쪽의 1변보다 6자 만큼 길다고 한다. 두 정사각형의 각 1변의 길이는 얼마인가?" 또 "막대의 왼쪽 끝에 무게 3냥의 돌을 달고 오른쪽 끝에 물건을 달아매고 수평을 이루도록 막대를 올렸을 때 이 점으로부터 왼쪽 끝까지의 거리는 5치 8푼, 오른쪽 끝까지는 7치 2푼 5리였다고 한다. 잰 물건의 무게는 얼마인가?" 등이었다. 우리 산학자들은 모두 이들 물음에 대한 정답을 냈다.

곁에서 지켜보고 있던 중국 사신의 상사(上使) 아제도(阿齊図)가 사력의 실력을 치켜세우면서 조선의 산학자들을 얕잡는 참견을 한다. "사력은 산법에 관해서는 천하에서 제 4인자의 실력가이다. 그의 산학의 조예는 깊이가 한량이 없다. 여러분 따위는 도저히 산학 지식을 견줄 바가 못 된다. 사력은 많은 질문을 하였으나 아직 제군들은 한마디의 문제도 묻고 있지 않다. 여러분도 그에게 문제를 제시하고 그의 수학지식을 시험해 보아라." 그 말이 있자 홍정하는 다음과 같은 질문을 하였다. "지금 여기에 공 모양의 옥석이 있다. 이것에 내접한 육면체의 옥(玉)을 빼놓은 껍질의 무게는 265근 15냥 5전, 껍질의 두께는 4치 5푼이다. 내접 육면체의 1변의 길이, 당초의 공의 지름은 각각 얼마인가?" 이 문제를 듣고 하국주가 말하기를 "이것은 아주 어려운 문제다. 당장에는 풀지 못하지만 내일까지 반드시 답을 내주겠다." 라고 했다.

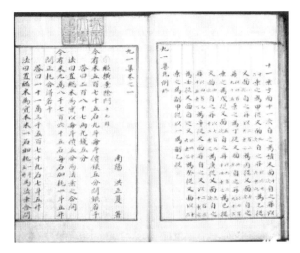

[그림 2-4-9] 구일집 내용

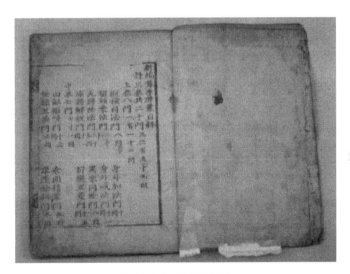

[그림 2-4-10] 산학입문

[그림 2-4-11] 주해수용 표지와 내용

[그림 2-4-12] 산학정의

그리고 나서 하국주가 질문을 했다. "지름 10자의 원에 대한 외접 정팔각형의 1변의 길이는 얼마인가?" 이에 대하여 4자라고 답하니 하국주는 그 방법을 물었다. 그래서 유수석이 다음과 같이 대답하였다. 병(丙)을 제곱하여 그것을 2배한다. 그 제곱근을 구하고 정(丁)을 더하여 을정술(乙丁戌)을 얻는다. 이것이 지름의 길이다. 이것을 산목계산(算木計算)으로 풀어서 제시하였다. 하국주가 다시 문제를 내었다. "지금 10자의 원에 내접하는 정오각형의 1변의 길이와 넓이는 각각 얼마인가?" 답은 "1변의 길이는 5자 8치, 넓이는 62자 5푼 제곱이다. 즉, 지름 10자를 제곱해서 3/4를 구하면 원의 넓이 75제곱자를 얻는데 그 5/6를 잡아 정오각형의 넓이 62.5 제곱자를 구한다." 유수석이 하국주에게 묻는다. "조선에는 아직 이런 학문이 없다. 어떤 방법으로 하는 것인가" 이에 대해 하국주는 "원은 360° 이고 오각형의 꼭지각의 하나는 72°, 그리고 그 반인 36° 에서 정현수(sin 값)를 구 한다" 고 설명하였다. 하국주는 "8선표(삼각함수표)가 있으면 그것으로 곧 값을 구 할 수 있으나 일일이 계산한다면 매우 어렵기 때문에 여기서는 대답할 수가 없다." 고 답했다. 이 편에서는 그 방법을 끈질기게 물었으나 끝내 하국주는 삼각함수표를 설명 못하였다.

이어서 하국주가 "산학 중에서 방정식 풀이가 가장 난해한 부분인데 당신들은 이것을 이해할 수 있는가" 라고 묻자, 홍정하는, "방정식의 분야는 산학 중에서는 중 정도에 속한다. 별로 어려운 것이 아니다." 라고 말하면서 포산(布算: 算木計算)을 실제로 해보이자, 하국주는 중국에는 이러한 것이 없으니까 가지고 돌아가고 싶다 하여 산목 40개쯤을 가지고 갔다. 이때 하국주가 내놓은 문제 중에 고차방정식의 문제가 있었는데 조선의 두 산학자는 그것을 산목계산으로 척척 풀었다. 이것이 곧 천원술(天元術)이라는 방법이었는데, 현재는 호너(William G. Horner 1786-1837)의 고차방정식의 근사해법으로 알려져 있다. 필산과 산목 계산의 차이가 있을 뿐 원리적으로는 동일한 숫자계수방정식에 관한 이 해법의 발견은 중국에서는 유럽보다 실로 500년이나 앞서 있었다. 그러나 중국에서는 하국주의 시대에 이미 천원술이 소멸되어 버렸지만, 조선에는 그대로 보존되어 있었던 것이다. 중국에는 이 문제를 취급했던 수학서인 산학계몽마저 망실된 채였고 후일 한국 땅에서 겨우 그것을 입수할 수 있을 정도였다. 한국 수학의 전통이 없었던들 동양수학의 명맥이 끊어졌을 것이라고 말해도 결코 지나친 말은 아니다.

4.2 한국수학의 특징과 근대 한말 수학자

한국 수학사에서 나타나는 두드러진 특징의 하나는 정치에 새로운 혁신의 기풍이 불면 언제나 수학에 새로운 풍조가 생긴다는 사실이었다. 신라가 반도를 통일했을 때 바로 산학제도가 정립되었고 또 세종대왕이 혁신 정치를 단행할 때도 산학이 중요시되었다. 이조의 계몽시대라 할 수 있는 실학파의 합리주의 운동에 있어서도 한결같이 수학의 합리성이 강조되고 그 교육의 필요성이 증시되었으며, 이조가 마지막 재생의 길에 모색한 것도 수학교육을 통해서였다.

한말에는 그러한 뜻에서 하나의 수학 황금기가 이 땅에 열렸다. 실학기에서 한말까지 많은 수학자가 배출되었고 유명, 무명의 수학책이 발간되었다. 특히 재미있는 현상은 양반들 사이에서 연구되어 온 동양사상 등을 가미한 수리사상은 차츰 사라진 반면, 중인들이 주로 다루었던 현실적인 관영수학은 한층 그 형식이 다듬어지고 실로 수학의 이름에 어울리는 학문체계가 형성되기 시작한 사실이다. 또 이들과 양반지식층 사이에는 비록 사회적인 계급 차이는 있었다 하더라도 학문을 통한 공동연구가 이루어져 바람직한 학풍이 생긴 것이다.

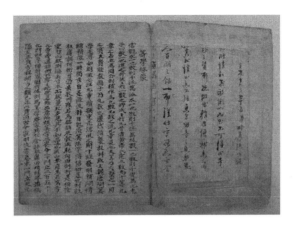

[그림 2-4-13] 산학계몽의 내용

[그림 2-4-14] 상명산법의 표지와 내용

그 중 대표적인 예가 남병길(1820-1869)과 이상혁(1804-1889) 사이의 협동작업이었다. 남병길은 문과에 급제하여 영의정까지 지냈으나 그는 정치가라기보다는 학자로서 유명하였다. 그가 남긴 천문 및 산학의 저서가 10여권이나 된다는 사실에서도 이것을 짐작할 수 있다. 특히 그의 산학정의(算學正義)에는 대연술(大衍術). 즉, 합동식의 해법이 소개되어 있는데, 그 내용은 역법계산에 필수적이었다. 그는 이러한 고전적인 수학도 정리하여 책으로 출간했다.

이상혁은 천문대에 근무한 중인계급의 전문적인 산학자이었다. 즉, 산학의 고시에 합격하고, 역산을 다루는 천문대에 근무하였기 때문에 남병길과는 지위, 신분에 있어서 비교할 수 없는 하급 관료였다. 또 나이도 10년 아래였다. 그러나 남병길은 그의 수학실력을 무척 존경했으며, 이들 사이에는 많은 공동연구가 이뤄졌다. 이상혁의 저술로는 특히 산술관견(算術管見)이 유명하다. 그는 여기서 전문 수학자답게 전적으로 새로운 문제를 생각하였다.

유클리드기하학이 처음 중국에 소개된 것은, 징기스칸이 서역의 원정길에 원론을 가지고 돌아왔을 때부터였지만, 중국 사람의 수학에 대한 기본적인 태도가 유럽적인 것과는 달라, 도저히 그것이 동양에 뿌리박지 못하였다. 명조 말기부터 중국에서 건너오기 시작한 가톨릭 선교사의 손에 의하여 중국어로 번역된 원론이 그 후 한국에도 전해지기는 하였으나 당시는 기하학을 거의 거들떠보지 않았다.

이상혁은 적극적으로 이 새로운 수학(기하학), 그것도 미해결의 영역을 해결하려고 했던 것이다. 가령 그의 산술관견에서는 "중국에서 온 수리정람은 정다각형에 있어서의 1변의 길이를 중심으로 하여 그 넓이와 내접원 및 외접원의 지름을 구하는 문제를 취급하고 있었으나, 다만 정률비례(定率比例)를 보여주는 상세한 설명이 부족하다." 하여 적극적인 연구태도를

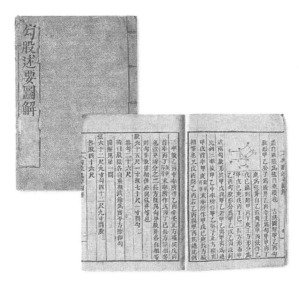

[그림 2-4-15] 남병길의 책

[그림 2-4-16] 이상혁의 산술관견

보이면서 기하학의 여러 문제를 다루었다. 또 기하학뿐만 아니라 삼각법도 깊이 연구하였다. 그의 독창적인 연구는 실로 높이 평가할 만한 것이며, 식민지 사관이 판을 치던 일제시대에도 일본의 수학자가 "조선에서도 그야말로 전인미답의 경지가 개척되었다." 고 감탄했을 정도이다.

한국 수학은 중국 수학의 영향을 많이 받아온 것은 사실이지만 한국인 수학자는 덮어놓고 그것만을 받아들이지 않았다. 한국인이 수학을 배울 때 가장 큰 장애가 된 것은 한자였다. 일본 수학은 임진왜란 이후 우리나라에서 가지고 간 수학책을 기초로 독특한 체계를 정립하였는데 그 가장 큰 이유는 일본인들이 우리나라에서 가지고 간 한자로만 된 수학책을 재빨리 그들의 글로 번역하였기 때문이었다. 반면에 우리나라는 이조 말까지도 한자로 된 수학책을 엮어 내었다. 한자를 통해서 읽은 수학은 앞에서 이야기 했듯이 한국인에게는 이중의 정신적인 부담을 주었던 것이다. 거듭 말하지만 수학외의 철학적인 의미가 붙고 게다가 고루한 중국 고전 중심의 학문관 때문에 순수한 수학의 발전이 더욱더 저해 받은 것이다.

동양수학에는 그리스 이래의 유럽적인 기하학의 전통이 결여되어 있었다고 하였으나, 이것은 아예 처음부터 기하학이 성립하지 않았다는 뜻으로 오해해서는 결코 안 된다. 전국시대의 소위 제자백가(諸子百家) 중의 한사람인 묵자(墨子)와 그 후 제자들이 엮은 묵자(경편, 경설편) 중에는 유클리드의 원론의 일부를 그대로 옮긴 것 같은 점, 직선, 원 등에 관한 기하학의 기본명제가 단편적이나마 실려 있다. 이러한 논증적인 수학의 서술은 이 책의 다른 내용과의 연관으로 보아, 결코 그리스 수학의 모조품이 아님이 분명하다. 따라서 정확히 말하면, 동양 수학에는 논증이 처음부터 없었던 것이 아니라 어떤 이유 때문에 이것이 소외되었다고 보아야 한다. 수학사의 입장에서 동양수학의 전통에서 왜 논증적인 형식이 자취를 감추게 되었는지에 대해서 우리는 관심을 가질 필요가 있다.

3

중세의 수학

476년 서로마제국 멸망한 후 5세기 중엽부터 11세기에 이르는 기간은 인간의 모든 사고와 행동을 교회가 기독교의 교리에 입각하여 지배하던 유럽의 암흑시대였다. 따라서 이 시대에는 가톨릭 수도원의 수도사들에 의한 연구 이외에 수학의 연구라고는 있을 수 없었다. 그나마 이 암흑시대에 수학사에서 어느 정도 역할을 했다고 생각되는 사람들은 순교한 로마학자 보에티우스(Boethius, 408?-524), 영국의 교회학자 베다(Beda, 673-735)등이 있다.

이후 유럽에서의 수학은 12세기 초인 중세 말엽부터 15세기 르네상스 초기에 이르러 비로소 발전하기 시작하였다. 그러나 이 시대의 수학은 그리스 수학이 아니라 이슬람 세계의 아라비아 수학을 기초로 하였다. 이 때 등장한 아라비아 수학은 수학사에서 그리스와 인도, 근대 유럽을 이어 주는 교량 역할 이상으로 중요한 구실을 하였다.

1. 로마시대의 사회상과 암흑시대

이탈리아 테베레 강변의 30여 개의 마을과 부족들이 해운동맹을 체결했다는 사실은 비단 로마뿐만 아니라 세계 문명사상 극히 중요한 사건의 하나였다. 이 동맹은 실로 위대한 로마의 기초를 이룩하였던 것이다. 로마시가 일찍이 급속히 발달한 데는 이 초기의 부족집단의 해운동맹 이외에도 몇 가지 부수적인 이유를 찾을 수 있다. 이런 원인들 중에 가장 주된 것은 테베레 강을 이용한 무역과 상업이었다. 로마시는 해안에서 멀리 떨어져 있었기 때문에 지중해를 가로질러 연안지방의 주거지로부터 가축이나 곡물을 약탈해가던 해적의 피해를 면할 수 있었으며, 로마시의 위치는 중부 이탈리아의 큰 강 유역에 있었기 때문에 당연히 로마시는 테베레 강 및 그 지류지방의 유리한 무역중심지가 되었다.

기원전 2세기 중엽 무렵 헬레니즘의 여러 국가들이 무너지기 시작하여 무정부 상태가 벌어졌고 때마침 일어난 로마의 세력권에 손쉽게 넘어가고 말았다. 로마인의 건축은 대체로 그리스 건축을 모방한 것이지만 그들은 모방한 건축구조를 바꾸었을 뿐만 아니라 아치를 많이 사용해서 건축물에 독특한 성격을 띠게 하였다. 이 아치의 원리는 그리스나 동양의 건축에도 알려져 있으나 그것을 사용하지 않았던 것이다. 로마 건축가는 아치를 사용해서 커다란 건축물의 지붕을 만들고, 깊은 계곡 위에 훌륭한 수로교를 건설하였으며, 현재 까지도 홍수의 공격에 견딜 수 있는 견고한 교량을 강에 건설했다. 수로교에 의해 로마시에 끌어들인 물의 대부분은 목욕탕에서 사용되었다. 로마인의 성품은 차츰 사치스럽게 되어 공화국 치하에 있어서도 상당수의 목욕탕이 건설되었으나 웅장하고 화려한 대욕장이 세워진 것은 제국시대로 접어들면서 부터였다. 이런 대욕장들은 로마 황제가 건설한 건물 중에서도 가장 섬세하고 값진 것이었다. 이 대욕장은 건설자의 관대함을 나타내기 위해 건축되었기 때문에 입장은 무료였다.

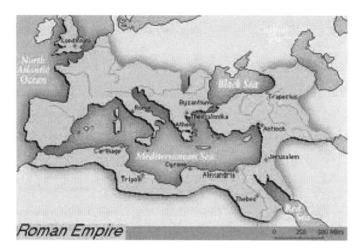

[그림 3-1-1] 로마시대의 지도-1

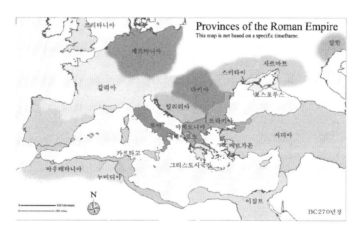

[그림 3-1-2] 로마시대의 지도-2

[그림 3-1-3] 테베레강

[그림 3-1-4] 로마시대 수로교

로마의 문학은 거의 전부가 그리스 문학의 모방 또는 차용이 라고 할수 있지만, 그러나 유럽 문명사에 커다란 공헌을 한 것은 사실이다. 또 고대 로마에는 명성을 떨친 네사람의 사학가 카에자르(Gaius Julius Caesar, B.C. 110-44), 살루스티우스(Gaius Sallustius Crispus, B.C. 86-34), 리비우스(Titus Livius, B.C. 59-A.D. 17), 타키투스(Cornelius Takitus A.D. 55-17)가 있었는데 그 중 카에자르의 "갈리아 전기" 는 크세노폰(Xenophon, B.C. 434-355)의 "아나바시스(Anabasis)" 와 함께 줄곧 설화문학의 모범이 되었다.

문학의 계승이라는 점에서는 로마는 알렉산더의 정복시대와는 다른 상황에 놓여 있었다. 로마인이 세계의 무대에 나타나기 시작한 시대에는 이미 그리스 문명의 추진력은 사라져버렸다. 과학과 예술은 타락해버린 뒤였으며 어떤 의미에서는 로마인이 그리스 문명을 찾아내기에는 시기가 너무 늦었다. 즉, 그리스의 경제제도는 부유한 귀족과 자유시민을 위해서만 이루어 졌고, 과학을 유효하게 이용하기에는 너무나 고정적이었다. 게다가 로마의 상층계급은 로마인인 그들뿐이었으며, 그들은 그리스 문명의 예복을 착용하면서도 그것을 경멸했다. 결과적으로 「위대한 로마」가 그리스 문명에 덧붙인 것은 아무것도 없었으며, 기껏해야 그리스 철학의 일반 사상 중 몇 가지만을 주워 모아서 계급지배를 지탱시키는 데 이용하기에 급급하였을 뿐이었다.

로마가 기원전 1세기쯤 제국의 기틀을 세웠던 당시만 하여도 그 새로운 영토 내에는 수많은 종교가 그대로 남아 있었다. 이들 민족들을 강력한 힘으로 통일하기 위해서는 겉으로의 복종보다도 정신적인 유대가 필요하였다. 따라서 정복된 각 민족들의 정신적인 독립을 뜻하는 예전의 민족 종교는 위험천만의 것이었다. 노예 반란의 영화 "스파르타쿠스" 에서도 잘 묘사되어 있지만, 로마는 노예제도의 모순 때문에 정치적인 암투, 몰락된 자유인들의 불만, 노예의 반란 등 정치, 경제, 그리고 사회적인 불안이 그

[그림 3-1-5] 로마시대 대욕장

[그림 3-1-6] 로마의 건축양식

칠 사이가 없었다. 이러한 모순 때문에 사람들의 가슴 속 마다 들끓고 있는 갈등을 진정시켜 주는 묘약으로서 어떤 그럴듯한 해결책이 필요하였다. 기독교는 처음 박해를 받기는 하였으나 초 민족 종교로서 "인류애" 와 "복종의 미덕" 을 강조한다는 점에서, 첫 번째 조건을 충족시켜 주었고, 또 미래의 복 받는 제 2의 삶을 보장하고 있는 점에서는 로마의 정치, 경제상의 모순을 달래 주는 윤활유의 구실을 하였기 때문에 두 번째 조건까지도 만족시켰다. 당시 로마가 요구하는 종교로서는 그야말로 완전한 조건을 갖춘 것이었다.

이 때문에 콘스탄티누스(Constantinus, 274-337) 황제가 기독교를 로마 제국의 대표적인 종교로 공인한 이후 로마의 집권세력이 몇 번이나 교체되었지만 그것과는 상관없이 계속 교세는 상승일로를 거듭하여 마침내는 유럽 정신세계의 지배자이어야 할 로마교황이 세속세계의 지배자인 국왕과 그 힘을 겨루게 까지 되었다.

유럽이 점차 봉건사회로 넘어가기 시작하면서 문화면에서는 오히려 생동하는 빛을 잃었다. 봉건제는 노예제에 비해서 늦게 탄생한 것이었으나, 오히려 생산력이 쇠퇴되고, 사회문제도 근본적으로는 하나도 해결하지 못하였다. 즉, 서로마 제국이 멸망한(5세기경) 뒤 노예제도도 무너지고 그 대신 새로운 봉건제도가 세워졌지만, 무력에 의해서 큰 영토를 얻은 봉건귀족은 농노를 부려서 얻은 막대한 부를 밑천삼아 그야말로 비생산적 생활에 빠져들었다.

정신생활을 지배한 것은 오로지 기독교뿐이었으니 삭막하기 짝이 없었고, 사람들의 정신세계는 그저 암흑 같았다고 할 수 있다. 이렇게 중세의 암흑시대가 도래한 것이다. 중세의 정신생활에서는 기독교만이 판을 치게 되었기에, 학문은 신학, 학자는 수도사가 되어 과학, 철학은 모두 신학의 시녀로 타락하고 말았다. 이 결과 수도원 밖에서의 학술연구는 불가능하게 되었다.

[그림 3-1-7] 기독교의 공인과 콘스탄티누스 황제

[그림 3-1-8] 밀라노 칙령

2. 수도원 수학과 수학자

수도원에서 다루었던 수학은 이미 그리스시대의 활기찬 그것이 아니었고 당시의 종교적 이념에 맞도록 플라톤의 비현실적인 수리사상을 극단적으로 관념화하여 변형시켜 버렸다. 그것은 이미 수학이 아니었고 형이상학이 되어버린 것이다. 이를테면 동양의 음양 수리사상이 그랬던 것처럼 수를 수학이 아닌 다른 이념을 위해서 사용하는 도구로 타락시켜 버렸던 것이다.

이 시대의 수학을 대표하는 것은 보에티우스의 "산술"이었다. 보에티우스는 이 보다도 "철학의 위안"을 지은 철학자로 더욱 알려져 있다. 계산을 염두에 두지 않는, 소위 보에티우스식 수학은 수의 이론이라기보다 수를 분류하는 데 힘을 썼다. 이 점은 주역에 담겨진 동양의 수리사상과 너무도 닮은 것 같다. 예를 든다면 우선 삼위일체라는 신학이론의 입장에서 수를 3으로 분류하기를 좋아했다. 이 점은 동양에서는 9를 완성을 향해 가는 수로 중히 여기기 때문에 수를 9수(九數)라고 불렀고, 이 사상 때문에 곱셈 구구마저도 99단으로 시작한다는 것과 비슷한 발상이다.

[그림 3-2-1] 보에티우스

[그림 3-2-2] 제르베르-교황 실베스테르 2세

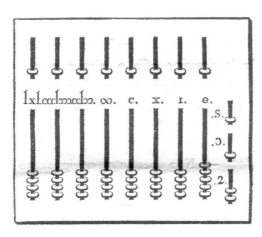

[그림 3-2-3] 로마의 산판

그 밖에 비(比)의 분류, 다각수(多角數)의 분류, … 등이다. 이런 상황이니까 간단한 사칙계산(四則計算)에 관한 설명이라든가 생활에 응용되는 계산문제 따위는 전혀 찾아볼 수 없었다. 그보다 한술 더 떠서 수의 신비성까지도 언급하였다. 1은 신, 2는 선과 악, 3은 삼위일체 등이다. 동양의 주역에서는 1은 태극(太極), 2는 양의(兩儀) 즉, 음과 양이라고 하고 있다. 전능의 신이 만든 생물의 수는 6 이라야 한다. 왜냐하면 6 의 약수 1, 2, 3 의 합은 6 = 1 + 2 + 3 이 되어 완전하기 때문이다. 그런데 8 의 약수의 합은 1 + 2 + 4 = 7 이어서 8 보다 작다. 인류의 제2의 기원은 노아(Noah)의 홍수부터인데, 이때 방주(方舟) 속에 있던 동물의 쌍의 수는 8, 따라서 그때부터 인간은 부족한 존재가 된 것이다. 얼마나 바보스러운 소리들인가? 그러나 "불합리이기 때문에 믿는다." 고 언급한 어느 교황의 말처럼 그늘진 곳에서는 신비적인 것, 미신적인 것들이 오히려 인간의 마음을 사로잡는 법이다. 따지고 보면 이 보에티우스 수학은 헬레니즘의 이성시대가 지나간 다음의 중세의 어두운 사회가 낳은 산물이었다.

2.1 베다

중세 초기에서 중기에 걸쳐 나온 수학이란 모두 로마의 수학을 연장한 것이었다. 이를테면 영국의 성직자 베다(Saint Beda, 672-735)는 계산론을 저술했는데, 여기서는 여러 가지의 기독교 축제일을 정하는 방법이 설명되어 있다. 기독교의 축제일 중에는 일정치 않은 것이 있다. 부활절은 "춘분 또는 추분의 하루 뒤에 오는 유월절(pass over)이 있는 달의 제14일 직후의 일요일" 이라고 정해져 있다. 즉, 3월 22일(화요일)을 춘분이라 하고 그 직후의 음력 보름을 4월 4일(화요일)이라고 하면, 부활절은 그 다음의 일요일 4월 9일이 된다. 베다의 계산론에 축제일의 계산이 중요한 부분이 되어 있는 것으로 미루어보아도 중세 수학의 성격을 짐작할 수 있다.

[그림 3-2-4] 베다

[그림 3-2-5] 알퀸

2.2 알퀸

신학자 알퀸(Alcuin, 735-804)은 아일랜드 출생으로, 여러가지 교육제도의 확립에 힘썼다. 그가 지은 수학책으로는 "오성을 예리하게 하는 문제집" 이라는 제목이 붙은 것이 있다. 과연 그 내용은, "두사람이 있다. 5마리에 2파운드를 주고 돼지를 100파운드 만큼 공동 구입했다. 이것을 분배한 뒤 재차 같은 비율로 팔고 이익을 보았다고 한다. 그 이유는 무엇인가?" 라는 수학적인 문제가 아닌 색다른 문제다. 알퀸은 그것을 다음과 같이 풀었다. 처음 두 사람이 구입한 돼지는 250마리이며, 이것을 분배할 때 A는 살찐 돼지 125마리, B는 마른 것 125마리로 나누었다. A는 그 중 120마리를 2마리에 1파운드의 비율로 팔고, B는 120마리를 3마리에 1파운드의 비율로 팔았다. 두 사람이 판 돼지 값은 평균 5마리에 2파운드, 그렇다면 A의 매상고는 60파운드, B의 매상고는 40파운드, 합계 100파운드 즉,

[그림 3-2-6] 알퀸

처음 지출액수와 같다. 그러나 A의 손에는 살찐 돼지 5 마리, B에는 마른 돼지 5마리가 각각 남아 있어 그것이 이득이라는 것이다, 이것은 수학문제라기보다 일종의 넌센스문제 같은 것이었다.

그리스의 수학자에 비하면, 이들 중세의 수학자의 연구태도란 전연 문제되지 못할 만큼 유치했다. 중세의 암흑시대는 수학사적인 입장에서도 암흑임에 틀림없었다. 그러나 이 암흑시대를 낳았던 것은 첫째로, 수학이 현실적으로 참여할 수 있는 생산구조가 아니었다는 점 즉, 수학 없이도 나날의 생활에 아무런 지장이 없을 정도로 생산이 침체되어 있었다는 사실에 유의해야 할 것이다. 둘째로는, 정신세계가 온통 기독교의 사상에 짓눌려 있어서 자유로운 사고를 할 수 없었다는 점을 간과해서도 안 된다.

3. 인도의 수학

　로마시대의 수학과 함께 인도와 아랍의 수학을 이해하는 것이 중요하다. 중세 수학을 근대화시킨 활력을 넣어준 것이 바로 이 두 나라의 수학이었기 때문이다. 수학 관계의 모든 문헌은 유럽을 중심으로 씌어져 있다. 이 때문에 인도와 유럽 수학의 교류를 생각하기가 매우 어려운 실정이지만, 석가모니와 피타고라스가 그 당시 만났다는 상상을 하고 있을 정도로 그리스와 인도의 교류는 오랜 옛날부터 있었다. 특히 알렉산더 대왕의 동방진출 이후는 교류가 빈번했다. 옛날의 전쟁은 사람을 죽이는 살벌한 행위뿐만 아니라 문화적인 정보의 교류를 촉진하는 일도 부수적인 산물이었다. 인도의 왕이 그리스에 무희와 술, 그리고 철학자를 보내달라고 청원했을 때 그리스의 왕은 "무희와 술은 보내주겠지만 철학자의 매매는 법률로 금지되어 있다." 라고 답장을 보낸 일이 기록에 남아 있다. 뒤집어 말하면 철학자의 밀수도 가능했다는 것을 암암리에 시사하는 역사의 장면이다.

　성직자가 지배하는 정치형태를 지닌 이집트, 인도 등에서는 수학도 종교를 위한 수학이 크게 발달하였다. 종교로 통일된 세계적 국가라는 형태는 기독교와 로마, 조로아스터교와 페르시아, 불교와 인도, 또 우리의 주변에는 유교와 중국 등을 꼽을 수 있다. 이들 종교사회의 특징으로는 강한 종교적인 영향으로 수학이 언제나 그늘에 숨어버렸다. 그들의 수학관은 수학을 독립시켜 생각한다든가, 또는 모든 학문의 기초가 수학이라는 기독교적인 태도와는 대조적이었다. 이런 뜻에서 인도의 천문학은 종교적인 색채가 짙은 미신적인 요소가 없지는 않았으나 그들의 수학인 산술, 대수학, 삼각법 등은 세계 수학에 크게 기여하였다. 인도에는 소위 수학 전문가가 없었지만, 수학을 하는 사람들은 스스로 천문학자를 자칭하였다. 이 점은 중국의 경우와 비슷하다. 인도 수학의 발생이나 그 발달과정

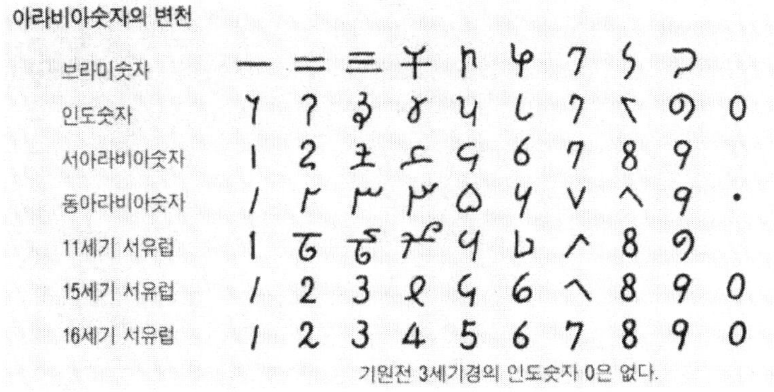

아라비아숫자의 변천

브라미숫자	—	=	≡	Ұ	Π	Ψ	7	5	⊃	
인도숫자	Υ	Ƽ	₹	୪	પ	Ɩ	૮	૮	૭	૦
서아라비아숫자	l	2	₤	ᄃ	ᄃᄀ	6	7	8	9	
동아라비아숫자	l	୮	୮୮	୦୮	O	Y	V	∧	9	·
11세기 서유럽	1	6	6	ᄀᄃ	પ	Ɩ	∧	8	9	
15세기 서유럽	l	2	3	ℓ	ᄃ	6	∧	8	9	0
16세기 서유럽	l	2	3	4	5	6	7	8	9	0

기원전 3세기경의 인도숫자 0은 없다.

[그림 3-3-1] 인도-아라비아숫자의 변천

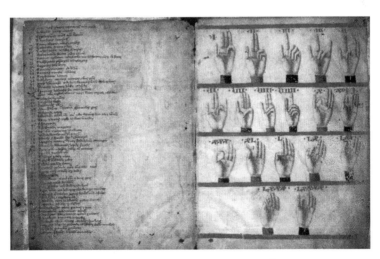

[그림 3-3-2] 피보나치의 산반서 내용

은 중국과 아주 많은 공통점을 가지고 있다. 즉, 수학이라 하면 계산술이 중심이었고, 이론적인 체계를 세우려는 노력은 전혀 하지 않았다. 또 인도의 기하학도 중국과 마찬가지로 실용적인 문제만을 다루었다. 이집트와 그리스는 그처럼 문명이 높았고, 기하학에 있어서는 압도적이나 산술과 대수학은 형편이 없었다. 그 이유는 그들이 기호를 사용하지 않았기 때문이다. 그런데 인도인은 기호를 잘 만들어냈다,

우리가 지금 사용하고 있는 숫자 1, 2, 3, … 을 아라비아 숫자라고 흔히 부르고 있지만 이 숫자는 인도에서 처음 만들어지고 아랍인이 유럽으로 전해준 것이기 때문에 정확하게는 인도-아라비아 숫자(Hindu-Arabic figure)라고 해야 옳다. 아바시드 왕조의 제5대 칼리프 하룬 알라시드(Harun alRashid, 766-809)의 명령에 의해 9세기 초에는 이미 많은 그리스 고전이 아랍으로 들어 왔는 데, 그 중에서도 주목할 만한 일은 유클리드의 원론의 일부가 번역되었다는 사실이다. 이 아랍어로 번역한 것은 중세 유럽이 처음으로 접한 유클리드의 원론이었다.

이 예에서 보면 9세기에서 11세기 말에 걸쳐서는 오늘날 우리가 영어나 그 밖의 다른 유럽어를 배우는 것과 같은 맥락에서 아랍어의 습득이 지식을 넓히기 위한 유일한 열쇠였다. 칼리프 하룬 알라시드의 치세에 10여 년 앞선 773년 경에 바그다드의 궁전을 찾아온 한 인도의 천문학자가 있었다. 그는 인도에서 제작된 천문역표를 가지고 와서 칼리프에게 바쳤다고 전해지고 있는데 인도의 기수법이 아랍인들에게 전해진 것도 역시 이 때쯤인 것으로 믿어진다. 그 후에 나타난 아랍수학자들의 저작에 인도 산술이라는 이름이 가끔 쓰인 사실이 이 추정을 뒷받침 해주고 있다. 이 인도의 기수법은 얼마 후에 그때까지의 아라비아 숫자를 대신해서 널리 상인이나 수학자들 사이에 퍼지기 시작하였다. 아랍인들은 원래 숫자다운 숫자를 가지고 있지 않았던 것이다. 모하메드(Mohammed, 570-632)의 출

[그림 3-3-3] 하룬 알아시드

[그림 3-3-4] 모하메드 : 이슬람의 예언자

현 이전, 아직 아라비아 반도에 웅크리고 있을 적에는 그들은 수를 모두 말로 나타냈다. 또 주변세계를 정복하여 국가경제가 팽창함에 따라 큰 수의 계산에 당면했을 때에도 각 지방마다의 피정복민족 고유의 숫자를 그대로 채용하거나, 아니면 아라비아 수사의 머리글자를 따서 숫자로 대신시키는 방법 등에 의지하였던 것이다. 나중에 그리스 식을 본받아 아랍어의 28문자를 써서 숫자를 나타내기도 하였으나 이것 또한 인도의 기수법이 나타나자 사라져 버렸다.

인도에서 가장 오래된 수학문헌은 바라문교의 근본 경전인, "베다(veda)"와 불교의 경전 "수트라(Sutra)" 속에 나타나있다. 이 책들이 이어진 것은 기원전 7, 8세기쯤의 일이었고 이미 사어(死語)가 된 산스크리트(Sanscrit : 범어(梵語))로 적혀 있다. 수학에 관해서는 신전이나 사원이나 제단 등을 지을 때의 의식용의 장식이 된 기하학적인 설계와 작도 문제가 있고, 원의 넓이를 구하는 문제, 피타고라스 정리의 응용문제가 있다. 그것은 직각삼각형에서 $3^2 + 4^2 = 5^2$, $12^2 + 16^2 = 20^2$, $15^2 + 36^2 = 39^2$의 경우이다.(피타고라스 이전의 일이라는 점에 주의!) 실제의 건축할 때의 필요 때문에 피타고라스의 수를 구하는 산술문제들이 있었으나, 어떻게 풀었는지는 확실히 알 수 없다.

기수법은 아주 오랜 옛적서부터 10진법을 사용했고, 큰 수를 다루었다는 것은 전설에도 나타나있다. 석가는 10^{54} 까지의 10진 기수법을 만들고, 각 자리마다 명칭을 붙였다고 한다. 또 인도의 수학자는 음수의 생각을 일찍부터 가졌고, 이것을 법칙으로 만들어 사용하였다. 예를 들면, 브라마굽타(Brahmagupta, 598-660)는 수를 재산과 부채로 나누어서 취급할 수 있다고 말하였다. 그러나 실제로는 음수를 도입하면서도 양수와 같은 자격이 있는 것으로는 취급하지 않았다. 음수를 단순히 논리적으로 가능한 것으로 생각을 하였던지, 바스카라(Bhaskara Acharya, 1114-?)의 말을 빌

[그림 3-3-5] 베다경전

[그림 3-3-6] 브라마굽타

[그림 3-3-7] 바스카라

[그림 3-3-8] 바스카라의 릴라바티의 내용 일부

리면 "음수란, 이를테면 결코 친해질 수 없는 사람" 과 같은 존재였던 것이다. 인도인이 발명한 숫자와 그 계산법은 고대의 다른 나라 사람들이 꿈에도 생각하지 못했을 만큼 완전하였다.

이렇게 숫자가 만들어지고 계산술이 발달한 것은 결코 우연한 일이 아니었다. 그 이유는 여러 가지 있겠지만, 중요한 몇 가지를 꼽아보면 첫째, 계산에 쓰인 도구가 아주 편리하였다는 점이다. 인도인은 조그마한 칠판에 대(竹)로 만든 펜과 흰 잉크로 숫자를 썼다. 때로는 흰 판자 위에 모래를 깔고 붉은 가루를 뿌리고 작은 막대로 숫자를 쓰기도 했다. 그래서 자유자재로 셈을 할 수 있었던 것이다. 둘째, 역설 같은 표현일지는 몰라도 인도인들이 수와 양을 구별할 줄 몰랐다는 것도 큰 이유 중의 하나이었다. 그리스인은 수와 양을 엄격히 구별하였기 때문에 무리수를 발견하였지만, 그 반면 너무도 논리적으로 수를 따졌기에 이것으로 말미암아 신경과민이 되어 계산술의 발달이 늦어지고 말았다. 셋째, 인도사회에는 일찍부터 상업이 발달하고 있어서 실제로 계산술이 필요하였다. 인도수학의 결점은 학문이 귀족만을 위한 것이었고 수학도 대중과는 분리되어 유희화된 경향이 있었다. 특히 운문의 형식으로 수학을 나타냈다는 것은 엄격한 증명, 추리를 경시하는 결과를 가져오게 되었다. 바스카라의 "릴라바티"가 그 전형적인 예이다. 이 명칭은 그의 딸 이름이며, 수학적으로도 중요한 내용을 담고 있으나 그보다도 문학적인가치 때문에 지금도 산스크리트 문학의 대표적인 작품으로 알려져 있다.

결과적으로 인도수학의 장점을 발견하고, 이것을 발전시킨 것은 결코 인도인이 아니라 처음에는 아랍인이었고, 다음에는 유럽인들이 최대로 이것을 활용했다. 인도수학은 군사적, 정치적, 그리고 문화적으로 크게 힘을 떨친 굽타왕조(4세기) 시대부터 12세기 반에 이르기까지 독특한 발전을 하였다.

4. 사라센 제국과 아랍의 수학

476년 서로마 제국은 멸망하였으나 동로마는 6세기의 전반 유스티누스 1세(Justinus I, 452~527) 황제시대에는 한때 힘을 떨쳤다. 치세는 서로마지방을 수복해서 다시 옛 로마를 재건하는 것처럼 보이기도 하였으나, 황제가 죽은 후 국운은 다시 쇠퇴일로여서 7세기에 페르시아와 싸워서 크게 힘을 잃은 후로는 역사의 무대에서 물러서고 말았다. 이때에 일어난 것이 사라센 제국이었다. 사라센 제국은 아랍인을 지배민족으로 하는 새로운 노예 국가이며, 이슬람교가 국교였다. 아랍인들은 모하메드의 깃발 아래 7세기 전반에 서쪽으로는 이집트에서 아프리카 북쪽으로 서진하여, 8세기에 에스파니아를 점령하고, 동은 페르시아를 석권해서 인도를 압박하는 세계적 상업제국을 건설하였다. 이때 동로마 제국은 겨우 콘스탄티노플 지방, 그리스, 서아시아를 유지할 뿐, 동방의 패권은 완전히 사라센 제국의 손에 들어갔다.

원래가 복수 민족인 사라센은 문화라고 자랑할 만한 것을 당초에는 가지고 있지 않았다. 그러나 대제국을 건설할 때는 문화 없이 그 방대한 국가 조직을 유지할 수가 없다. 그래서 몽고가 무력으로 대제국 원나라를 세웠을 때와 같이 피 점령지의 문화를 흡수 했어야 했다. 아랍인들은 그리스인과는 달리 문화를 스스로 개발할 필요는 없었다. 그들의 점령지역에는 눈부신 문화가 있었다. 이집트의 알렉산드리아는 그리스 후기의 헬레니즘의 중심지였고, 또 사라센 제국의 동쪽 끝과 경계를 이룬 인도는 오랜 문화의 전통이 있는 곳이었다. 따라서 그들은 독자적인 문화 개척을 시도할 겨를이 없었고, 단순히 그리스 및 인도의 기성문화를 흡수만 하면 되었다. 사라센 제국에게 필요한 문화란 이것으로 충분하였다. 이 점이 얼핏 보기에 로마의 경우와 비슷하지만, 그러나 로마는 그리스 문화만을 얻어낼 뿐이었으나 사라센은 그리스와 인도, 다시 말해서 서방과 동방의 이질적

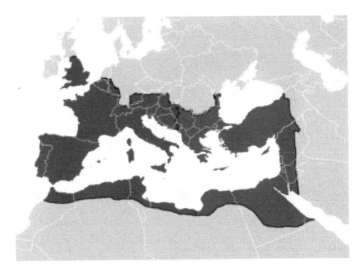

[그림 3-4-1] 서로마제국과 동로마제국의 멸망

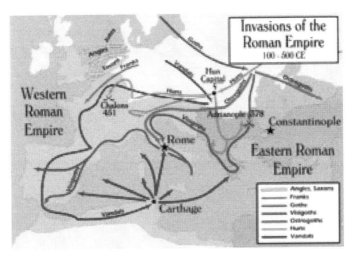

[그림 3-4-2] 이민족의 로마 침공

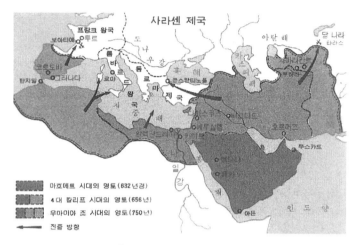

[그림 3-4-3] 사라센 제국

[그림 3-4-4] 유스트누스 1세 황제

문화를 융합시키는 입장에 있었다는 점이 특색이다. 여기에 아랍문화의 독특한 성격이 형성되었던 것이다. 따라서 아랍수학은 그리스와 인도의 것을 통일한 새로운 면을 지녔고, 이러한 배경을 가짐으로써 세계 수학사상 중요한 역할을 하였으며, 근세 유럽수학의 출발점이 된 것이다.

사라센 제국이 형성되어 상업과 무역이 번청하자 편리하고 정확한 상업수학이 필요하게 되었다. 또 동쪽으로는 인도, 중국 남부에서 서쪽으로는 에스파니아에 걸친 광범위한 행동반경을 가진 아랍상인에게는 정밀한 지도가 필요하게 되고, 그것은 천문학의 조력 없이 만들어지기는 불가능하였다. 국교인 이슬람교의 의식에 따라서 매일 성지인 메카를 향해 광대한 영토의 모든 지역에서 예배를 올리기 위해서는 메카의 방향을 정확하게 찾아야 한다는 문제가 지리학의 연구를 자극시켰다. 한편으로는 종교와 밀접한 천문학, 역학 등도 있었다. 계절을 무시한 단순히 태음력에 의해서 조정되는 기도 및 목욕시간의 결정 등의 종교적 행사도 수학에 영향을 주었다. 그들이 수학에 힘쓴 배경 중에는 이러한 종교 및 생활적 요소도 있었던 것이다.

계산에 편리한 인도의 산술과 대수는 아랍상인이 수입을 했으며, 이어서 정부에서도 뒤따라 정책적으로 이것을 받아들였다. 사라센의 역대 지배자인 칼리프는 국적과 종교를 불문하고 저명한 학자를 초빙하여 과학의 수입에 힘썼다. 그리스 과학은 인도의 그것보다 한층 더 중요시하며 수입하였다. 수많은 그리스 학자가 수도 바그다드에 초빙되었으며, 그리스 고전의 대규모 번역을 서둘렀다. 유클리드의 원론 및 프톨레마이오스의 천문체계 등이 처음으로 번역되었다. 특히 후자는 아랍인들이 "알마게스트(Almagest)"라고 불렀는데 오늘날까지 그 이름으로 알려지고 있다. 이렇게 그리스의 논리적인 기하학과 인도의 산술, 그리고 대수를 흡수한 아랍인들은 이 둘을 융합하고 새로운 형태로 고쳤다. 수학사상 이러한 의의

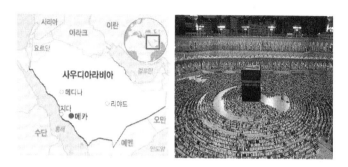

[그림 3-4-5] 성지 메카

[그림 3-4-6] 프톨레마이오스

[그림 3-4-7] 디오판토스

[그림 3-4-8] 알마게스트의 권두화

있는 역할을 아랍수학이 완성했던 것이다. 아랍수학의 독특한 체계 속에서 중요한 위치를 차지한 것은 상업, 행정, 측량, 지도제작법, 천문, 역법 등의 목적을 위해서 필요한 여러 가지 계산과 측정수단을 완성하는데 있었다. 그러나 수학을 전공하는 사람들은 모두가 천문학자였다. 아랍에서도 중국이나 인도처럼 학문으로서의 수학은 천문학의 변방의 존재에 불과하였던 것이다.

4.1 아랍수학

대부분의 수학사가 들은 아랍의 수학이 그리스의 찬란했던 수학적 업적(유클리드나 아폴로니오스의 기하학, 디오판토스의 대수학 등)을 그대로 물려받아 아랍어로 번역하고 보존하여 다시 유럽으로 전해준 것에서만 그 의의를 지니고 있다고 주장한다. 심지어 몇몇의 수학사가 들은 아랍인이 외래의 수학을 흡수, 소화하여 그 수준을 유지하는 데는 뛰어난 재능을 나타냈으나 체계적, 창조적으로 연구, 발전시키지는 못하였다고 평하며, 수학사에서 아랍수학의 역할은 그리스 문화의 보존과 유럽으로의 재전파에만 있었다고 주장하기도 한다. 그러나 이러한 관점은 다분히 서양유럽의 시각이며, 그러한 관점을 가진 수학사가 들에 의해 수학사에 있어서 상대적으로 소외되어온 아랍, 인도, 그리고 중국과 한국의 수학도 마찬가지의 관점으로 평가되어 왔다. 이 때문에도 유럽 이외의 수학에 대하여 조금 더 객관적인 시각에서 평가해야 할 필요성이 있을 것이다.

이집트와 메소포타미아의 2대 고대문명을 요람으로 하여 태어난 이슬람문명은 지정학적으로 동서양의 중간지대, 완충지대에 자리하여 동서문명 교류의 주역을 담당하였으며, 아라비아의 전통문명과 고대 오리엔트문명, 그리스-로마문명, 페르시아문명 등 여러 외래문명을 융화하고 시대적 요청에 맞게 발전시켜 특유의 문화를 꽃피웠다. 그 중 과학에 있어서는 수학, 천문학, 의학, 광학, 연금술, 건축술등에서 동서 문명을 흡수하고 새로이 발전시킨 당대 최고의 수준에 이르렀다.

수학에 있어서는 인도에서 받아들인 0(零)을 포함하여, 60진법과 10진법의 수체계를 발전시켜 "아라비아 수체계"를 유럽에 전파하였고, 이 아라비아 수체계는 후에 로마식 셈법으로 헤매고 있던 중세 유럽에 전파되어 수학과 과학의 발전에 큰 기여를 한다. 역사적으로도 가장 귀중한 것은 알-콰리즈미(al-Khwarizmi, 825)가 쓴 "산술"이다. 그는 현재 우리가 사용하고 있는 위치적 기수법의 원리와 인도 계산법에 능통하였고, 그 지식을 간결하고 명확하게 나타낼 줄 아는 저술가였다. 규칙적인 계산 절차를 뜻하는 알고리즘(algorithm)이라는 낱말은 이 사람의 이름에서 나온 것이다. 또한 이슬람의 수학자들은 대수와 기하학을 결합하여 해석기하학의 기초를 닦아 놓기도 하였다.

시인이며 천문학자 오마르 카이얌(Omar Khayyam, 1040-1123)은 원뿔곡선을 이용해서 3차방정식의 근을 해결하였다. 그러나 그 해결은 완전한 것이 아니었으며, 음의 근을 무시하였기 때문에 여러 가지 미숙한 문제가 남았다. 3차 이상의 일반적인 고차방정식은 아랍에서는 완전한 해결을 못 본채 유럽인에게 넘겨졌다. 수학자라기보다는 시인인 기질의 그는 수학을 다음과 같이 보았다. "대수학은 과학적인 예술이다. 그 대상은 수이며, 미지의 것을 기지의 것에 연관 짓는다, 또 문제의 조건을 분석하여 기지의 것에 도달한다. 미지의 사실과 주어진 조건의 상호관계를 파악하는 것이 바로 수학이라는 예술이다." 그의 시에는 이슬람 문화의 애수가 저변에 깔려 있다.

또 아랍의 수학자들은 알렉산드리아와 인도의 삼각법을 체계화하고 평면 및 구면삼각법의 분야에서 독창적인 업적을 남겼다. 그리고 그들은 문

DIOPHANTI
ALEXANDRINI
ARITHMETICORVM
LIBRI SEX.
ET DE NVMERIS MVLTANGVLIS
LIBER VNVS.

Nunc primùm Graecè & Latinè editi, atque absolutissimis
Commentariis illustrati.

AVCTORE CLAVDIO GASPARE BACHETO
MELIRIACO SEBVSIANO, V.C.

LVTETIAE PARISIORVM.
Sumptibus Sebastiani Cramoisy, via
Iacobaea, sub Ciconiis.

M. DC. XXI.
CVM PRIVILEGIO REGIS.

[그림 3-4-9] 알-콰리즈미

[그림 3-4-10] 오마르 카이얌

제 해법에 점근근사의 방법을 처음으로 사용하여 수치해법의 기초를 닦기도 하였다. 삼각법과 수학, 천문학에 있어서의 수많은 용어들이 아랍의 수학에 그 기원을 두고 있으며, 정밀한 관측기구와 지도 등 아랍수학의 발전이 당시 세계에 미친 영향은 엄청난 것이었다. 또 음악을 수학의 한 부분으로 다루어 화음이나 멜로디, 선율 등에 대한 연구는 음악과 수학의 연관성을 피타고라스학파 이상으로 이해하고 있었다고 보인다.

이러한 아랍의 수학은 순수한 지적 명상의 산물인 그리스의 학문관과 다르게 실용적이며 실천적인 기술적 학문과 순수한 이론적 학문 사이의 벽이 없으며 양자는 밀접하게 결합되어 있었다. 이슬람은 외래의 수학을 흡수, 소화하여 그 수준을 유지하는 데는 뛰어난 재능을 나타냈으며, 인도의 실용적인 기수법과 산술, 대수학, 그리고 그리스의 기하학과 역학, 천문학의 융합으로 이루어진 아라비아 수학의 절충적 성격이 이후 세계 수학의 흐름에 중대한 영향을 미쳤다.

당시 아랍의 과학이 당대 최고의 수준을 이룰 수 있었던 것은 이슬람 세계의 지도자들인 여러 카리프 들의 적극적인 지원에 기인한다. 특히, 8세기에서 9세기의 카리프(알-만수르, 하룬 알-라시드, 알-마문)들은 "하디스"에 나와 있는 데로 지식에의 추구를 정책적으로 지원했다. 바그다드에 세워진 '지혜의 집(Bayt al-Hikma)'은 그리스와 로마의 위대한 저서들을 아랍어로 번역하여 지식의 원천을 이슬람세계에 끊임없이 제공했으며, 또한 전문화된 학업과 연구로 이슬람 세계의 "알렉산드리아 도서관"으로 자리매김했다. 이후 페르시아의 여러 도시에는 유명한 도서관들이 속속 세워졌으며, 카이로의 한 도서관에는 고대 학문과 관련된 수천 권의 책들이 40개의 방에 소장되어 있었다. 에스파냐 우마이야 왕조의 위대한 수도 코르도바는 카이로와 바그다드처럼 모든 이슬람 지역으로부터 학생과 학자들이 몰리는 고등교육의 중심지였으며, 카이로의 알-아즈하르(al-Azhar)

는 오늘날에도 세계의 가장 오래된 대학교로 평가받고 있다. 이처럼 이슬람 세계의 과학과 문명은 칼리프들의 전폭적인 지원과 종교적인 의무의 하나로 발전했으며, 이러한 전폭적인 지원은 다시 이슬람 세계의 발전을 가져왔다.

[그림 3-4-11] 지혜의 집

이슬람 수학의 발전과 그리스 수학의 보존은 이후 중세를 넘어 유럽이 다시 과학의 중심으로 일어서는데 큰 공헌을 하였으며, 르네상스의 산파역할을 담당하였다. 유럽에서의 수학은 중세 말엽과 르네상스 초기(12-15세기)에 비로소 뚜렷한 발달을 하기 시작했다. 이때 수학자들의 지식은 그리스의 수학이 아니라 이슬람 세계의 아랍수학을 기초로 하였다. 수도원 깊숙한 곳에서 명맥을 유지하고 있던 유럽의 수학에 새로운 활력소로 등장한 아랍수학은 그리스(그리고 동방의 인도)와 근대 유럽을 이어 주는 주역을 해냈다.

[그림 3-4-12] 알-아즈하르 대학교

5. 유럽중세의 상업수학

5.1 상인계급의 대두

로마시대에 있어서는 게르만이란 "미개한 고장"을 뜻하는 말이었고, 프랑스왕은 왕관도 없었다고 한다. 유럽의 중세는 정치, 경제적인 면에서 보면 봉건제의 시대였다. 서로마 제국이 무너진 5세기경부터 유럽은 많은 나라로 분할되어 갔고 마침내 봉건제는 9세기에서 11세기경에 완성되었다. 각 나라의 경제는 폐쇄적으로 자급자족의 성격을 띠었고, 서로 거래를 하는 일은 거의 없었다. 그러나 이후 11세기로부터 14세기에 걸쳐서는 봉건제도도 기울어지기 시작했다. 새로 이 도시가 나타나고 노동도 농업과는 달리 수공업이 독립하였고, 도시가 성장하고 힘을 얻게 되자 많은 상품이 생산되고 화폐경제가 발달하였다. 특히 십자군원정의 부산물인 동방시장의 개척은 이탈리아, 독일의 상업 도시를 급격히 발전시켰다. 이들 도시는 모두 그 재력을 이용해서 봉건 제후들로부터 점차로 자치권을 획득해서 독립하게 되었다. 그 중 독일의 여러 도시들은 13세기 중엽에 한자 도시동맹(The Hanseatic League)을 맺고 봉건적 제후와 맞서기에 이르렀다. 따라서 중세 말의 유럽 사회는 봉건적 세력 밑에서 신흥세력이 대두했다는 한 가지 사실만으로 모든 사회상태가 잘 설명된다.

이것은 수학계에도 반영되어 신흥세력인 시민계급을 위한 수학이라는 특징이 나타나기 시작하였다. 시민계급의 대두 이전에 있어서는 앞장에서 설명한 수도원 수학이 유럽수학계를 대표하였다. 그것은 그런대로 봉건제에 있어서의 토지측량, 역법의 계산 등과 같은 필요를 충족시켰다는 점에서 그 존재가치가 있었으나 이제 새로이 신흥계급에 의해서 요구되는 수학은 수도원 수학이 감당할 수는 없었다. 십자군원정 이후 동방시장과 밀접한 관계를 맺은 유럽, 특히 이탈리아의 상인들은 편리한 아랍수학을 체득하였으며, 13세기말에는 인도, 아랍식의 셈법을 소화하였다. 또 해외무역과 관련해서 아랍에서 발달한 지리학, 천문학은 아주 중요한 지식을 제공해 주었다. 이러한 새 풍조와 함께 유럽의 지식인 들은 눈을 사라센 문화로 돌리게 됐으며 이때부터 적극적으로 문화수입이 이루어지게 되었다.

로마제국을 멸망시키고 유럽세계의 새 주인이 된, 북녘의 숲과 산림지대 출신의 야만족들이 고대문명의 보고에 눈을 뜨게 된 것은 아랍의 이슬람교도들보다 훨씬 뒤의 일이었던 것이다.

5.2 아랍수학의 수입

아랍과학의 연구를 극력 권장한 사람으로 독일황제 프리드리히 2세(Friedrich II, 1194-1250) 및 카스테리아(에스파니아의 일부)왕 알폰소 10세(Alfonso X)가 있다. 후자는 자신도 아랍과학의 연구를 하였으며 아랍인을 포함한 수많은 학자를 동원해서 프톨레마이오스의 천문표를 개정할 정도였다. 중세유럽에서 수학발달을 촉진시킨 중요한 계기가 된 것은 학교의 창설이었다.

최초의 학교는 제르베르(Gerbert, 940-1003)가 프랑스에 세웠다. 그는 나중에 로마교황이 되어 실베스테르 2세(Silvester II)라고 불리는 사람이다. 제르베르는 보에티우스의 수학책을 면밀하게 연구한 결과 "계산판의 사용법" 과 "수의 나눗셈" 이라는 두 권의 책을 저술하였다. 그가 세운 학교에서는 새로 고안한 계산판을 이용하여 계산하는 방법을 가르치기도 하였다. 그 후 12세기에서 13세기에 걸친 100년간에 처음으로 대학이 유럽의 각지에 문을 열었다. 최초의 대학은 이탈리아의 볼로냐(Bologna)대학이었고, 옥스퍼드는 12세기, 케임브리지는 그보다 늦은 13세기 초에 세워졌다. 이들 대학에서 명목상 수학의 위치는 대단한 것이었다. 교양과정에서 배우는

[그림 3-5-1] 프리드리히 2세

[그림 3-5-2] 알폰소 10세

[그림 3-5-3] 제르베르

일곱 가지의 지식분야인 자유인의 교양(liberal arts) 중 네 가지 부분은 산술, 기하, 천문학, 음악 등이었다.

13세기에 들어와서는 두 가지 사건 때문에 수학에 대한 관심이 갑자기 높아졌다. 그 하나는 로저 베이컨이 시작한 스콜라 철학과 신학에 대한 도전이었다. 베이컨은 그의 날카로운 비판 속에서 신앙만을 내세운 당시의 풍조에 반기를 들어 과학적 인식의 중요성을 강조하였고, 그 중심 개념은 모두 수학적인 형식으로 나타낼 수 있어야 한다고 주장했다. 이러한 철학계에 있어서의 진보세력이 차츰 힘을 얻게 됨에 따라서 수학의 위치도 높아졌다.

또 하나가 "피사의 레오나르도" 라고도 불리는 피보나치(Leonardo Fibonacci, Pisano, 1170-1250)에 의한 수학책 발간이었다. 피보나치는 성직자가 아니었고 당시 이탈리아 상업의 중심지 피사에서 태어나서 어려서부터 상업적인 분위기 속에서 자랐다는 것도 이 시대의 수학 풍조를 잘 나타내고 있다. 그는 상인으로서 이집트, 그리스, 시실리아 등을 자주 왕복 여행하면서 아랍수학과 필산법의 우수성을 잘 인식하게 되었다. 1202

년 그는 피사에서 "계산론" (Lfter Abaci 즉, 수판의 책)이라는 놀라운 책을 발간했다. 그것은 단순히 아랍의 산술과 대수를 모아서 편집한 것이 아니고 한걸음 더 나아가서 이것을 소화해서 체계화시킨 것이었다. 그 내용은 아랍수학을 소개하는 것으로, 정수의 사칙, 분수, 이자계산, 구적법, 대수학, 1차식과 2차식 등을 담고 있다. 그러나 음수의 근이라든지 허근 ($\sqrt{-1}$ 즉, i) 등은 인정치 않았다. 피보나치는 이것 이외에도 기하학 실습이라는 책을 발간해서 그의 독창성을 발휘하였다. 그의 소개로 아랍수학은 널리 보급되었고 계산술도 간단하게 되었다. 13세기에 이르러서는 이탈리아 상인은 거의 완전히 아랍식 수학을 채용할 만큼 되었다. 특히 피렌체의 상인은 산술 및 부기에 익숙해졌고 마침내 이탈리아는 유럽에 있어서의 상업산술의 본고장이 되었다.

5.3 상업 수학과 수도원 수학의 대립

아랍 계산법이 상인들 사이에 눈부신 보급을 보게 되었으나 수학자들은 아랍식 셈법에 완강히 반대하면서 로마식 셈법을 고수하였다. 그들은 성직자였으며 상인과는 달리 종래의 셈법으로 충분히 그들의 현실적인 문제를 해결할 수 있었다. 또 그들은 봉건제의 학자를 대표함으로써 학문의 분야에서도 어디까지나 봉건제의 입장에 서 있었다. 역사의 흐름에서는 여기서도 진보와 보수의 대립을 보게 된다. 피사의 레오나르도의 "계산론"이 나온 약 100년 후인 1299년 수도원 수학자들은 피렌체의 정권을 장악하고 있는 교황청의 세력자 들을 시켜서 드디어 "피렌체의 상인은 로마 숫자 또는 수사를 부기에 사용해야 한다. 즉, 앞으로 아랍 숫자의 사용은 금한다." 는 칙령을 내리게 되어 역사는 다시 역행하는 것처럼 보였다. 이 싸움은 "낡은 산판파(算板派, abacistic school)" 와 새로운 필산파(筆算派, algoristic school)의 싸움으로 알려진 긴 대립의 연속이었고, 마침내 필산파가 완전히 승리한 것은 16세기 자나서였다.

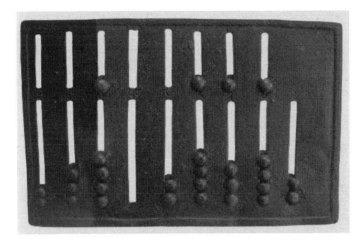

[그림 3-5-4] 로마의 산판

[그림 3-5-5] 볼로냐 대학

필산파와 산판파를 비교하면 전자의 경우는 주로 인도식 산법을 따르고 알고리즘(algorism)이라는 낱말을 사용하고 0을 숫자로 써서 계산하였다. 물론 산판은 사용하지 않았다. 결국 시대의 조류에 따라 아랍식 산술은 한낱 법령으로 막을 수 없게 되었고, 15세기에서 16세기에 걸치는 상공업계의 급격한 발전 때문에 아랍식 산술은 일반에게 널리 보급되고, 마침내 보에티우스형의 수론은 소멸하고 상업 산술의 전성기를 맞게 되었다. 이탈리아와 에스파니아에서는 15세기, 영국, 프랑스, 독일에서는 17세기에 로마식 셈법은 자취를 감추고 대신 인도-아랍식 수학과 셈법이 널리 쓰이게 되었다.

5.4 중세 암흑시대의 의미

중세문화 (medievalism)라고 한 것은 헬레니즘 시대와 르네상스의 사이에 나타난 문화적인 특징을 말하는 것인데, 흔히 이 기간을 암흑시대라고 하는 이유는 주로 과학적인 측면에서 볼 때 창조성이 정지되었기 때문에 하는 표현이다. 과학의 입장에서는 중세는 연속적인 발전이 중단된 공백의 상태를 뜻한다. 그러나 과학 이외에서는 반드시 어둡기 만한 것은 아니었다. 중세의 시에는 단테의 신곡, 페트라르까(Francesco Petrarca 1304-74)의 단시가 있고, 근대소설의 선구자인 초서(Geoffrey Chaucer, 1340-1400)의 캔터베리 이야기도 나왔다. 또 건축에서 중세의 고딕(Gothic)식 건축은 전무후무한 웅장한 건조물이었다. 또한 중요한 것은 지식의 보편성(universality)을 위해서 대학(university)을 곳곳에 세웠다는 사실이다. 종교분야에서도 토마스 아퀴나스(Thomas Aquinas, 1225-74)를 비롯한 진취적인 신학자가 신앙과 이성을 조화시키려고 노력했던 시대이기도 했다. 과학이외의 영역에서도 여전히 변화의 중단은 없었던 것이다.

[그림 3-5-6] 피보나치

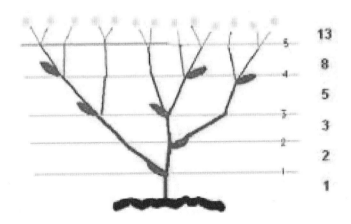

[그림 3-5-7] 피보나치수

과학에서만은 중세적인 아리스토텔레스 철학이 군림하였고, 17세기 초반에도 갈릴레오나 데카르트는 그 중압을 이겨내기 위해서 악전고투를 해야 했다. 과학만이 유독 정지되고 있었는 가라는 의문에 대한 답은 봉건제도하에서의 폐쇄적인 경제구조 때문이었다고 할 수 있다. 생산구조의 개량, 진보에 대한 무관심은 과학의 발을 묶어서 그 진정한 가치를 유희적인 것으로 변모시켜 버린 것이다.

4

르네상스의 수학

15, 16세기경 르네상스시대의 수학은 이론에 있어서 현저한 발전은 없었다. 또한 이 시기의 이탈리아에서는 3차·4차방정식의 해법과 프랑스에서는 대수학을 계통적으로 기호화한 점이 주목된다. 르네상스 시대의 수학의 체계 자체에는 획기적인 변화를 주지 않았지만 풍요로운 소재는 학문에 활기를 불어놓았다. 그러나 르네상스 수학의 가장 중요한 의의는 그리스 수학과 인도·아라비아 수학이 통합됨으로써 여기에서 유럽 수학의 전통이 굳어지고, 이것을 발판으로 하여 근대 수학을 출발시켰다는 점에 있다.

르네상스 시대인 16세기의 수학의 성취는 다음과 같이 요약할 수 있다.

1. 기호 대수가 시작되었으며, 인도-아라비아 숫자 계산이 표준화되었다.
2. 소수가 개발되었다.
3. 타르탈리아(Tartaglia, 1500?-1557), 카르다노(Cardano, 1501-1576), 페라리 (Ferrari, 1522-1565)에 의하여 3차·4차방정식의 해법이 발견되었으며, 이에 따라방정식론이 일반적으로 전개되었다.
4. 음수가 받아들여졌으며, 삼각법이 완성되고 체계화되었다.

1. 르네상스 시대의 사회

새로운 수학의 서광은 마키아벨리(Niccolo Machiavelli, 1409-1527)가 말한 "화려한 옷차림을 하고 영리하고 빈틈없는 말솜씨로 놀아나는 피렌체 신사들" 속에서 움트기 시작하였다. 유럽 중세는 장원(莊園)을 독립 경제단위로 하는 봉건적인 사회조직이었다. 그러나 상업이 발달함에 따라서 폐쇄적인 봉건경제는 무너지기 마련이어서 좁은 봉건영토 내에 상업시장을 가두어 둘 수는 없었다. 상업이 발달하면 할수록 거래의 손을 자꾸 밖으로 뻗히고 영주의 지배를 벗어나게 되므로, 그 대응책으로서 봉건제도 제후는 중앙집권제를 채택하여 여기에 군주제가 등장하게 되었다. 이리하여 제후들의 지원으로 상품의 유통은 원활화되고 군주는 물론 봉건제후도 상인의 지지를 얻어 절대군주제의 터전을 마련하였다. 이 새로운 정치체계는 15세기 말 영국, 프랑스, 에스파니아 등 여러 나라에서 일어났고, 그로부터 상업은 비약적인 발전을 하게 되어 세계시장에의 진출을 위하여 새 항로의 개발, 지리상의 발견 등이 잇따르게 되었다. 이 절대군주제는 종교계에도 영향을 주었다. 종래 유럽의 종교계를 지배한 로마교황청은 봉건제와 밀착해서 이루어진 것이었으므로, 절대군주국가의 이해와 일치하지 않는 점이 많았다. 그래서 새로운 정치적인 사정에 알맞게 나타난 것이 루터(Martin Luther, 1483-1546)와 칼뱅(Jean Calvin, 1509-64)의 신종교 운동이었던 것이다.

변화는 공업 생산면에서도 나타났다. 중세 말기에 이르러서는 초기의 원시적인 기술이 급속도로 부상하기 시작했다. 이것은 결과적인 현상만의 이야기이었고 사실은 미약하기는 하였지만 그 사이에 쌓였던 기술적 성과가 마침내 가속화되고 정치, 경제, 과학, 문화 등의 여러 분야에 반영되어 갑작스러운 변혁으로 나타났던 것이다. 레오나르도 다빈치는 "기계학은 수학적 과학의 낙원이다. 사람은 그 속에서 수학의 과일을 얻어 낸다." 고

[그림 4-1-1] 니콜로 마키아벨리
(Niccolo Machiavelli, 1409-1527)

[그림 4-1-2] 마르틴 루터
(Martin Luther, 1483-1546)

[그림 4-1-3] 장 칼뱅
(Jean Calvin, 1509-64)

했다. 그의 사상은 갈릴레오에 이어졌으며, 그는 "두 새 과학에 관한 논의
와 수학적 논증(신 과학대화)"에서 "당신들 베네치아 시민들. 그 유명한
공장은 매일 매일 끊임없이 연구하는 사람의 머리에 넓은 광장과 훌륭한
사색의 대상을 제공해주고 있습니다. 특히 그 중에서도 기계제작부가 제
일 중요할 것입니다." 라고 외치고 있다. 이것이 바로 근세 초기 즉, 르네
상스의 시대적 성격이었다. 즉, 르네상스는 봉건제도의 재편성과 상공업
의 발전이라는 사회 경제적인 여건 밑에서 탄생한 일종의 정신혁명이었
다. 이러한 배경 아래서 천문학이나 역학, 그보다도 특히 수학이 굉장한
속도로 발전할 수 있었다는 것은 너무도 당연한 일이다.

2. 르네상스 수학의 특징

르네상스에는 지배계급인 교회와 그 압력으로부터 벗어나려는 신흥 공업가들 사이의 대립이 계속되었다. 그것을 반영해서 낡은 수도원 수학과 새로운 상인수학이 서로가 자신을 주장하고 그 중간쯤에 대학의 수학이 있었다. 14세기 베네치아와 제노바의 상업에 이어서 피렌체의 은행업이 성대하게 발전하여, 이탈리아 시민은 이 상업을 방패로 교회의 권위에 대항할 만큼 힘을 가지게 되었다. 이탈리아에 있어서의 상업산술의 대유행은 당시의 경제활동이 어느 정도였는지를 잘 대변하고 있다.

피렌체, 니스, 베네치아 등의 도시에서 수많은 수학책이 발간되었으나, 모두가 상업산술에 관한 것이었고 내용이나 문제가 당시 사회의 요구에 잘 맞도록 꾸며져 있다. 이 중에는 보르기(Pietro Borghi, 1424-1494)의 "산술(Arithmetica, 1484)" 이 가장 중요한 구실을 하였다. 베네치아에서 발행된 이 책은 "나는 상인용의 실용수학을 편찬했다." 라는 말로 시작되어 있다. 이 선언대로 종래의 로마 숫자 대신에 아라비아숫자를 사용하였으며 보에티우스형의 중세적인 수론은 말끔히 자취를 감추었다. 내용을 보면 기수법, 계산사칙, 도량형, 분수, 화폐계산, 혼합셈 등으로 되어 있다. 곱셈의 단 위에서는 구구표 외에 당시의 상업계산에 필요한 12, 16, 20, 24, 32, 36 x 2, 3, …, x 10의 표를 싣고 있다.

그러나 수도원의 수학자들은 이러한 새 기운과는 아랑곳없이 여전히 보수성을 지키기에 여념이 없었다. 보에티우스 수학을 고수하고 또는 피타고라스 산술을 지어내는 데 수도원의 일류 수학자들이 정력을 기울였다. 앞에서 이야기한 피보나치의 수학책은 당시의 대학에서 쓰이기에는 너무 부피가 크고 수준도 높은 편이었다. 그보다도 너무나 상업적인 내용이어서 보수적인 대학교수들의 구미에 맞지 않았다. 사실 대학에서의 수학

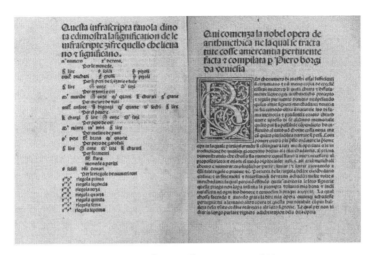

[그림 4-2-1] 보르기(Pietro Borghi)의
"산술" (Arithmetica, 1484)의 내부 내용

[그림 4-2-2] 레오나르도 피보나치
(Leonardo Fibonacci, 1170-1250)

도 따지고 보면 수도원 수학의 한 분야에 지나지 않았고, 점성술이라든지 그리스 수론, 보에티우스 수학의 테두리에서 맴돌고 있었다. 대학을 지배하던 정신은 비교적 자유스러운 것이었고 심지어는 국가와 교회를 비판할 정도였지만 수학에 대한 연구만은 형편이 없었다. 일반적으로 대학창립 당시에는 아직 과학적인 정신은 길러지지 않았고 로저 베이컨과 같은 사람의 진취적인 과학사상으로 취급되어, 그 때문에 심한 박해를 당할 정도였다.

이 신·구 수학의 싸움에서 신파 쪽에 판정승을 가져다 준 것이 파치올리의 유명한 "산서(Summa de Arithmetica, 1494)" 였다. 그는 상공업과 관계있는 사람이 아니고 수도사였다는 점이 색 다르다. 이 책은 당시의 수학적 지식을 총망라하였으며 그 목차를 적어보면 다음과 같다. 기수법, 정수의 사칙, 급수, 개평과 개립(開平과 開立), 분수, 문자계산, 대수(양수·음수, 일원 1, 2차방정식 등), 상업산술, 기하 등이었다.

이 파치올리의 책에서, 앞에서도 언급한 복식부기가 처음으로 소개되었다. 복식부기는 이탈리아의 상인 사회에서 만들어진 것이기는 하나 그 기초 원리는 나중에 수학자의 손에 의해서 완성된 것이다. 이 복식부기야말로 회계를 기계적으로 명확하게 나타내는 획기적인 방법이며, 마치 근대 물리학에 있어서의 갈릴레오, 뉴턴의 역학과도 견주어 말할 수 있을 정도이었다." (좀바르트(Sombart)의 "근대자본주의") 이러한 의외의 소득은 상업산술의 발달을 크게 자극하였다.

2.1 3, 4차방정식의 해법

유럽인은 15세기 말경까지도 3차이상의 방정식의 해에 대해서는 그 방법을 몰랐다. 이 점에서는 중국이 훨씬 앞섰다. 그러나 상업의 발달 때문

[그림 4-2-3] 루카 파치올리의 초상

[그림 4-2-4] 파치올리의
"산서(Summa de: Arithmetica, 1494)"의 내부표지

[그림 4-2-5] 지롤라모 카르다노 (Girolamo Cardano, 1501-1576)

에 이런 문제가 빈번히 일상적인 셈속에서도 자주 접하게 되면서부터 수
학자들의 책상위에서도 그 해결 방법이 진지하게 연구되기 시작했다. 3차
방정식의 해법은 지금 "카르다노의 해법" 이라는 이름으로 알려진 것이
있다. 결과만을 소개하자면 그것은,

$$x^3 + mx = n \text{의 근을 } x = \sqrt[3]{t} - \sqrt[3]{u} \text{ 단,}$$

$$t = \sqrt{(\frac{n}{2})^2 + (\frac{m}{3})^3} + \frac{n}{2} \quad , \quad t = \sqrt{(\frac{n}{2})^2 + (\frac{m}{3})^3} - \frac{n}{2}$$

와 같이 구하는 공식으로 나타내어진다.

이것은 본래 타르탈리아(Nicolo Tartaglia, 1500-1557)가 연구한 결과
얻은 방법이었는데 카르다노가 속임수를 써서 타르탈리아의 입을 열게 하
여 그 공식을 자기의 책 "수의 법칙" 에 실어버렸다는 추문 때문에 더욱
유명하다. 가난한 집 안에서 태어난 타르탈리아는, 북이탈리아의 도시에

서 수학교사로 생계를 유지하고 있었지만 아주 우수한 학자였다. 당시는 수학자들 사이에 서로가 문제를 제출하고 그것을 상대에게 풀게 하는 공개시합이 유행 하였는데, 그중의 하나였던 것이 이 공식이었다. 카르다노도 3차방정식의 해법을 연구했지만 결과는 신통치 못했다.

카르다노는 교양과 재능을 갖추었던 당대의 신사였으며 과학에 대한 정열도 대단한 것이어서 수학, 철학으로부터 의학 점성술에 이르기까지 조예가 깊은 사람이었다. 그러나 그는 본래 허풍장이였고 소행도 좋지 못해서 타르탈리아가 3차방정식의 해법에 성공하였다는 이야기를 전해 듣자, 절대로 공표하지 않겠다는 맹세를 한 다음 그 방법을 알아내어, 타르탈리아를 속이고 자기 이름으로 발표해 버렸던 것이다. 그 때문에 명예를 빼앗긴 타르탈리아는 분한 나머지 죽고 말았다는 것이다.

일단 3차방정식의 해법이 알려지면 그 다음은 4차방정식에 관심이 집중할 것은 당연한 일이다. 그 일반적인 해법은 페라리(Lodovico Ferrari, 1522-1566)에 의해 발견되었다. 그렇다면 5차 이상은 어떻게 될 것인가? 수많은 수학자들이 계속 시도했던 이 문제는 현대 수학의 기폭제 역할을 하였다. 요절한 대천재 갈루아의 출현으로 해결되었다고 한다.

이즈음에 수학기호도 겨우 정비되어 + 와 - 의 기호는 비드만(Johann Widmann)의 책(1489)에, $\sqrt{}$ 는 루돌프(Rudolf)의 책 "대수(1525)"에, 등호 "="는 레코드의 "지혜의 숫돌(1557)"에 나타났다.

16세기를 대표하는 수학 즉, 대수는 과연 어디서 왔는지, 무엇이 계기가 되어서 그리고 또 어떤 이유 때문에 발전하였는가? 그것은 다름이 아닌 중세 후기에 있어서의 상업발달의 암묵적인 영향 밑에서 계산술과 더불어 이탈리아 상인이나 은행가들의 실제적인 필요 때문이었다는 것이 엄연한 역사적 사실이다. 요컨대 수학사상 근대화를 위한 "준비하는 세기"로

[그림 4-2-6] 니콜로 폰타나
타르탈리아
(Niccolo Tartaglia, 1499-1557)

[그림 4-2-7] 페라리
(Lodovico Ferrari, 1522-1566)

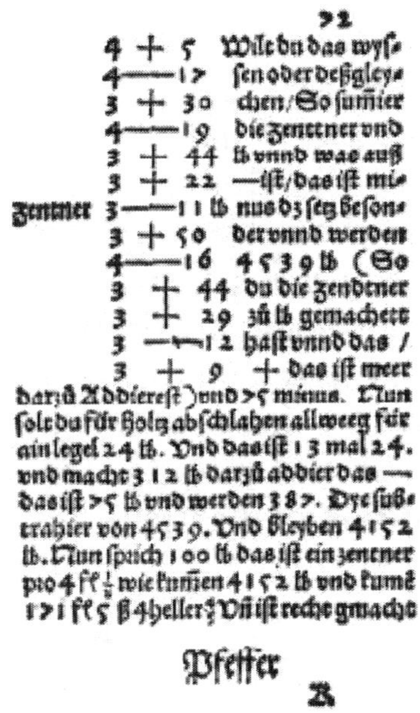

72

4 + 5 Wilt du das wys-
4 — 17 sen oder deßgley-
3 + 30 chen/So summier
4 — 19 die zentener und
3 + 44 lb unnd was auß
3 + 22 —ist/das ist mi-
Zentner 3 — 11 lb nus dz setz beson-
3 + 50 der unnd werden
4 — 16 4539 lb (So
3 + 44 du die zendtner
3 + 29 zů lb gemachett
3 — 12 hast unnd das /
3 + 9 + das ist meer
darzů Addierest) und 75 minus. Nun
solt du für holtz abschlahen allweeg für
ain legel 24 lb. Und das ist 13 mal 24.
und macht 312 lb darzů addier das —
das ist 75 lb und werden 387. Dye sub-
trahier von 4539. Und bleyben 4152
lb. Nun sprich 100 lb das ist ein zentner
pro 4 fl ½ wie kummen 4152 lb und kumt
171 fl 5 ß 4 heller ... Un ist recht gmacht

Pfeffer

B

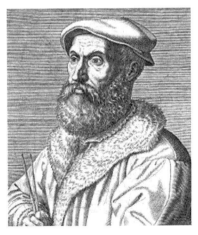

[그림 4-2-8] 비드만(Johann Widmann)의 책(1489)

[그림 4-2-9] 크리스토프 루돌프
(Christoff Rudolff, 1499–1545)

[그림 4-2-10] 레코드의 "지혜의 숫돌" (1557)

알려진 이 시대는 점차로 넓은 학자 층을 형성하였고, 한편으로는 기술, 건축, 회화, 항해, 지리학, 천문학 등의 여러 요인에 의해서 자극을 받은 수학문제가 쏟아져 나와 이론상으로나 실제상으로 많은 미해결의 문제가 쌓이게 되었다. 그 때문에 자연과학을 새로이 연구하는 기틀이 마련되어야 하였다.

　결과적으로 르네상스의 수학은 설령 수학의 논리 자체에는 획기적인 변화를 주지는 않았다 하더라도 그것은 수학의 이론적 구조를 다듬는 기본적인 구실을 하였다. 이렇게 하여 그리스 수학과 인도, 아랍의 수학이 통합되어 여기에 유럽 수학의 전통이 굳혀지고, 이것을 발판으로하여 근대 수학이 출발하게 되었다.

3. 천문학과 수학

3.1 천문학과 계산술

복리계산과 관련해서 시작된 고차방정식의 해법은, 대수학의 일대 진전을 가져왔으나, 계산적인 면에서는 평방, 입방 또는 그 근을 구하는 문제가 생기고, 결국 실용적인 면에서는 대단히 불편했다. 바쁜 거래에 구태여 3차방정식의 복잡한 해법을 써서 금리계산을 하는 상인은 아무도 없었고, 그 사정은 지금도 마찬가지다. 실제로는 아주 편리한 계산법이 있었기 때문이다. 대수 즉, 로가리듬(logarithm)이 그것이다.

문제 "원금 a, 기한 3년 후의 원리합계 c 를 알아내고 연리를 구하라." 라는 문제는 방정식이 $a(1+x)^3 = c$ 나타내지만, 이것은 대수를 이용하면, $\log a + 3\log(1+x) = \log c$

즉, $\log(1+x) = \dfrac{\log c - \log a}{3}$ 가 되어 제곱, 세제곱 또는 제곱근, 세제곱근의 문제를 결국 가감승제 등의 사칙 셈으로 바꾸어 계산할 수 있게 된다. 그러나 대수법은 원래 복리계산의 필요에서 생긴 것이 아니라, 이보다 훨씬 복잡한 계산을 간단하게 처리해야할 천문학 분야에서의 필요 때문에 탄생한 것이다. 그래서 천문학과 계산법이 이시대의 새로운 장을 이루었다.

3.2 천문학 발달의 배경

르네상스의 큰 요인의 하나인 상업의 비약적 발전 즉, 세계시장의 개척은 지리상의 새로운 발견을 가져왔다. 15세기 초의 포르투칼 무역상들은 인도로의 직통항로를 구하려고 아프리카의 서해안으로 남하했으나, 아

[그림 4-3-1] 베르데 곶(Cape Verde)

프리카 서해안에는 저 유명한 베르데 곶(Cape Verde)이 있어서 이 곳보다 남쪽 아래로 내려가기 위해서는 육지가 전혀 보이지 않는 큰 바다로 돌아가야 했었다. 이 사실은 그때까지 연안 항해만을 해온 그들에게는 전혀 새로운 모험이 되었고 새로운 항해법을 개발해야 할 문제와 직면하게 되었다. 원양 항해를 위한 지식 없이는 인도항로의 개발은 이루어질 수 없었다. "두드려라, 그러면 열리리라" 라는 말은 새 항해술의 개발에도 적용되는 진리였다. 바다와 하늘밖에 보이지 않는 대양의 한가운데에서도 늘 자기의 위치를 확인해야 할 원양항해는 천문학의 발전을 자극하였다. 그 결과 아랍으로부터 전해진 나침반의 개선과 삼각법의 연구 등 천문학상의 문제 해결이 활발하게 일어났다. 당시의 비교적 수준이 낮은 항해술에도 불구하고 지리학상의 발견을 시도한 결과 상공업 등의 산업구조에 획기적인 변화를 가져왔고, 과학 특히 천문학의 혁명시대를 가져왔다.

바다에서 항해중인 배의 위치를 알기 위해서는 별의 위치를 정확히 관측할 수 있는 정확한 시계, 항해력(천체력 즉, 천체의 운동을 나타내는 표) 및 6분의(六分儀 : 별의 고도를 측정하는 기계)의 세 가지가 갖추어져 있어야 한다. 15, 6세기경 유럽인이 대양 항해에서 사용한 방법은 본질적으로는 이와 같은 기구에 의한 것이었다. 다만 당시 아직 정확한 시계가 없으므로 천체력과 달리, 위치에서 표준시를 측정하였으며, 또 육분의도

[그림 4-3-2] 바르톨로뮤 디아즈
(Bartholomew Diaz 1450-1500)

[그림 4-3-3] 희망봉 발견(1486)

[그림 4-3-4] 크리스토퍼 컬럼버스
(Christopher Columbus, 1451-1506)

[그림 4-3-5] 아메리카 대륙 발견(1492)

[그림 4-3-6] 바스코 다가마
(Vasco da Gama, 1469?-1524)

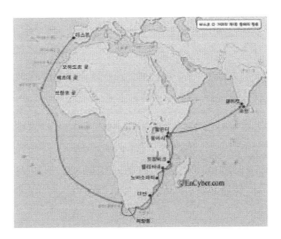

[그림 4-3-7] 인도항로 발견(1498)

없었으니 간단한 방법으로 천체의 높이를 측정하였다. 물론 이 방법에는 적지 않은 오차가 있었으나, 그런대로 대양에서 자기 위치를 알 수 있었던 것만은 틀림없었다. 이리하여 길 에아네스(Gil Eanes)의 베르데 곶의 우회(1434), 바르톨로뮤 디아즈(Bartholomew Diaz 1450-1500)의 희망봉 발견(1486), 컬럼버스(Christopher Columbus, 1451-1506)의 아메리카 대륙 발견(1492), 바스코 다가마(Vasco da Gama, 1469?-1524)의 인도항로 발견(1498) 등이 이루어진 것이다. 새 항해술의 필수적인 도구는 시계와 천체력 이었다. 이것 없이 배의 위치는 정확히 결정할 수 없다. 그래서 근세 초기의 과학자에게 제출된 가장 큰 문제는 정확한 시계와 천체운동의 추산표인 태음력의 작성이었다.

3.3 천체력의 작성과 삼각법

항해자에겐 10분의 근소한 차는 적도 상에서는 배의 위치가 동서로 280km 이상 차가 생긴다. 이 오차는 대략 부산 ― 서울 간의 직선거리와 같다. 이 같은 일이 천체력에 대해서도 성립한다. 천체력은 매일 일정한 시각에 있어서의 별의 위치를 미리 산출해서 만든 표이다. 이 표에서 일정한 별의 위치를 적위(하늘의 적도를 기준으로 해서 본 위도)가 1°만 틀리게 기재하면, 배의 위치는 남북에 100km의 차이가 생긴다. 이러한 배경이 르네상스의 천문학 연구가 왕성해질 수 있던 직접적인 원인이었다.

1473년, 독일인 레기오몬타누스(Regiomontanus, 1436-1476; 본명은 요하네스 밀러(Johannes Miller))는 프톨레마이오스의 천문표를 근본적으로 개정해서, 유명한 에페메리데스(Ephemerides Ab anno, 1475-1506)를 저술하였다. 이 책은 1475년에서 1506년 사이의 31년간의 태양, 달의 위치, 월식, 일식등을 명시하고 있어서, 앞서 말한 디아스, 컬럼버스, 바스코 다가마 등의 처녀항로의 지침서였다.

[그림 4-3-8] 레기오몬타누스(Regiomontanus,1436-1476)

[그림 4-3-9] 에페메리데스
(Ephemerides Ab anno, 1475-1506)

삼각법은 중세의 거의 전 기간을 통해서 천문학의 한 분과였지만 성격상으로 점성술과 관련되어 있어서 과학적인 목적을 가진 것은 아니었다. 그러나 이제는 항해술의 개척과 코페르니쿠스의 태양중심설의 증명 등에 필요한 과학적 지식으로 그 양상을 바꾸게 되었다. 이리하여 레기오몬타누스의 "모든 종류의 삼각형에 관하여"를 계기로 하여 평면삼각형과 구면삼각형을 다 같이 포함한 새로운 삼각법의 연구가 활발해져서 그 결과 많은 발견을 할 수 있었다.

3.4 태양중심설과 천체운동

이러한 분위기 속에서 태양중심설이 나오게 되었다(1543). 그 때까지 유럽에서 계속 신봉된 천문학 이론은 알렉산드리아의 지리, 천문학자 프톨레마이오스의 천문학이었다. 이 천문학은 지구가 우주의 중심이라는지 지구중심설에 입각한 것이었다. 그런데 새로 나타난 코페르니쿠스 천문학은 지구를 우주의 중심으로부터 이동시키고, 대신 그 자리에 태양을 위치시킴으로써 전통적인 우주질서를 뒤집는 결과를 가져왔기 때문에 과학상, 그리고 철학상으로 엄청난 문제를 야기 시켰다. 이 충격에 비해, 유럽의 태양중심설이 동양에 소개되었을 때 지식인들의 반응이 거의 없었다는 점은 퍽 대조적이다. 동양의 천문학은 본래 달력 작성을 위한 역법이 중심이었고, 천체의 구조에 관한 기하학적, 역학적인 우주론은 관심 밖의 일이었던 것이다. 이제 근본적인 가설이 무너져버린 프톨레마이오스의 천문학을 비과학적이라고 일축해버리는 것은 잘못이다. 지구 중심설은 태양계의 운동을 지구의 입장에서 관찰한 것이었고, 태양의 관점에서 보는 태양중심설에 비해서 일반성이 적을 뿐이지 지구의 입장에서는 별의 운동을 예측하고 이것을 추산할 수 있었다. 고전적인 프톨레마이오스 천문학이 중세를 통해서 일반적으로 승인을 받고 1,600년 경까지 로마 교회에 의해서 신성시된 이유가 여기에 있다. 분명한 것은 고대 과학은 미신과는 다른 합리적인 지식이었다는 점이다.

그러나 코페르니쿠스의 천문학은 프톨레마이오스의 지구중심설을 태양중심설로 바꾸어 설명했을 뿐, 그 외에는 종래의 결함을 그대로 계승하였다. 그 최대의 결점은 아무 근거 없이 모든 행성의 궤도를 원으로 간주한 것이었다. 이 가설이 정밀한 관측 결과와 일치하지 않는다는 것이 항해술에 자극받은 천문관측에 의해서 드러났고, 이것이 마침내 케플러로 하여금 유성운동의 3법칙을 발전시키게 만드는 결과를 가져왔다.

케플러는 당시 관측 천문학자로서는 코페르니쿠스보다 훨씬 탁월했던 튀코 브라헤의 조수였고 동시에 코페르니쿠스의 제자이었으며 니콜라우스 쿠자누스의 정신적 후계자였다. 케플러가 수정한 새로운 천문학 체계는 프톨레마이오스와 코페르니쿠스의 천문학 체계를 이론과 응용의 두가지 면에서 능가하면서 태양중심설의 정당성을 입증한 것이었다. 케플러는 새 이론에 입각한 천체력인 루돌프 표(1627)를 작성하였으며 이에 따르는 계산법으로 삼각함수 이론이 더욱 발전되었다. 앞에서 이야기한 삼각법의 발전은 모두 천문학자의 손으로 이루어졌다는 것은 이러한 배경에서 나온 것이다.

3.5 대수의 발명

망원경의 발명에 의해서 천문학, 항해술 삼각법은 급속히 발달하였지만, 동시에 방대하고도 복잡한 계산을 하기 위해서는 새로운 계산 기술이 나와야만 하였다. 이러한 분위기가 바로 대수(対數 : Logarithm) 발명의 배경이다. 계산법의 발전이 "천문학자의 수고를 경감해줌으로써 그 수명을 2배로 늘렸다." 고한 라플라스의 말은 오히려 과소평가에 속한다. 실로 인도, 아랍식 기수법과 대수, 그리고 나중에 이야기할 소수야 말로 근대에 있

[그림 4-3-10] 튀코 브라헤(Tycho Brahe, 1546-1601)

[그림 4-3-11] 케플러의 루돌프 표

어서 계산의 기적적인 힘을 낳은 3대 발명이었고, 위대한 17세기의 영웅시대를 뒷 편에서 받친 주춧돌의 구실을 하였다. 대수의 이론은 스코틀랜드의 수학자 네이피어(John Napier, 1550~1617)에 의해서 탄생되었다. 그는 "놀라운 대수법칙의 기술" 에서 처음으로 대수의 이론을 설명하였으며, 그가 죽은 지 2년 후 "놀라운 대수법칙의 집대성" 에는 대수표의 계산법이 공표되었다. 대수(比의 수라는 뜻)와 진수(numerus) 라는 낱말은 네이피어가 만들어낸 용어이다. 그러나 실지로 셈에 이용할 수 있도록 편리한 대수표는 네이피어의 친구 브릭스(Henry Briggs, 1561~631)에 의해서 만들어진 것이다. 이때 비로소 10을 밑으로 하는 상용대수가 만들어졌다.

미적분학에서 배우는 자연대수 즉, 자연기수 e 를 사용하는 대수표는 이보다 앞서 존 스페이델(John Speidell)에 의해 1619년에 공표되었다. 브릭스의 저서 "대수표(1624)" 는 10만까지의 정수에 관해서 14단위의 대수

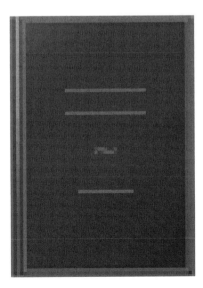

[그림 4-3-12] 존 스페이델(John SpeidellH)의
새 대수(New Logarithm, 1619)

표를 작성한 것이었다. 이어 그의 저서 "영국의 삼각법" 을 1633년에 발간해서 10초 간격으로 계산한 10단위의 삼각함수의 대수표를 발표했다. 현재 우리가 사용하고 있는 가장 권위있는 대수표는 1794년 오스트리아의 포병장교 베가(G. Vega)가 엮은 "대수대전" 을 근거로 사용 목적에 따라 다소 간략하게 고친 것이다. 여기에는 정수 및 삼각함수에 관한 10자리의 대수표가 실려 있다. 중세 말기에 채용되기 시작한 아랍식 기수법 및 소수법 그리고 대수산법을 도입함으로써 유럽수학은 고대의 전통적인 계산법으로부터 완전히 탈피했으며, 근세 사회에 알맞은 수학의 체계를 갖추기에 이르게 되었다.

4. 대수학과 기하학

4.1 대수학의 기초작업

　천체력이나 삼각함수표의 복잡한 수치 계산 때문에 대수(logarithm)가 발명되었고, 역시 같은 필요 때문에 소수의 사용법이 발견되었다. 지금 생각하면 아무것도 아닌 것처럼 보이는 소수 표시법이지만 당시로서는 중대한 의미가 있었다. 어떤 수의 평방근($\sqrt{2}$ 라고 하자)을 나타내는데, 소수가 없었다면 어떻게 되었을까 생각해보면 이해할 수 있을 것이다. 즉, 소수를 사용함으로써 비로소 모든 양을 근사값으로 나타낼 수 있었고, 따라서 양 ↔ 수의 관계가 일반적으로 성립할 수 있게 된 것이다. 소수의 발견자에 대해서는 여러 가지 설이 있으나 일반적으로는 네덜란드 사람인 시몬 스테빈을 꼽고 있다. 현재 우리가 사용하고 있는 소수표시법은 기계기술자이며 수학자, 천문학자이기도 한 스위스인 요스트 뷔르기(Jobst Burgi, 1552-1632)의 방법이다. 이제 소수를 사용함으로써 수의 보편성을 확보할 수 있게 되었다. 그리고 3차방정식 4차방정식 등의 법칙성이 밝혀짐으로써 그것에 알맞는 기호 형식이 가능해졌다. 이 일을 맡아서 대수계산에 새로운 전환기를 가져온 사람은 비에트였다. 비에트는 그의 생애의 역작 "해석학 서설(Isagoge in artem analyticam)" 에서 이 문제를 해결하였다. 여기서는 모든 설명이 구체적인 문제의 해법을 모은 것이 아니었고, 방정식에 관한 일반론으로 다루어졌다. 그는 문자를 기초로 사용하는 계산을 방정식에 도입하여, 일반과학으로서의 대수학의 탄생이라고 하는 수학사상 가장 의의 깊은 사건을 만들어 냈다. 즉, 이 기호 덕분에 방정식을 일반적인 형태로 표현할 수 있게 되었다. 따라서 그 본질을 파악하기가 용이하게 만들었다. 그리하여 이제는 대수적으로 표현하는 것 그 자체가 연산의 대상이 되었다.

[그림 4-4-1] 요스트 뷔르기(Jobst Burgi, 1552–1632)의 소수표시법

[그림 4-4-2] 프랑수아 비에트(Francois Viete, 1540–1603)

[그림 4-4-3] 비에트의 해석학 서설
(In artem analyticam isagoge, 1591)

[그림 4-4-4] 시몬 스테빈
(Simon Stevin, 1548-1620)

4.2 예술과 기하학의 관계

중세의 미술은 모두 종교적인 것이었으나 르네상스로 들어서면서 인간 중심사상(휴머니즘)의 입장에서, 있는 그대로의 자연과 인간의 미를 나타 내려고 시도하게 되었다. 레오나르도 다빈치, 라파엘로, 미켈란젤로 (Michelangelo Buonarroti, 1475-1528), 뒤러(Albrecht Durer, 1471-1528)등 의 명작은 모두 이런 풍조를 반영해서 자연과 인간을 생생하게 캔버스에 옮긴 것이다. 새로운 관찰은 새로운 방법을 낳는다. 그 이치에 따라서 화 법에도 변화가 일어났다. 인간이 어느 대상을 본다고 할 때, 눈과 그 대상 을 맺는 직선 즉, 시선이 장애물을 만나서는 안 된다. 이것은 그림을 그릴 때도 예외가 아니었다. 그러나 중세의 회화는 종교적인 의미를 무엇보다 중시했기 때문에 이 법칙을 무시하여 실제로 시선에 도달하지 않는 것까 지도 묘사하였다. 시선이 움직이는 대로 대상의 형태를 그리기 위해서는 종전과는 다른 기법을 모색해야 하였다. 결과적으로 위에서 말한 화가들 은 모두 이 투시법을 열심히 연구한 대가들이었다. 이 때문에 기하학에도 큰 변화가 일어나 사영기하학(射影幾何學)이라는 새스타일의 수학이 등 장하는 터전을 닦아놓았다. 눈의 위치를 고정할 때, 그림은 눈과 그 대상 의 중간에 위치하게 되고 눈, 그림, 대상의 삼자 사이에 기하학적인 관계 가 성립한다. 이러한 관계를 연구하는 새 기하학의 탄생은 투시법 때문에 자극 받은 것이었다. 그러나 이것만이 유일한 계기가 아니고, 그 밖에도 다른 요인이 있었다. 르네상스의 미술을 대표하는 또 다른 분야가 토목, 건축이었다. 당시의 건조물의 주재료는 돌이었다. 돌의 기본적인 단위가 되는 것은 우리가 흔히 채석장에서 보는 바와 같이 육면체가 보통이다. 그러나 곡선을 나타내려 할 때, 육면체로만 돌을 다듬어 조립한다는 것은 불편하였고, 새로운 재단법이 있어야 했다. 회화에 있어서의 투시법, 건축 에서의 채석기술, 이 둘이 르네상스의 기하학 즉, 사영기하학의 선구적 구 실을 하였다. 사영기하학의 창시자는 수학전문가가 아닌 프랑스의 건축가

[그림 4-4-5] 레오나르도 다 빈치
(Leonardo di ser Piero da Vinci, 1452–1519)

[그림 4-4-6] 라파엘로
(Raffaello Sanzio da Urbino, 1483–1520)

[그림 4-4-7] 미켈란젤로(Michelangelo Buonarroti, 1475-1528),

[그림 4-4-8] 알브레히트 뒤러
(Albrecht Durer, 1471-1528),

데자르그(Gerard Desargues 1593-1662)였다. 유클리드기하는 철학자에 의해 세워졌지만 사영기하는 미술가에 의해 만들어졌다는 것이, 그리스 때와는 다른 르네상스의 시대적 특징을 잘 암시해 주고 있다. 사영기하학은 이름 그대로 사영법의 기하학이다. 가령 원뿔의 표면에 있는 모든 곡선은 정점에서 사영해서 보면 즉, 그림자를 비쳐보면 모두 밑면에 있는 원이 되므로 이 기하학에서는 원뿔상의 곡선 즉, 원뿔곡선을 원, 또는 그 일부분의 사영으로 보는 것이다. 그리스의 아폴로니우스가 발견한 원뿔곡선의 복잡한 증명법은 이 기하학을 이용해서 설명하면 아주 간단하게 해결되어 버린다. 데자르그의 기하학(사영기하학)과 유클리드기하를 대조해서, 이것이 어떤 성질을 갖는 것인가를 알아보면, 데자르그의 사영기하학은 유클리드의 공간을 생각해 온 사람에게는 얼핏 보기에 이상스럽지만, 큰 지구의 표면 상에서는 이와 비슷한 일이 생긴다. 가령 자오선을 하나의 직선으로 생각할 때 두 평행선은 극에서 만난다. 이 기하학은 그리스 이래

[그림 4-4-9] 데자르그
(Gerard Desargues 1593-1662)

의 유클리드기하학을 한층 일반화한 것이었다. 즉, 이 기하학은 유클리드 기하학과 별개의 것이 아니고, 오히려 그것을 포괄하고 있는 기하학이었다. 따라서 이 방법을 사용하면 유클리드기하보다도 훨씬 일반적인 결과를 얻을 수 있었다. 이것이 기술면에 있어서도, 보다 넓은 응용을 갖는 것은 당연하다. 그러나 당시로서는 너무 어려워서 그의 이론이 인정받기까지 무려 200년의 세월이 흘렀다. 퐁슬레가 1813년 러시아의 포로시절 옥중에서 썼던 "도형의 사영적 성질에 관한 이론"이 세상에 나옴으로써 비로소 데자르그의 공적이 다시 햇빛을 보게 된 것이었다.

5

근세의 수학(17-18세기)

17세기는 수학사에서 가장 빛나는 시기였다. 17세기 초 네이피어(Napier, J. 1550-1617)는 로그를 고안하여 발표하였고, 비에트(Viete, F. 1540-1603)의 지수 표기법을 개선한 해리엇(Harriot, T. 1560-1621)과 오트레드(Oughtred, W. 1574-1660)는 대소의 기호화와 체계화에 기여하였으며, 갈릴레이(Galilei, GaliLeo 1564-1642)는 역학의 기초를 세웠고, 케플러는 행성의 운동 법칙을 발표하였다. 17세기 후반에 데자르그(Desargues, G. 1593-1662)와 파스칼(Pascal, B. 1623-1662)은 순수 기하학의 새로운 장을 열었고, 직각좌표계를 창안한 데카르트(Descartes, R. 1596-1650)는 해석기하학을 창시 하였으며, 페르마의 마지막 정리로 유명한 페르마(Fermat, P. 1601-1665)는 현대 정수론의 기초를 확립하였고, 호이겐스(Huygens, C. 1629-1695)는 확률론 등의 분야에서 두드러진 업적을 남겼다.

17세기말, 뉴턴(Newton, I. 1642-1727)과 라이프니츠(Leibniz, G.W. 1646-1716)는 이전의 많은 수학자들의 기초 위에서 하나의 신기원을 이루는 창조물인 미적분학을 창시하여 근대 해석학을 열었다. 이와 같이 수학 연구의 새롭고 다양한 분야들이 17세기부터 시작되었다.

1. 대량생산 시대의 시작

르네상스에 힘을 얻은 세계 무역은 보다 많은 상품을 유통시킴으로써 종래의 소규모 수공업 생산만으로는 이제 수요를 감당하지 못하게 된다. 새로운 생산형태의 등장이 필요하게 되었다. 16세기 말부터 네델란드, 프랑스, 영국 등에서 소위 매뉴팩쳐(manufacture)라는 수공업식 제조공업 즉, 인간의 손 대신에 기계를 사용하는 대량생산의 시대가 시작되었다.

이 생산조직을 배경으로 네델란드, 영국의 국제시장에 진출하여, 주로 다른 나라의 중계무역으로 세계 상업을 주름잡고 있는 에스파니아와 포르투칼에 도전하게되고, 마침내 세계에 최강을 자랑한 이들 두 나라도 급격히 사양길을 걷게 되었다. 시대는 이제 매뉴팩쳐의 독무대가 되었다. 네델란드, 영국, 프랑스 상인은 세계시장을 거침없이 휩쓸게 되었다. 그러나 마침내는 식민지 전쟁을 유발하였고, 그 결과 영국이 대식민지 제국으로서 "유니온 잭의 깃발이 나부끼는 곳에 언제나 태양이 빛난다." 고 할 정도로 위상이 확대 되었다.

1.1 과학과 기술

과학적인 문제는 언제나 시대의 현실적인 요구와 밀접한 관계가 있다. 르네상스로부터 항해술과 밀접한 관계가 있었던 근세 천문학이 발달하기 위해서는 정확한 관측치가 무엇보다도 필요했다. 옛날부터 인간이 시간을 알기 위해서 첫째로 이용한 것은 정확한 태양의 주기운동이었다. 이 사실을 이용해서 해시계가 나온 것이다. 그러나 이것은 맑은 날씨에만 효력을 발휘할 수 있을 뿐이다. 물시계, 모래시계 등이 있기는 하였으나, 그것들은 천문학에 응용할 수 있을 만큼 정확한 것은 못되었다. 13세기쯤에 나타난 톱니바퀴(齒車)시계는 점차 기술이 개량되어 15세기 말에는 그런대로

[그림 5-1-1] 유니온 잭

천문학에 이용되었으나 흡족한 정도는 못 되었다. 이것이 16, 17세기 사이에 과학자의 관심을 끈 "시계개량의 문제" 이었다. 항해술과 원양항해는 또 조선술과 직결된다. 국제무역에서 에스파니아, 포르투갈 상인이 오대양을 누비기 시작하자, 원양항해용의 무역선이 필요하게 되었다. 콜럼버스가 아메리카대륙의 발견에 이용한 산타마리아호는 150톤 급의 배에 지나지 않았다. 오늘날 우리나라 근해를 다니는 작은 여객선과 맞먹는 톤수이다. 배를 대형화한다는 것은 단순히 종래의 조선술을 그대로 확대한다는 것만으로는 해결되지 않는다. 산술적으로 말한다면 선형이 크게 될 때, 그만큼 바닷물과의 마찰도 증가하게 되고 내구력의 감소, 조종의 부자유 등의 문제가 따른다. 따라서 속력을 그대로 유지하면서 적재량을 늘린다든지 또 배의 안전율을 높이는 문제를 연구해야 했다.

또 국제무역은 국내의 물류를 자극하고 운하, 도로의 건설이라는 대공사를 유발하였다. 그뿐 아니라 봉건제의 해체와 그 재편성, 식민지 전쟁, 시장 쟁탈전 … 등, 전쟁의 규모가 커지면서 총기의 발달이 추진되었다. 이렇게 군수공업이 발달하였고, 또 그것은 채광, 야금문제를 자극하였다. 이와 같이 해서 근세에 들어오면서 과학은 산업, 정치의 전반적인 문제와 얽히고, 그 영향으로 이론 물리의 수학이 발달할 필연적인 계기를 마련하였다.

[그림 5-1-2] 크리스토퍼 콜럼버스
(Christopher Columbus, 1450–1506)

[그림 5-1-3] 콜럼버스의 산타마리아호

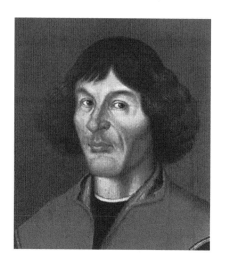

[그림 5-1-4] 니콜라우스 코페르니쿠스
(Nicolaus Copernicus, 1473-1543)

[그림 5-1-5] 태양중심설

이상의 각 기술 분야에서 과학자에게 직접 해결을 요구한 문제는, 물체와 그 평형, 그리고 물체의 운동의 두 분야로 구분할 수 있다. 전자의 경우는 조선상의 기술 문제인 배의 평형, 토목기술, 광산에 있어서의 활차(도르래), 펌프사용 등에서 직접 생긴 문제이었으며, 후자의 경우는 시계의 개량, 배의 속력, 탄도 문제에서 나왔다. 이것은 과학적인 용어를 사용해서 말한다면 정력학(靜力學)과 동력학(動力學)문제에 속한다. 정력학은 그리스, 로마 시대부터 이미 있었고, 근세에 들어와서 생긴 문제들은 단순히 종래의 문제를 대형화시킨 것이다. 그러나 "물체와 그 운동"의 문제는 근세의 산업이 비로소 제기한 것이었고, 그 이론을 처음부터 시작해야 했다. 갈릴레오는 천문학 및 역학의 두 분야에 걸쳐 큰 업적을 남긴 사람이며, 특히 그가 코페르니쿠스의 태양중심설을 지지하여 종교재판에서 곤욕을 치렀다는 것은 과학사상 유명한 일화로 남아있다. 역학과 관련해서 그는 탄도의 연구를 하였는데, 그 때까지 탄도는 처음 포구에서 튀어나오면서 직선적으로 전진하고 어느 지점에 가서 갑자기 아래로 떨어지는 것으로 믿었었다. 그는 이러한 속설을 뒤집고 탄도가 포물선을 그린다는 것을 밝혔다. 또 시계의 추의 진동의 연구 등 당시의 시대적인 요구를 반영한 연구 업적을 많이 남겼다. 이 역학분야 이외에 망원경의 개발에 따르는 광학의 연구도 활발히 하였다.

17세기의 과학은 특히 수학과 물리학의 밀월시대였다고 할 수 있다. "수학은 과학의 언어"라고 한 것은 갈릴레오였으나, 이 말은 단순한 구호 이상의 뜻을 함축하고 있다. 나폴레옹이 말한 "수학의 신장은 국력의 바로미터"라는 말은 바로 이런 분위기를 반영하는 것이다.

[그림 5-1-6] 갈릴레오 갈릴레이
(Galileo Galilei, 2564~1642)

[그림 5-1-7] 갈릴레오의 천체망원경

[그림 5-1-8] 나폴레옹 보나파르트
(Napoléon Bonaparte, 1769–1821)

[그림 5-1-9] 데카르트(René Descartes, 1496–1550)

[그림 5-1-10] 페르마(Pierre de Fermat, 1601-1665)

[그림 5-1-11 (a)] 블레즈 파스칼(Blaise Pascal, 1623-1662)

[그림 5-1-11 (b)] 파스칼의 계산기

[그림 5-1-12] 야콥 베르누이
(Jakob Bernoulli, 1654–1705)

[그림 5-1-13] 요한 베르누이
(Johann Bernoulli, 1667–1748)

[그림 5-1-14] 아이작 뉴턴
(Issac Newton, 1642–1727)

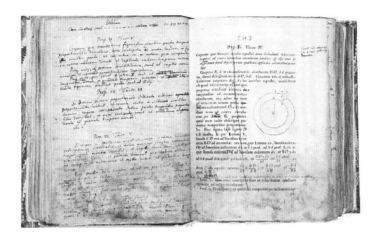

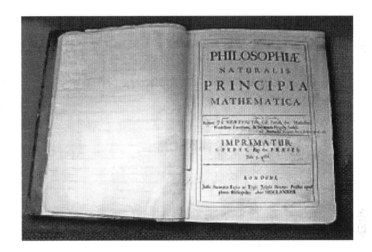

[그림 5-1-15] 뉴턴의 자연철학-수학적 원리
(Philosophiae Naturalis Principia Mathematica)의 내용과 내부 표지

1.2 변량(變量)

근세수학을 상징하는 대표적인 업적은 17세기의 소위 5대 발견이다. 즉, 페르마와 데카르트의 해석기하학, 뉴턴과 라이프니츠의 미적분, 파스칼과 베르누이의 확률론, 갈릴레오와 뉴턴의 역학, 그리고 뉴턴의 만유인력의 법칙이 그것이었다. 그러나 수학사상 17세기가 아주 중요한 위치를 차지하는 이유는 "새로운 수학의 시대"이었기 때문이다. 즉, 17세기에 볼 수 있는 수학 상의 중요하고도 결정적인 변화는, 종래의 수학이 새로이 변량의 수학으로 그 중심개념이 바뀌었다는 것, 그리고 수학의 대상으로 운동이 등장함으로서, 수학의 영역이 전보다 훨씬 확대되었다는 사실이다.

수학의 현실적 입장, 기본적 개념, 그리고 기능의 변화에 따라서 수학 자체의 내부에도 심각한 변화가 일어난 것이다. 수와 양, 그리고 도형의 연구에 운동과 변화, 함수관계의 연구가 덧붙여지고 수학은 더욱 변량을 취급하게 되었다. 이러한 변화의 전환점 구실을 한 것은 데카르트의 해석기하였다. 이것을 계기로 수학 내부에 운동과 변화의 개념이 들어오고 그 덕분에 미적분의 방법이 필연적인 것이 되었다. 현재 중고등학교에서 다루고 있는 수학 교육의 기초가 되는 것은 거의 17세기에 나타난 것이며, 우리의 수학지식은 17세기에 그 바탕을 두고 있다.

1.3 해석학

그리스 시대에도 해석이라는 단어는 있었다. 그러나 이것은 종합과 반대의 뜻이었고, 구하는 결론이 일단 증명된 것으로 가정하고 거기서 거꾸로 분석해서 이미 알려진 진리에 도달하는 방법을 가르치는 것이었다.

그러나 여기서 말하는 해석학의 뜻은 그것과는 전혀 다른 내용이다.

기하학은 공간과 도형을, 그리고 대수학은 기본적인 연산(가감승제)의 일반적인 성질을 대상으로 한다. 물론 해석학도 미적분 계산이라는 연산을 다루기는 하지만 본질적으로 해석학은 수학에서 말하는 무한 즉, 무한대와 무한소를 그 연구 대상으로 삼는다. 무한수열과 무한급수 또는 함수의 연속성 등은 해석학의 기본적인 개념이다.

과거 그리스의 수학은 기하학적인 방법이 중심이었고 해석학이 본격적으로 수학에서 다루어진 것은 17세기 이후의 일이었다. 해석학은 이때부터 역학이나 물리학과 함께 화려하게 등장하였다. 그 연구분야도 대수학과 기하학보다 훨씬 폭이 넓었다. 지금은 위상수학(topology)이 대수, 기하와 해석의 모든 분야를 망라하고 있는 가장 광범위한 수학이다.

1.4 구적과 극한개념

17세기의 수학은 정역학이나 천문학에서 나온 여러 곡선이 결정하는 도형의 부피, 그리고 그 길이를 구하는 문제를 다루어야 했다. 그리스 기하학은 도형의 성질 즉, 합동, 비, … 등을 문제 삼았으나, 그 넓이와 부피 등을 수치로 나타내는 문제에 관해서는 전혀 관심이 없었다. 유클리드의 원론에서는 일체의 계산문제가 들어 있지 않았다. 그 이유는 그리스 사람들은 조화나 대칭 등에 주로 관심을 가졌기 때문에 무한을 유한 이하, 무한이란 불확실한 것, 또는 일정치 않은 애매한 것으로 간주해서 무한이 들어가야 할 문제를 일부러 피했기 때문이다. 그리스 사람으로서는 아르키메데스만이 이 개념을 사용하였으나 그 역시 현대의 의미에서 말하는 정확한 무한 개념을 가진 것은 아니었으며 구진법이라는 무한산법을 이용하는 정도이었다. 아르키메데스는 무한을 의식적으로가 아니라 무의식적으로 다루었던 것이다.

그러나 근세의 천문학이나 역학에 관한 문제 중에는 종래의 방법으로는 감당할 수 없는 것이 많았다. 천문학자 케플러는 행성의 운동에 관한 "케플러의 법칙" 의 발견으로 천체망원경을 만들어 내었다. 그는 포도주를 사면서 그 술통의 부피를 재는 방법이 너무 애매하다는 것을 알고 회전체 즉, 일정한 모양의 평면을 일정한 축의 주위에 회전시킴으로써 생기는 입체의 구적문제를 연구했다.

케플러가 회전체의 구적에 성공한 것은 간단한 도형뿐이었지만, 그것은 근세 수학이 제일보를 내딛는 중요한 업적이었다. 그가 다룬 원의 구적문제, 처음 원의 중심을 공통의 꼭짓점으로 하고, 현을 밑변으로 갖는 작은 삼각형이 무한히 있다고 생각한다. 이들 이등변삼각형의 밑변을 l_1, l_2 라고 하고, 원의 반지름을 r 이라고 한다면, 각 삼각형의 넓이 S_1, S_2, … S_n 는 각각

$$S1 = \frac{1}{2} l_1 r, \; S_2 \frac{1}{2} l_2 r, \; \cdots \; S_n = \frac{1}{2} l_n r \; \cdots$$

가 된다. 여기서 각 삼각형의 밑변의 길이가 극히 작기 때문에, 그 높이를 반지름 r과 일치시켜서 셈하고 있다. 이 사고방식은 그리스 수학에서는 볼 수 없는 근세수학의 출발점이 된 새로운 특징이었다. 그것은 밑변의 길이 l 이 작아질수록 높이는 점점 반지름 r 에 가까워지고, 마침내는 r 과 같아진다는 것 즉, 극한값 r 의 존재를 의식한 것이었기 때문이다.

넓이 S 는 $S = S_1 + S_2 \cdots + S_n \cdots$ 이것에 l 을 대입하면,

$$S = \frac{1}{2} l_1 r + \frac{1}{2} l_2 r + \cdots + \frac{1}{2} l_n r + \cdots = \frac{1}{2} r (l_1 + l_2 \ldots l_n \ldots)$$

여기서 이 괄호 속의 값은 극히 작은 밑변의 길이를 무한히 많이 합한

[그림 5-1-16] 요하네스 케플러
(Johannes Kepler, 1571-1630)

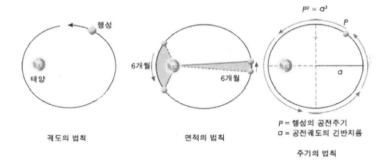

[그림 5-1-17] 케플러의 행성운동법칙

것이므로 그것은 원주의 길이 $2\pi r$ 과 같다.(단, π는 원주율이다) 따라서,

$$S = \frac{r}{2}(2\pi r) = \pi r$$

이와 같은 방법으로 무한개념을 적극적으로 도입하여 구(球), 고리(ring)의 부피를 구했다. 케플러는 구적에 관한 문제 84개를 제안하였고, 그 중 성공한 것은 비교적 간단한 것뿐이었다.

그러던 중 카발리에리(Bonaven-tura Cavalieri, 1598-1647)가 한걸음 앞선 방법을 생각해냈다. 즉, 선은 점이 움직여서 되는 것, 면은 선을 움직여 얻어지고. 또 입체는 면의 운동 결과로 보았다. 간단한 예로서 밑변이 정사각형인 각뿔을 생각해 보면, 그는 이것을 정사각형이 수없이 모여서 생기는 것으로 가정했다. 이때, 각 평면의 넓이를 $S_1, S_2, S_3, \cdots$ 라고 한다면 구하는 부피 V 는 $V = S_1 + S_2 + \cdots$ 로서 주어진다. 그는 이들 평면의 각 변이 등차급수를 이루고 있으며, 점차 밑변에 가까워져 간다는 것을 알고 있었다. 입체는 무한소의 두께를 갖는 입체의 집합면은 무한소의 폭을 갖는 면의 집합, 선은 무한소의 길이를 갖는 선분의 집합으로 생각하면 된다. 말하자면 입체란 얇은 형태의 종이가 겹쳐 쌓여서 만들어진다는 생각이다. 이 방법은 로베르발(G. Personne Roberval, 1602-1675), 파스칼 등에 의해서 추진되었다. 이 값은 그리스 사람이 기하학적으로 얻은 결과와 같았지만 방법은 아주 딴판이었다.

곡선형의 구적 문제와 아울러 근세의 수학자가 당면한 것은 임의의 곡선에 접선을 긋는 문제였다. 이것 역시 그리스 시대의 문제이었으나, 그리스 기하학에 있어서는 이에 대한 일반적인 방법을 생각해 내지 못하였다. 당시의 수학자들이 접선문제에 큰 관심을 보인 이유는 천문학상의 문제로서 제기되었기 때문이다. 지평선 또는 수평선을 결정한다는 것을 수학적

[그림 5-1-18] 보나벤투라 카발리에리
(Bonaventura Cavalieri, 1598-1647)

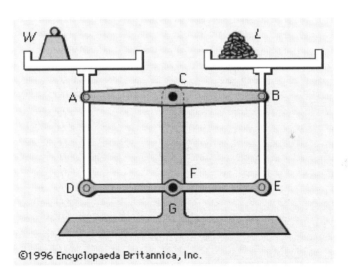

[그림 5-1-19] 로베르발(G. Personne Roberval, 1602-75)의 저울

으로 취급하고 보면, 이것은 지구라는 구(球)를 평면상에 투사하면 원이 되기 때문에 결국 원에 접선을 긋는 문제가 된다.

천문학이 발달되어 정밀한 계산이 요구되면서 더욱 일반적인 접선법이 절실한 문제가 된 것은 당연한 일이었다. 페르마는 수론에 있어서 단연 일류 연구자이었지만, 광학에 있어서도 페르마 정리를 발견하였으며, 극대, 극소의 이론을 개발하고 새로운 접선법을 개발하였다. "신은 기하학을 한다.", "수학은 우주의 근원이다." … 등 수학 지상주의인 그리스의 기하학도 근세 과학이 해결을 요구한 새로운 문제 앞에서 변화의 대상이 되어야 했다.

1.5 확률론

확률론의 발생에 관해서는 두 가지 요인이 있었다. 하나는 도박이며, 또 하나는 연금보험이다. 도박은 화폐의 유통과 불가분의 관계가 있으며, 유럽에서 그것이 성한 것은 14, 5세기 이후 즉, 상업 자본이 형성된 이후의 일이었다. 앞에서 이야기 한 카르다노와 타르탈리아는 주사위 놀이에서 바라는 눈이 나오는 회수를 셈하는 연구를 하였고, 파치올리도 우연히 일어나는 현상(事象)을 수학적으로 연구할 수 있다는 것을 밝힌 적이 있었다.

18세기의 각국 궁정의 사교장에서는 도박이 대유행 하였다. 그런데 도박이란 우연을 기초로 하는 게임이니만큼 소위 재수라는 것의 본질을 따져보고, 그것을 지배하는 법칙을 찾아내고 싶은 것이 상정이다. 별의 위치를 보고 미래의 일에 대하여 법칙성을 가려보는 점성술에서 천문학이 생겼던 것처럼, 현대수학의 중요한 분야를 이루고 있는 확률론 역시 미래를 사전에 알아보겠다는 인간의 현실적인 욕망에서 생긴 것이다. 현재의 교과서에서도 이 학문이 처음에 도박장으로부터 시작되었다는 증거를 보여주는 문제가 실려 있다. 즉, 주사위를 두 번 던질 때 나오는 눈의 합이 8이 될 수 있는 확률은 얼마냐고 하는 따위의 내용이 바로 그것이다. 우연한 사상 속에서 확정적인 양을 찾을 수 있는 법칙에 대해서는 파스칼과 페르마의 연구가 유명하다.

또 한 가지 확률론을 자극한 문제는 연금보험이었다. 이 보험제도는 17세기 후반 네델란드에서 생겼고 이어서 영국에서 발달하였다. 연금보험 사업은 생명보험과 같이 인간의 사망률에 대한 세밀한 정보가 있어야 한다. 이것을 연구하기 위해서 도박의 이론인 확률론을 이용하게 되었다. 1693년 영국의 천문학자 핼리(Edmund Halley, 1656-1742)가 처음으로 구체적 자료를 가지고 사망률을 연구한 바도 있지만 실제상으로 가장 중요한 업적은 앞서 이야기한 야콥 베르누이가, 관측하는 대상의 재료가 많을수록 정확한 확률을 얻을 수 있다는 것을 밝힌 소위 대수의 법칙(大數의 法則)이다.

그 외에도 천문학분야의 오차론은 확률론을 발전시키는데 중요한 구실을 하였다. 근세 천문학은 튀코 브라헤(Tycho Brahe, 1546-1601) 이래 정밀한 관측방법을 체택하여 왔다. 그러나 아무리 정밀한 관측일지라도 여러 가지 조건 때문에 오차가 생기는 것을 어찌할 수 없는 법이다. 근세 천문학이 정밀한 관측치를 규명하면서부터 오차의 문제가 심각하게 다루어지게 된 것도 당연한 일이었다. 라플라스는 이러한 천문학상의 요청을 해결키 위해 그의 "확률의 해석적 이론"에서 오차에 관한 확률론적 연구를 전개하였고 나중에 가우스가 완성시켰다. 이것이 유명한 "최소제곱법 (method of least squares)"의 이론이었다.

[그림 5-1-20] 핼리
(Edmund Halley, 1656-1742)

[그림 5-1-21] 피에르시몽 라플라스
(Pierre-Simon Laplace, 1749-1827)

2. 해석기하학의 탄생

2.1 그리스 고전 기하학의 한계

그리스 수학은 높은 곳에 가기 위한 사다리였으나, 근세과학이 내놓은 수학적인 문제는, 달에 간다는 종류의 것이어서 이를 위해서는 새로운 혁신적인 아이디어가 필요하였다. 그리스 수학에서 타원의 곡선형의 성질을 여러 가지 설명하고 있지만, 그것은 주로 타원 하나만의 특수한 성질에 관한 것이었고, 일반성이 있는 연구방법은 아니었다. 그리고 앞서 설명한 바와 같이 곡선의 길이 또는 넓이 등 양적인 관계를 도외시하였던 것이다.

근세 천문학의 가장 중요한 발견의 하나는 케플러의 행성궤도였는데, 그 타원궤도를 계산하는 문제에 당시의 과학자는 도형의 양적인 측면을 다루지 않는 그리스 기하학의 지식으로는 소용이 없다는 것을 깨닫게 되었다. 포물선의 경우도 마찬가지였다. 여기에 새로운 시대가 요구하는 새로운 기하학이 탄생하는 싹이 트기 시작하였고, 마침내 데카르트와 페르마라는 두 거인이 나타나 그 열매를 맺었다.

2.2 데카르트의 해석기하학

"생각한다. 그런고로 존재한다.(cogito ergo sum)" 라는 신앙고백으로 유명한 데카르트는 근세 철학의 개척자이며, "철학원리", "방법서설", "성찰록" 은 이성 숭배자들의 경전으로 되어 있다. "아무도 내 대신 죽을 수는 없다고 하이데거가 말하기 300년 전에, 아무도 내 대신 이해할 수 없다고 데카르트가 말했다.(샤르트르)" 데카르트는 이 문장에서와 같이 이 시대의 수학자인 뉴턴, 라이프니츠와 더불어 직업적 전문가이기에 앞서 자연 철학자적인 사상가였다. 명문가 출신이며 어려서부터 수학을 좋아했던 데카

[그림 5-2-1] 마르틴 하이데거
(Martin Heidegger, 1889-1976)

[그림 5-2-2] 장폴 사르트르
(Jean-Paul C. A. Sartre, 1905-1980)

르트는 22세 때에 기병장교로서의 군대생활을 경험했다. 그러다가 26세부터는 철학연구에 몰두하였다. 그의 철학은 학문의 옳은 연구방법의 기초를 세우는데 있었다. 종래의 학문 중 가장 빈틈이 없고 보편성을 갖는다고 생각 된 것이 수학이라는 사실에 주목해서, 이 학문을 통해 그 일반적인 방법을 찾아내려고 했다. 즉, 데카르트는 아리스토텔레스주의자의 애매하고 모순된 주관적인 사고를 배격하고 엄격하게 형식화된 기하학적인 세계에 그의 사상의 출발점을 두었다.

그는 그리스 수학을 면밀히 검토한 끝에 이러한 문제점을 찾아냈다. 유클리드 기하학은 논리 정연하고 한 치의 틈도 없는 것이 사실이지만, 문제의 해법은 수학이라고 하기에는 너무 비논리적인 비약이었다는 것을 알게 되었다. "해를 얻는 수법" 으로 보조선을 긋는 것은 전연 무계획적인 우연한 힌트에 의존하고 있어서, 사고를 차근차근 단계적으로 펼쳐갈 과정이 갑자기 끊긴다는 것이 그 예이다. 그래서 데카르트는 대수학 쪽으로 돌렸다. 기하학의 증명방법이 이미 알려져 있는 명제를 결합해서 새로운 명제를 유도한다는 종합적인 방법에 의존하는 것과는 대조적으로, 대수의 증명법은 소위 분석적 또는 해석적이라는 입장에서였다. 다시 말해서 대수학에 있어서는 방정식을 풀 때 미지수는 마치 기지수와 똑같이 취급한다는 예에서도 알 수 있듯이, 미리 종합이 완성된 것으로 가정하고, 이 결론적 종합을 나타내는 방정식을 한번 얻으면, 그 후의 순서는 주로 필연적인 메커니즘(mechanism : 기계적인 조작)만으로 풀이를 얻을 수 있다는 것이다.

데카르트는 대수학의 이 특징을 살리기 위해서 인도, 아랍식 대수학을 이론적으로 다듬었다. 그는 계산기호만을 결합한 형식적인 대수학을 만들어서 그 응용을 기하학에 적용시켜 본 것이다. 그러기 위해서 "수를 직선의 길이로 나타낸다. 그러면 직선으로 나타낸 양 사이에 어떤 계산이 다루어져도, 그 결과는 항상 직선의 길이로 나타낼 수 있다." 고 규정하였다. 이러한 생각은 혁명적인 것이었다. 왜냐하면 그때까지의 직선 x 직선 = 넓이 라는 기하학적 사고를 직선 x 직선 = 직선으로 일률적으로 규정해 버렸기 때문이다. 데카르트는 삼각형의 닮은꼴을 이용하여 곱셈, 나눗셈의 결과를 선분의 길이로 나타냈다. 해석기하학의 출발점은 변량을 수치화하는 것 즉, 변수를 정하는 문제이었다. 당시로서는 이것은 대단한 생각이었다.

변수 x 가 있을 때 가령, y = x 라는 식은 x 가 변하면 y 도 변한다는 것을 뜻하며 x 를 독립변수, y 를 종속변수라고 부른다. 이 관계를 그래프로 나타내면 x 축과 y 축이 만든 직각의 2등분선이 된다.

이렇게 해서 직선, 원, 타원, 포물선, 쌍곡선 등의 기하학적인 도형을 간단히 대수식으로 나타낼 수 있게 되었다. 즉,

직선은 $ax + by + c = 0$

원은 $x^2 + y^2 + 2gx + 2fy + c = 0$

타원은 $ax^2 + by^2 + 2gx + 2fy + c = 0, ab > 0$

쌍곡선은 $ax^2 + by^2 + 2gx + 2fy + c = 0, ab < 0$

포물선은 $ax^2 + by^2 + 2gx + 2fy + c = 0, ab = 0$

임을 알 수 있다.

이와 같이 그리스 기하학에서 아폴로니우스가 연구하였던 원뿔곡선론의 모든 내용은 모두 1차, 2차방정식 속에 포함되게 된다. 데카르트는 수학에 대해서는 통일적인 입장에서 관찰하고 통일적인 방법으로 연구하여야 한다는 수학관을 가지고 있었다. 따라서 수학의 명칭 자체가 이러한 보편성을 반영하여야 한다고 믿고 보편수학(Mathesis Universalis)이라는 이름을 작명하였다. 기하학과 대수학을 하나로 묶고 종합과 분석의 방법

을 구사한 데카르트의 해석기하학은 천재적인 것이라 할 수 있다. 과학사의 입장에서 말한다면 모든 과학을 수학으로 환원시켜서 생각한다는 근대 과학정신의 터전을 닦았던 것은 갈릴레오나 코페르니쿠스가 아니라 바로 데카르트였다. 이런 뜻으로 그의 해석기하학을 단지 수학상의 방법론의 변화라고 하기 보다는 인간의 사고 자체의 질적인 전환이 수학에 나타난 것이다.

2.3 페르마의 해석기하학

역사적인 변혁은 한사람의 손에 의해서 일어난 일은 결코 없다. 해석기하학도 물론 데카르트 한사람의 공(功)은 아니었다. 데카르트와 같은 시대에 프랑스의 수학자 페르마도 해석기하학에 관한 연구논문을 썼다. 페르마는 프랑스 남부의 상인의 아들로 태어나서 대학의 법과를 졸업 한 후 줄곧 변호사직을 가졌다. 페르마는 수학에 대해서는 아마추어 였던 셈이지만 수론, 기하학, 무한계산의 방법, 광학의 연구에서 수많은 훌륭한 업적을 남겼다.

페르마는 당시의 수학에 대해서 뿐만 아니라 고전(古典)에 대한 조예도 풍부하였다. 그가 해석기하학을 창안해 낸 동기는 고대, 특히 아폴로니우스의 기하학을 연구한 것이 그 시작이었다고 한다. 이 연구에서 그는 1차방정식에 대응하는 도형은 직선이고, 2차방정식에 대응하는 것은 원뿔곡선이라는 사실을 발표하였다. 데카르트의 경우처럼 2개의 좌표축을 사용해서 직선과 원, 타원, 쌍곡선, 포물선 등의 원뿔곡선의 방정식을 유도하였다. 그뿐만 아니라 1차, 2차방정식의 일반적인 형의 연구와 함께 원점의 이동 또는, 축의 회전에서 일어나는 좌표의 변환을 생각하였고 이것을 기하학적 측면에서 설명하는 아주 괄목할만한 연구도 남겼다.

페르마가 죽은 후 그의 훌륭한 연구논문이 하나로 엮어져서 발표되었는데(1679) 그 중의 "평면적인 궤적이론 입문(De locos piano et Solido Isagoge)"이라는 소논문 속에서는 데카르트 보다 더 철저하게 해석기하학을 발전시키고 있었다. 그런데도 이 논문이 데카르트의 그것만큼 수학에 영향을 미치지 못한 이유는 첫째로 발표의 시기가 아주 늦었다는 점과, 둘째로 설명에서 특히 기호의 사용이 까다롭고 이해하기 힘 들었다는 점이었다. 해석기하학의 발견 이래 처음의 약 반세기동안 그 방법의 정당성 여부와 적용범위, 그리고 발전의 가능성 따위에 관해서 서로 대립된 의견이 있었지만 마침내 일반적으로 승인을 받는 시기가 찾아왔다.

파스칼하면 기하학적인 정신 보다는 섬세의 정신을 주장하고, 그의 선배격인 데카르트를 사상적인 면에서 강력히 반대한 "나는 데카르트를 용서할 수 없다."는 말로 유명하다. 그러나 이것은 오히려 파스칼이 "시적인 명료함"을 지녔다고 해야 맞다. 파스칼은 데카르트보다는 1세대 정도 젊었기 때문에 이탈리아학파의 영향을 많이 받았다. 특히 이들은 이탈리아의 갈릴레오와 "연속량의 불가분 기하학(1635)"을 쓴 카발리에리와 갈릴레오의 제자인 물리학자 토리첼리 등이었는데, 파스칼은 이들의 영향으로 수학자로서의 태도를 배웠다.

파스칼의 친구 중에 도박을 좋아하는 사람이 있었다. 그가 다음과 같은 질문을 파스칼에게 던졌다. "같은 실력의 두 사람이 도박을 중단하였을 때, 각자의 득점을 알고 있다고 하면, 처음에 건 돈을 어떻게 분배하면 좋은가?" 파스칼은 이 문제에 흥미를 느끼고, 친교가 있던 페르마에게 글을 보내 그의 의견을 물었다. 이때의 편지는 분실되었지만 이에 대한 페르마의 답장(1654)이 남아 있다. 이 서신의 내용은 다음과 같다.

"파스칼님 ;

만일, 내가 1개의 주사위를 8번 던져서 어떤 눈이 나오기를 기대할 때, 이 게임에 돈을 걸었다고 합시다. 그러면 내 생각으로는, 공평을 기하기 위해서는 첫 번째 주사위를 던지지 않았던 배상으로서 전액 중 $\frac{1}{6}$을 받는 것이 마땅합니다. 또 두 번째 주사위를 던지지 않은 배상으로는 나머지의 $\frac{1}{6}$ 즉, 전액의 $\frac{5}{36}$를 받아야 합니다. 그리고 다음으로 세 번째 주사위를 던지지 않는다면 배상금으로 나머지의 $\frac{1}{6}$ 즉, 전액의 $\frac{25}{216}$를 받아야 합니다. 그리고 네 번째 주사위를 던지지 않는다면, 나머지의 $\frac{1}{6}$ 즉, 잔액의 $\frac{125}{1296}$를 받아야 합니다. 이것으로 나는 당신과 함께 네 번째 주사위의 값을 정한 셈이 되지만, 이것은 이미 다른 사람도 언급한 바가 있습니다. 그러나 당신은 편지의 마지막 예에서 이렇게 말하였습니다. "내가 6의 눈을 기대하면서 여덟 번 던질 작정을 하였으나, 세 번 실패했고 네 번째에 상대방이 거부하였을 때, 네 번째에 6의 눈이 나올지도 모르기 때문에 상대방이 배상하겠다고 제의 하면, 그는 건 돈 전액의 $\frac{125}{1296}$를 내 놓을 것이다." 그러나 이것은 나의 원리에 따르면 옳지 않습니다. 왜냐하면 이 경우, 처음에 세 번 던져도 아무 소득이 없었기 때문에, 건 돈은 전액 고스란히 남아 있는 것 입니다. 따라서 이 때 네 번째 주사위를 던지지 않는다면 전액의 $\frac{1}{6}$을 배상 받아야 합니다. 또 기대한 눈이 네 번째에도 나오지 않을 때, 다섯 번 째를 행하지 않는다면, 역시 전액의 $\frac{1}{6}$이 배상금이 됩니다. 왜냐하면 건 돈 전액이 남아 있을뿐더러, 매회에 동일한 이득이 있다고 생각하는 것이 자연의 이치이기 때문입니다. 이상 우리 두 사람이 원리적으로 일치하고 있는지, 또 그 적용방법에 잘못이 없는지 알고 싶습니다."

[그림 5-2-3] 에반젤리스타 토리첼리
(Evangelista Torricelli, 1608~1647)

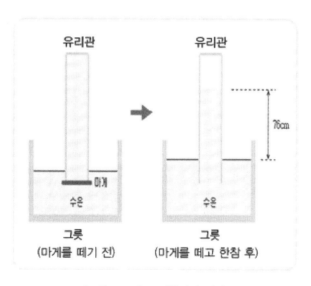

[그림 5-2-4] 토리첼리의 정리

이 글에서 짐작하면, 파스칼은 세 번 던진 다음의 네 번째 값을 $\frac{125}{1296}$ 으로 생각하였으나 이것이 잘못임을 페르마는 지적하였다. 도박을 할 때, 건 돈을 어떻게 분할할 것인가의 문제는 일찍부터 수학자들의 관심을 끌었으며, 보편성 있는 방법을 생각해 내지는 못했다. 그러나 파스칼과 페르마 사이의 5통의 왕래 편지를 읽어보면, 이 두 사람은 이 문제를 중심으로 서로 의견을 교환하면서 보편적인 방법을 찾는데 노력하였다는 것을 알 수 있다. 이들의 편지는 실로 확률론을 낳는 계기가 되었으며, 수학사의 입장에서 중요한 문헌으로 꼽히고 있다. 파스칼에 관해서는 수학자보다도 종교가 또는 사상가로서의 업적을 더 높이 평가하는 사람들이 많다. 사실 그의 명상록인 "팡세(Pensées)"에서 저자 자신도 수학의 연구를 대수롭지 않게 여겼으며, 35세 때 사이클로이드(cycloid)에 관한 중요한 정리를 발견한 동기는 치통을 잊기 위해서였다고 한다.

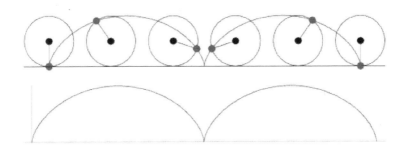

[그림 5-2-5] 사이클로이드(cycloid)

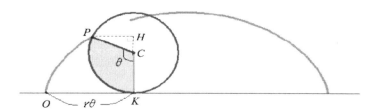

위의 그림에서 원의 반지름을 r, 원이 회전한 각도를 θ, 고정점 P의 처음 위치를 원점 O라고 한다면, $\overline{OK}$ 의 길이는 $\overset{\frown}{PK}$ 의 길이와 같으므로 $\overline{OK} = r\theta$ 가 된다. 이 때, 점 P의 x좌표는

$$\overline{OK} - \overline{PH} = r\theta - r\sin(\pi - \theta) = r\theta - r\sin\theta = r(\theta - \sin\theta)$$

가 되고, 점 P의 y좌표는

$$\overline{CK} + \overline{CH} = r + r\cos(\pi - \theta) = r - r\cos\theta = r(1 - \cos\theta)$$

가 된다.

결국 사이클로이드의 매개변수 방정식을 다음과 같이 나타낼 수 있다.

$$x = r(\theta - \sin\theta), \quad y = r(1 - \cos\theta)$$

[그림 5-2-6] 사이크로이드 방정식

3. 미적분학의 탄생

3.1 17세기의 영국

"17세기 모든 인간 중에서 가장 빛나고, 가장 현명하고 그리고 가장 비굴한 인간" 이라는 인물평과 함께 화려한 에피소드를 수 없이 남긴 영국의 대법관 프랜시스 베이컨(Francis Bacon, 1561-1626)은 "노붐 오르가늄(Novum Organum, 1620)" 에서 "인간은 자연에 봉사 하는 것, 자연의 비밀을 밝히는 임무를 가지고 자연의 질서에 대해서 실지로 관찰하고, 정신으로서 사색한 것만을 이해한다. 그 이상의 것은 알 수도 없다." 라고 자연탐구의 태도를 밝힌 바 있다.

이 시점에 잉글랜드와 스코틀랜드는 연합하여 연합왕국 스튜어트 왕조의 전성시대를 이룩하였다. 수학사의 입장에서는 중세 영국의 마지막을 장식하는 베이컨보다는 네이피어나 브릭스(Henry Briggs, 1561-1630)를 이 시대의 대표적 인물로 내세울 수 있다. 수치 계산에 관한 이 두 사람의 업적이야 말로 영국적인 정신풍토를 무엇보다도 잘 대변하기 때문이다. 당시는 홉즈(Thomas Hobbes, 1588-1679)식의 기계적인 유물론을 사회과학의 패턴으로 삼는 시대이기도 하였다.

영국에서는 이상하게도 수학자라면 거의 예외 없이 대학교수였다. 이탈리아와 영국은 당시 정치나 사회환경뿐만 아니라 학문풍토도 크게 달랐으나 수학자가 대학을 근거로 삼는 것만은 일치하였다. 이탈리아에서는 르네상스의 여파가 아직 꺼지지 않았으며, 영국에서는 시민혁명을 맞고 있었다. 현재는 대학중심으로 학문이 발전하고 학자 간의 교류는 학회에서 이루어지며 연구결과의 발표는 학술지에 공개적으로 발표 된다. 그러나 이것은 19세기 이후부터의 일이었고 17세기 중간까지는 아직 학자는

[그림 5-3-1] 프랜시스 베이컨
(Francis Bacon, 1561-1626)

[그림 5-3-2] 존 네이피어
(John Napier, 1550- 1617)

[그림 5-3-3] 브릭스
(Henry Briggs, 1561-1630)

Colonel Charles G. Stifel, U. S. V.

[그림 5-3-4] 슈티펠
(Micael Stifel, 1487-1567)

[그림 5-3-5] 토마스 홉즈
(Thomas Hobbes, 1588-1679)

[그림 5-3-6] 홉즈의 리바이어던(Leviathan)의 내부 표지

대학 밖에서 활동하고 있었다. 대학은 신학의 권위를 유지하기 위한 곳이었고 학술교류와 발표는 서신에 의존하고 있었다.

3.2 미적분학 탄생 배경

그리스의 수학이 손도 대지 못했던, 곡선의 구적법 및 접선 이론은 데카르트의 해석기하로서 새로운 활로를 찾게 되었다. 르네상스에는 계산법이 발전하였으나 수학부문에서는 산술, 대수학, 그리스의 기하학, 그리고 삼각법 정도였다. 따라서 르네상스 시대에 수학이 본질적인 발전을 했다고는 볼 수 없다.

그러나 17세기에 들어 오면서 수학계의 양상이 갑자기 새로운 국면을 맞이하게 되었다. 그 특징은 대수학이 차츰 기하학적 요소를 탈피하고자 시도한다는 것과 기호라든지 문자를 적극적으로 사용하는 방법이 실행되었으며, 그 결과 방정식의 일반론이 확립되었다. 이러한 경향과 관련해서 곡선형의 구적 및 접선론과 그리고 데카르트에 의해 창시된 해석기하는 그리스기하학을 근본적으로 개조하여, 곡선에 관한 여러 문제를 해석적으로 다루게 되었다. 아르키메데스의 구적이론 속에 들어 있었던 극한의 개념은 이 때 부터 비로소 근대적인 논증방법에 의하여 다루어지고, 수학은 정면으로 변량을 다루는 수학으로 근본적인 탈바꿈을 하였다.

이제 해석법은 수학계의 중심적인 과제가 된 것이다. 접선이론의 주요 목적은 임의의 곡선에 접선을 긋는 방법을 다루는 것이며, 또 거꾸로 접선을 알고 곡선의 성질을 다루는 문제도 다루게 된다. 전자의 경우가 바로 미분법이며 후자는 적분법이다. 이 둘을 포괄해서 미적분법이라고 부른다. 적분은 무한소의 합이다. 이 생각이 정도의 차이는 있지만 일찍 아르키메데스로부터 카발리에리와 존 월리스에 이르기까지 줄곧 이론적으

[그림 5-3-7] 존 월리스
(John Wallis, 1616-1703)

로 전개되어 왔다. 따라서 적분은 아르키메데스 이래의 전통을 이어받았다고 할 수 있다. 그렇다면 적분과 미분은 역의 관계에 있기 때문에 미분의 사상도 일찍 있었지 않았는가라는 의문이 생기지만 2가지의 무한소의 비로 나타내는 미분의 개념은 이전에는 찾아볼 수 없었던 것으로 오로지 운동에 있어서의 속도, 곡선에 긋는 접선 등의 문제에서 출발한 새로운 개념이었다.

그러나 근세에 들어와서도, 미적분학이 탄생하기까지에 많은 진통을 겪어야 하였다. 카발리에리의 "연속량의 불가분의 기하학(Geometria indivisibilibum continuorum nova quadam ratione promota, 1635)"이 출판되었을 때, 이 저서를 둘러싸고 격렬한 논쟁이 전개되었다. 이것을 비난하는 측의 주장은 다음과 같았다.

만일, 카발리에리의 설명처럼 면이 평행인 선으로 이루어지고, 입체가 평행인 면으로 구성된다고 한다면, 폭이 없는 선이 모여서 폭이 생긴다든 가, 두께가 없는 면이 모여서 두께가 만들어지는 따위의 현상이 어떻게 일어나는지 도저히 이해할 수 없다. 16세기 프랑스의 도박사로 유명한 수학자인 드 메레(de Mere, 1610-84)가 파스칼에 보낸 편지 중에서 다음 구절은 이 시대의 학자들의 불가분법에 대한 견해를 잘 대변하고 있다. "당신이 미소한 물체를 무한히 분할할 수 있다고 주장한다면, 기하학 상의 거짓 증명이 끌어 들인 오류로부터 결코 헤어나지 못할 것입니다. 당신의 편지에 쓴 내용은 전에 우리가 의견 교환을 하였을 당시의 당신의 말씀보다도 한층 더 양식으로부터 멀어진 것 같은 느낌을 받습니다. 당신은 한 개의 선분을 이등분하여, 그 반을 또 이등분하고, … 이렇게 영원히 분할이 계속되는 가공적인 선분에 관하여 어떤 결론을 끌어내려고 하는 것입니까? 나는 문제 속에 무한이 끼어들면, 정신의 혼란을 야기하기 때문에 이제 이해가 불가능하다는 것을 말씀드리고자 합니다. 진리는 논증에 의해서보다도 자연적 직관에 의하여 훨씬 더 잘 발견되는 법입니다."

수학에서 다루는 선이 한없이 분할될 수 있다는 것을 드 메레도 납득하기가 어려웠던 것 같다. 구적론이나 접선론 모두가 이 적분법의 등장을 알리는 서곡이었던 것이다. 이 준비단계에서 다루어진 것들의 내용을 구체적으로 살펴보면 케플러에 의한 원, 구, 원환(圓環)의 구적, 카발리에리의 각뿔, 원뿔의 구적, 로베르발과 토리첼리의 사이클로이드의 구적, 페르마, 호이겐스의 곡선의 길이를 구하는 문제, 그리고 데카르트, 페르마, 로베르발 들이 연구하였던 접선론 등이 있다.

[그림 5-3-8] 도박사 드 메레
(de Mere, 1610-84)

[그림 5-3-9] 크리스찬 호이겐스
(Christiaan Huygens 1629-1695)

3.3 뉴턴

미분이니 적분이니 하게 되면 곧, 뉴턴과 라이프니츠를 연상하게 된다. 여기서는 먼저 뉴턴부터 알아보기로 한다. 뉴턴은 어려서는 평범한 어린이에 지나지 않았으나 어느 날 같은 학급동무와 싸움을 해서 졌다. 그래서 뉴턴은 공부를 잘해서 상대에게 이겨보겠다고 결심했다고 전해지고 있다. 이 소년은 케임브리지 대학에 입학하는 무렵부터 그 천재성이 나타나기 시작했다. "주먹 하나로 미적분법과 만유인력의 이론이 만들어졌다." 는 말은 여기서 나온 이야기이다. 재학 시에 이미 그 때 까지 알려진 해석법을 터득해 버렸고, 졸업 한 뒤 2년 동안, 시골에 묻혀서 장래의 창조를 위해서 명상과 연구로 나날을 보냈다. 그의 3대 발견인 빛의 분석, 만유인력, 미적분학 등의 기초이론은 이 2년 간의 시골 생활에서 기틀이 닦여졌다. 뉴턴 스스로도 "그때 나의 창조력은 전성기에 있었다. 수학이나 철학에 관해서 그 당시만큼 열중한 적은 그 이후 없었다." 고 회고하고 있다. 사과와 인력이라든지 시계와 계란의 일화는 이 무렵의 이야기이다.

1667년 뉴턴은 케임브리지로 되돌아와서 트리니티 칼리지(Trinity College)의 연구원(fellow)이 되었으나, 그 때의 실력을 보고 스승 아이작 바로우(Isaac Barrow, 1630-1677)는 깜짝 놀라, 1669년에는 자기의 강좌를 뉴턴에게 물려주었다. 뉴턴은 1671년에 천체용 반사망원경을 발명하여 왕립학회 회원으로 선출되었다. 그의 주저인 "자연철학의 숫자적 원리(Philosophiae Naturalis Principa Mathematica)" 는 흔히 "프린키피아" 라고 부르는 이 책은 유클리드의 원론의 체제를 모방하여 1685, 1686년 사이에 저술되었다. 한때 조폐국장에 있었으며 죽기 전 25년간은 왕립학회 회장직을 맡았을 정도로 학자로서는 드문 행정능력을 발휘하였다.

[그림 5-3-10] 아이작 바로우(Isaac Barrow, 1630-77)

[그림 5-3-11] 아이작 뉴턴(Issac Newton, 1642-1727)

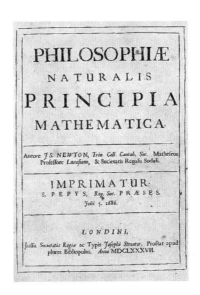

[그림 5-3-12] 뉴턴의 프린키피아
(Philosophiae Naturalis Principa Mathematica)의 표지

3.4 만유인력

코페르니쿠스의 태양중심설에서 시작된 근세 천문학은 케플러의 3법칙으로 완성되었다고 볼 수 있다. 그는 이 3법칙으로 태양계를 구성하는 각 행성의 운동을 사전에 거의 정확하게 추적할 수 있었다. 그러나 이들 법칙은 행성의 운동을 설명해줄 뿐이었으며, 왜 이와 같은 운동을 하는가에 대한 이유는 밝히지 못했다. 다시 말해서 이것은 현상 자체를 설명하는 법칙이었으며, 현상의 원인을 말하는 본질적인 법칙은 아니었다. 따라서 본질적인 법칙을 알아내겠다는 노력을 코페르니쿠스나 케플러는 계속하였고, 그 결과 중력에 착안하기도 했다. 데카르트도 소용돌이론으로 행성의 운동을 설명하려고 했다. 아무리 좋은 착상이 있더라도 그것을 실현시켜줄 도구가 있어야 했다.

그러나 케플러는 존재적 법칙으로부터 본질적 법칙을 찾아낼 수 있는 좋은 도구를 하나씩 마련해갔다. 그것은 역학, 특히 동력학의 발달이었다. 달의 운동은 다른 행성의 그것과 같이 케플러의 법칙에 의해서 나타난다. 단, 이 경우에 달이 운동하는 타원궤도의 초점은 지구다. 이 타원운동의 이유를 뉴턴은 구심력이 작용하고 있기 때문이라고 보았다. 사과가 나무에서 땅에 떨어지는 것이나, 달이 지구에 끌리는 것은 모두 이 구심력 때문이라는 것이었다. 이 착상은 종래의 무게라는 개념으로 알고 있던 사실에 새로운 해석을 부여하게 되었다. 그러나 과학은 단순한 착상이나 상상만으로 이루어지는 것은 아니다. 무엇보다 이 생각의 옳고 그릇됨을 실제로 검증하고 확인해야 한다. 뉴턴은

$$C = 4K_{\pi^2} X \frac{M}{R^2}$$

이라는 달에 작용하는 지구의 구심력을 계산해서 그것이 옳음을 증명했다. 여기서 M은 달의 질량, R은 달과 지구 사이의 평균거리, K는 비례상수이다. 이 M 대신에 사과의 질량인 m, 그리고 R 대신에 지구 중심으로부터 사과까지의 거리인 r을 대입 하면, 사과의 무게가 된다는 것을 실제로 증명할 수 있다. 이와 같이 해서 뉴턴은 1665년에 천체에 작용하는 구심력이 중력임을 증명했다. 이것이 바로 만유인력이다.

3.5 유율법

뉴턴의 미적분학은 유율법(method of fluxion)이라는 이름으로 불린다. 그는 운동과 관련해서 일어나는 속도나 가속도의 개념을 나타내는 수학적 방법으로서 "유율법" 또는 "유율론"을 창안하였다. 뉴턴 자신의 말을 빌리면, "한없이 커지는 양을 유량(fluxion)이라고 부른다." 이 글 뜻을 좀 더자세히 설명하면 다음과 같다. 즉, 유량이란 액체뿐만 아니라 연속적으로 변화하는 모든 양을 뜻한다. 그리고 독립변수인 시간에 대한 유량의 변화

율 즉, 흐름의 속도를 "유율" 이라고 이름 짓는다. 그런데 유율 자체도 변화하는 것이기 때문에 "유율의 유율", "유율의 유율의 유율", … 이와 같이 차례차례로 새로운 유율이 나타난다. 뉴턴의 유율법에서 가장 기본이 되는 수학문제는 연속운동에 관해서 첫째, 운동체가 통과하는 거리를 알고 그 속도를 알아내는 것과 둘째, 속도와 시간을 알고 운동체가 통과하는 거리를 알아내는 것이 있다. 이 둘은 서로 역의 관계에 있으며, 첫 번째는 미분이고 두 번째는 적분이다. 뉴턴의 미분 즉, 속도를 구한다는 것을 기하학적으로 생각하면 접선법이 된다. 따라서 그의 미적분법이 통일된 일반법이라는 것을 알 수 있다. 결국 뉴턴의 미적분법은 17세기 초에 시작된 구적, 구장, 접선문제의 종합적인 총 결산이 된 셈이다.

뉴턴은 수많은 발견을 하였으나 그것들을 거의 발표하지 않았다. 젊었을 때 스승인 바로우의 권유에 따라 발표하였던 "빛의 굴절과 분산에 관한 연구(1672)" 가 학계의 맹렬한 공격을 받은 것이 큰 충격이 되어 나중에 이렇게 술회하였다. "새로운 사상을 전혀 발표하지 않거나, 그렇지 않으면 죽는 날까지 그것을 지키는 노예가 되거나 하는 양자택일을 우리는 해야 한다. 그러나 나는 내 자신이 즐거워서 물리학을 연구하였기 때문에 생전에는 나의 발견을 세상에 알리지 않을 작정이다." 내성적인 뉴턴은 연구에 전념하는 것 이외의 시간을 모두 쓸데없는 낭비로 생각한 탓인지, 바깥 공기를 쏘이기 위해서 야외로 나가든가, 오락 따위로 시간을 보낸 적이 한 번도 없었다고 한다. 그는 흔히 새벽 2, 3시쯤까지 연구에 몰두하기도 하였는데 이런 경우 식사시간을 잃어버릴 때가 많았다. 식사 독촉을 받으면 선 채로 한 두 숟가락 입에 넣다 말 정도였다. 그는 대학 식당에서는 식사한 적이 없었으나, 어쩌다 식당에 나타난 경우 구두를 거꾸로 신고 헌 양말에 산발 머리로 흰 옷을 아무렇게나 걸친 모습이었다고 한다.

3.6 라이프니츠

뉴턴이 발견한 미적분법은 그와 거의 같은 시기에 독일인 라이프니츠에 의해서도 독립적으로 발견되었다. 15, 16세기의 독일은 이탈리아 르네상스의 영향을 제일 많이 받아 유럽에서 가장 발달된 나라였으나, 그 후 세계 무역이 시작되자 지중해 무역이 쇠퇴되고 이들 두 나라는 점차 기울어져 갔다. 이에 따라서 이탈리아, 독일의 학문은 차츰 네델란드, 영국, 프랑스 쪽으로 옮겨가기 시작하였다. 케플러 다음에 라이프니츠가 나타나기까지의 수십 년간, 단 한사람의 훌륭한 과학자도 없었다는 것을 보면 알 수 있다. 다시금 독일에 학문의 꽃을 피게 한 것은 19세기 초의 자본주의 형성기였다. 말하자면 라이프니츠는 17세기 초부터 19세기 초 사이의 200년 간에 나타난 독일의 유일무이한 위대한 과학적인 두뇌였던 것이다.

이 수학자라기보다도 철학자는 1646년 6월 21일에 라이프치히에서 태어났다. 어려서부터 독서를 즐겼고, 천재적인 어학력을 발휘한 그는 20살에 뉴른베르크의 알트도르프(Altdorf)대학에서 법학박사 학위를 받은 후, 마인츠 공 밑에서 정치 외교의 실무에 종사하면서 철학연구를 계속하였다. 그가 수학연구를 본격적으로 시작한 것은 1672년 외교적인 임무를 띠고 파리에 머물게 될 때부터이었다. 여기서 호이겐스를 만나 비로소 수학에 눈을 떴다고 한다. 그가 26살 때의 일이었다. 그는 우선 파스칼, 페르마, 윌리스, 그리고 데카르트의 수학을 독학으로 연구하기 시작하였다. 이 점은 뉴턴의 경우와 아주 대조적이었다. 그리하여 1673년에는 미적분학의 기초를 마련하였다. 그 후 1700년에는 베를린에 초청을 받아 프로이센 왕립학술원의 종신원장 직에 있었다. 라이프니츠의 활동은 그야말로 다채롭다. 그는 우수한 외교관이었을 뿐만 아니라 정치가이었고 동시에 학자였다. 그의 학문상의 연구도 정말 다양해서 물리학, 철학, 법학, 문학, 언어학에서부터 수학에까지 광범위한 것이었고, 이 모든 분야에서 주목할 만한 업적을 남겼다.

[그림 5-3-13] 라이프니츠
(G.W. Leibniz, 1646-1716)

3.7 초기 미적분학의 한계

라이프니츠와 뉴턴 두 사람은 모두 미적분법의 본질을 완전히 인식하지는 못하였다. 두 사람은 미적분학의 기초 개념을 정확히 규명하기에 앞서 그것을 이용하고, 그 이론을 전개해 나가는 데 열중했기 때문이었다. 이런 현상은 학문의 역사에서 많이 볼 수 있는 일이다. 학문이란 처음에 그 시작은 현실적인 필요에서 일어난 것이기 때문에 우선은 현실적인 면이 먼저 다루어지고, 나중에 비로소 이론적인 규명이 따르게 된다. 이 순서가 어쩌면 자연스러운 발전과정일지도 모른다.

뉴턴이 역학상의 연구로부터 미적분법에 도달하였을 때 거기에는 물론 극한의 개념이 있었다. 또 라이프니츠가 미분이나 적분을 나타내는 새로운 기호를 만들었을 때, 새 수학을 예견하는 날카로운 통찰력이 있었다는 것도 사실이다. 그러나 좀 더 따져들어 가보면 두 사람의 이론은, 애매한 대목이 너무도 많았다. 그 중 한 예로, 미분의 경우를 본다면 극한값을 이용해서 $\frac{0}{0}$ 값도 셈하게 된다. 그러나 이 두 사람 다 미분계수의 정확한 개념을 확립하는 데는 실패하였다. 그리하여 이 난문제는 나중에 수학자가 아닌 철학자 헤겔(Georg W. F. Hegel, 1770-1831)이 겨우 해결하였다고 한다. 뉴턴과 라이프니츠의 후계자들조차도 무한의 수학으로서의 해석학의 성격을 제대로 파악하지 못하고 있었다. 오일러, 라그랑주 등은 해석학을 유한수학의 확대정도의 것으로 보는 경향이었다. 이 경우에도 수학이 처음의 실용적인 단계로부터 벗어나려면, 이론이라는 체로 걸러서 재검토를 해야만 되는 여과과정이 필요하였다는 것을 엿볼 수 있다. 수학이 한 차원을 더 높일 때는 그럴수록 추상적인 이론체계로 재구성된다는 것 즉, 지금까지의 전진으로부터 한 걸음 물러서서 또 반성이라는 새로운 단계로 접어들게 되는 것이다.

3.8 미적분 발견의 분쟁

미적분의 발견과 관련해서 영국과 독일 정확하게는 유럽 대륙 사이에 서로 상대방을 인신공격하는 추문들이 꼬리를 물고 일어났다. 이 사건은 단순히 학문세계의 치부라고 하여 덮어 둘 성질의 것이 아니고, 오히려 학문 연구의 측면을 시사하는 중요한 의미를 지니고 있기 때문에 자세히 살펴본다.

미적분법은 뉴턴과 라이프니츠 두 사람이 서로 독립적으로 거의 동시에 발견하였다는 것은 사실이다. 그러나 당사자들 말고 그 주위 사람들이 가만히 있지 않았다. 뉴턴이 미적분학 즉, 유율법을 발견한 것은 1665-1666년 사이의 일이었다. 그러나 그 사실을 공표하지 않았기 때문에 이 발견을 아는 사람은 뉴턴의 극히 적은 수의 친구들뿐이었다. 1674년에 당시 파리에 있던 라이프니츠가 자기의 미적분학을 영국 왕립학회에 보고했

[그림 5-3-14] 게오르그 헤겔
(Georg W. F. Hegel, 1770-1831)

을 때 협회로부터 이미 같은 사실이 뉴턴에 의해서 발견되었다는 통지를 받았다. 라이프니츠가 그 내용을 뉴턴에게 알아본즉 그가 보낸 답은,

6a cc.d ae 13e ff 7i 31 9n

4e 4q rr 4s 95 12v x

라는 암호문이 전부였다. 그것은,

Data aequatione quotcunque fleuntes

quantitates involvente fluxiones invenire et vice versa

"유량을 포함한 임의의 방정식에서 유율을 찾아내고 그 역을 셈한다." 라는 문장을 토막 내서 그 뜻을 감춘 기호였다. 물론 라이프니츠는 그 뜻을 알 수 없었다. 그러나 라이프니츠는 뉴턴과 달리 자신의 발견을 비밀로 간직할 뜻이 전혀 없었으며, 심지어는 뉴턴의 친구에게까지 하나도 숨

김없이 알렸다. 사실은 뉴턴도 처음에는 라이프니츠의 발견이 자기와는 독립적이라는 것을 인정하고 있었다. 실제로 그는 프린키피아의 초판 (1687)에서 라이프니츠의 방법은 서술과 기호만이 다를 뿐 자신의 발견과 거의 같다고 이야기하고 있다.

그 후 십 수 년 동안 라이프니츠의 방법은 영국을 제외한 유럽의 모든 나라에 보급되었으며, 사실상 미적분학의 창시자로 공인되어 있었으나, 어떤 영국수학자가 라이프니츠의 독창성을 부인하고, 뉴턴의 결과를 표절한 것처럼 글을 발표하였다. 라이프니츠가 흥분한 것은 너무나 당연한 일이었다. 그는 곧 반박의 글을 공표하였고, 그의 제자들은 뉴턴이 라이프니츠의 결과를 훔친 것이라고 비방하기에 이르렀다. 이제 싸움은 뉴턴파 대 라이프니츠파가 아니고, 영국 대 유럽대륙으로까지 확산되고 마침내는 영국왕립학회가 정식으로 라이프니츠의 표절설을 지지할 정도로 사태는 악화되었다. 그 후 약 1세기 동안 유럽의 학계는 영국과 대륙의 두 파로 나누어져 격렬한 논쟁이 되풀이되었고, 1820년대에 접어들면서 겨우 두 사람의 독립적인 발견이 공인받게 되었다.

이 논쟁이 일어난 이유는 자국민의 우월성을 서로 주장하였기 때문이지만, 그 배경에는 다음과 같은 논리가 지배하고 있다. 즉, "하나의 학설의 발견은 한사람의 인간에게만 있을 수 있으며, 따라서 두 사람에 의해서 동시에 같은 정리가 발견될 수 없다." 라는 공통된 생각이 그것이다.

3.9 뉴턴과 라이프니츠의 방법의 비교

영국인은 걸으면서 생각하고, 독일인은 생각하고 난 다음에 걷는다는 말이 있다. 미적분법이라는 똑같은 개념을 나타내는데 영국인 뉴턴과 독일인 라이프니츠의 방법은 너무도 판이 하였다. 뉴턴은 경험주의적 입장에 서있었고, 라이프니츠는 형식주의의 입장이었던 것이다. 뉴턴의 생각으로는 수학이란 자연에 관한 일반적인 학문 즉, 자연철학이나 물리학을 연구하기 위한 도구에 지나지 않았다. 그러나 라이프니츠가 수학을 연구한 것은 인간의 사유를 합리적으로 표현하는 원리인 보편수학 즉, 보편적 기호법을 탐구하려는 의도 때문이었다. 뉴턴은 자연과학자로서 수학을 이용하였고, 라이프니츠는 철학자로서 수학을 다루었던 것이다.

뉴턴이 x 로 나타낸 것은 라이프니츠의 기호로는 $\dfrac{dy}{dx}$가 된다.

이것만으로는 어느 편이 더 우수한지 판가름할 수는 없으나 실제로 연산해서 사용할 때, 라이프니츠의 것이 편리하다는 것을 곧 알 수 있다.

또 적분의 기호에 관해서도 미분하여 f(x) 가 되는 함수 즉,

(I) $\dfrac{d}{dx}F(x) = f(x)$인 함수 F(x)를

(II) $F(x) = \displaystyle\int f(x)dx$ 로 나타내었다. 그는 (I)을

(III) $dF(x) = f(x)dx$

이기 때문에 좌변에서는 $\displaystyle\int$와 d가 상쇄되어 (II)가 나온다고 설명하고 있다.

또 (II)에서 연산 d를 실시하면,

$dF(x) = d\displaystyle\int f(x)dx$이기 때문에,

우변의 d와 $\displaystyle\int$가 상쇄되어 (III)이 나온다고 결론 지었다.

즉, 라이프니츠에게 있어서는 F(x) 가 주어져 있을 때 f(x) 를 구하는 것이 미분한다는 것이며, F(x) 가 주어져 있을 때 F(x)를 구하는 것이 적

분한다는 것이다. 이렇게 정해두면, $\int$ 와 d는 서로 역의 산법을 나타내는 기호가 되고 취급이 편리해진다.

라이프니츠의 이 편리한 기호 덕분으로 계산기술이 발달하였고, 자연과학상의 문제에도 적용할 수 있게 되어 많은 성과를 올렸다. 특히 라이프니츠와 자주 서신왕래가 있었던 수학자 베르누이 일가가 이 응용에 많은 기여를 한 결과 그의 방법은 급속도로 유럽 수학계에 보급되었다. 이것은 기호주의의 승리를 보여주는 것이었으며, 라이프니츠 자신도 "해석의 비밀은 그 기호 표시 방법에 달려있다." 는 것과 "기호로 간단히 표현하는 것은 사물의 가장 본질을 찌를 때이고, 그럴수록 생각하는 수고는 놀랄 만큼 감축된다." 고 말하였다. 낡은 수학을 새롭게 체질을 개선하기 위해서는 새로운 방법이 마련되어야 한다. 그 방법이란, 개념이라든지 연산의 본질을 보다 완전하게 나타낼 수 있는 기호를 만드는 것을 뜻한다. 이런 뜻에서 라이프니츠는 현대 논리학 또는 기호주의의 선구자로 꼽힌다. 오늘날의 수학에 꼭 필요한 좌표라든가 함수 등의 개념과 용어는 라이프니츠가 창안해낸 것이다.

4. 뉴턴과 라이프니츠의 후계자들

미적분학의 발견은 수학을 크게 바꾸어 놓았다. 이 신무기는 수학뿐만 아니라 자연과학의 발전을 위해서 엄청난 구실을 하였다. 미적분법은 비단 접선이나 넓이, 부피의 문제를 푸는 열쇠가 되었을 뿐만 아니라 이 계산과 깊은 관계가 있는 무한급수에 결부되는 기본개념으로 쓰였고, 종전의 유한수학을 무한수학으로 탈바꿈시키는 가장 큰 요인이 되었다. 미적분은 또 자연과학, 특히 역학상의 기본문제를 연구하는 가장 중요한 발판이 되었고, 물리학과 관계있는 미분방정식이라든지, 변분법 등의 새로운 연구 분야를 낳기도 하였다. 수학과 이론적인 자연과학에 미치는 미적분의 영향은 엄청나게 컸던 것이다. 이처럼 미적분학에 대한 수학과 과학상의 수요가 나날이 늘어남에 따라서 공급원을 찾기 위한 작업도 활발해졌다. 뉴턴과 라이프니츠의 후계자들은 새로운 광맥을 발굴하여 계속 개가를 올렸다. 테일러와 매클로린, 베르누이 일가, 오일러, 라그랑주, 라플라스 등은 미적분학의 발전과 응용을 위해서 귀중한 수확을 얻은 일꾼들이었다. 이 수학자들의 활동을 이제부터 차례대로 살펴보기로 한다.

4.1 테일러와 매클로린

뉴턴의 문하생 중에서 테일러 정리와 매클로린 정리로 알려진 테일러와 매클로린이 나와서 특히 해석역학 분야에서 업적을 세웠다. 매클로린은 당시 영국에서 으뜸가는 수학자의 한사람으로 에딘버러(Edinburgh) 대학의 교수로 재직하였는데, 저서를 통해서 뉴턴을 섬기고, 그의 미적분법인 유율법을 계승 발전시켰다. 그러나 매클로린의 책은 뉴턴처럼 원론의 본을 따라서 낡은 스타일로 엮어진 것이었기 때문에 읽기 어려워 별 영향을 주지 못했다. 이 점은, 라이프니츠의 간단하고 명료한 형식을 이어받은 베르누이 일가나, 오일러의 스타일과 비교할 때 결정적인 흠이었다. 테일

[그림 5-4-1] 브룩 테일러(Brook Taylor, 1685~1731)

[그림 5-4-2] 콜린 매클로린(Maclaurin, C.; 1698~1746)

러는 수학에 관해서는 뉴턴의 업적을 직접 계승한 위치에 있었으며, 이 때문에 결과적으로 큰 손해를 본 셈이었다. 테일러 급수라는 명칭은 사실은 오일러가 이름 지은 것으로, 그 중요성의 인식도 오일러에 의해서 비로소 밝혀졌다. 이들 두 사람 이후의 100년간은 앞서 이야기한 바와 같이 미적분학 발견을 둘러싼 스캔들 때문에 영국 수학계가 유럽 대륙과는 단절 상태에 있어서, 라이프니츠의 우수한 기호법을 거부한 채 주로 뉴턴의 방법을 고수하다가, 마침내는 당시 수학계의 주류에서 밀려나고 말았다. 영국 수학계가 대륙의 해석법을 수입하기 시작한 것은 1820년대 이후의 일이었다.

4.2 베르누이 일가

영국의 수학계가 침체에 빠졌을 때, 라이프니츠 이후의 대륙에서는 베르누이 일가가 미적분학의 전진을 위해 대 활약을 하였다. 베르누이 가족이라고 하면, 1세기 사이에 세계적으로 이름있는 수학자 8명을 배출했다는 보기 드문 집안으로 늘 유전학자들의 관심의 대상이 되어왔다. 그 중 특히 유명한 사람은 야콥(Jacob, 1654-1705)과 요한이다. 이 두 형제는 라이프니츠와도 친교가 있었다. 1687년 라이프니츠의 수학에 매혹된 것은 바젤(Basel) 대학의 신임 수학교수인 야콥이었다. 1690년에는 44살의 대가 라이프니츠와 36세의 소장학자 야콥, 그리고 23살의 젊은이 요한 세 사람으로 된 연구팀이 구성되었다. 야콥은 평생 동안 바젤 대학 교수직에 있으면서 등시성 곡선 즉, 시계추의 주기가 진폭에 영향을 받지 않는 것처럼 완전 등시성을 유지하는 곡선인 사이클로이드의 문제를 연구하였다. 야콥은 라이프니츠와 합작으로 현수선(catenary)의 문제 즉, 철사나 실의 양끝을 고정시켰을 때, 전기 줄처럼 밑으로 처지는 상태의 곡선을 연구하여 그 결과를 식으로 나타낼 수 있었다. 그밖에 야콥은 탄성곡선(彈性曲線)의 방정식을 얻었는데, 이것으로 대포의 포신이나, 망원경의 통 모양을 수학적으로 결정할 수 있게 되었다. 요한도 형과 같이 바젤 대학의 교수로 있었다. 그러나 치밀한 해석가 타입의 형과는 대조적으로 예술가 기질의 그는 직관력이 풍부했다. 지금 고등학교에서 배우는 미분학에서 기본 공식으로 알려져 있는

$$\lim_{x \to a} \frac{f(x)}{g(x)} = \operatorname{Lim}_{x \to a} \frac{f'(x)}{g'(x)}$$

를 발견한 것은 요한이었다. 이 공식은 그의 제자인 로피탈(Guillaume Frangois Antoine 1 de L'Hopital, 1661-1704) 후작이 그 저서에서 소개하였던 탓으로, 로피탈의 정리라는 이름으로 알려져 있으며, 지금도 쓰이는 대단히 편리한 방법으로 분자와 분모가 동시에 0이 되는 분수함수의 극한값을 구하는 방법이다.

베르누이 일가의 역사에 오점을 남긴 사건으로 "최속강하선의 문제"를 둘러싼 야콥과 요한 사이의 추악한 명예 싸움이 있다. 어떤 질점(質点)이 2점 A, B를 지나는 곡선을 따라서 A로부터 출발하여 B까지 움직일 때 마찰이 일어나지 않는다고 가정하면, 이 곡선이 어떤 형태를 취할 때 소요시간이 최소가 되는지 문제가 된다. 이 A와 B를 잇는 길을 결정하는 것이 "최속강하선의 문제"인 것이다. 이것은 1696년에 요한이 제출한 문제이었지만 야콥을 비롯하여 라이프니츠, 뉴턴, 로피탈 등이 "이 곡선은 A, B를 지나는 수직면 안에 있고, 출발점 A를 자나는 수평선 위를 회전하는 원둘레 위의 정점이 그리는 사이클로이드이며, 출발점 A는 그 끝점이다."고 풀었다. 문제 자체는 결코 어려운 것이 아니었지만 이것을 해결하기 위해서 미적분학에 새로운 분야인 변분학이 탄생하였기 때문에 수학사의 입장에서 보면 중요한 장을 연 사건이었다. 최속강하선에 관한 형 야콥의 방법은, 요한의 방법과는 판이하게 극대, 극소의 성질과 연관시켜서 아주 복잡하게 해석적으로 풀었는 데, 여기서 직관파와 해석파 사이의 극단적

인 연구 방법의 차이를 볼 수 있다. 이 때문에 4년 동안이나 싸웠고, 마침내 형 야콥은 싸움에 지쳐서 죽고 말았다. 그 나이 51살 때의 일이었다. 요한의 고집은 나중에 과욕으로 변하여 아들 다니엘이 연구하던 유체역학의 이론까지 빼앗아 자기 이름으로 발표하였다. 그 때 아들은 32살, 욕심 많은 아버지의 나이는 65살이었다.

4.3 오일러

1727년 프랑스 학술원은 그 해의 논문 경연대회에서 약관의 20세 청년에게 2등상을 주었다. 그가 제출한 논문은 돛대의 이상적인 위치를 결정하는 방법을 논한 것이었다. 그런데 그 수학자는 돛대나 배는 커녕 바다도 본 적이 없는 내륙국가, 스위스 출신이었다. 그가 바로 오일러다.

그가 수학사에 끼친 영향은 실로 엄청난데, 오늘날 표준으로 쓰이는 대부분의 기호나 용어들의 대다수는 그가 처음 만들어낸 것이다. 예를 들어 삼각함수를 나타내는 약어 sin, cos, tan 나 자연로그의 밑을 나타내는 상수 e도 그가 고안한 것이다. 그리고 원주율 기호 π(파이)도 처음 쓴 사람은 윌리엄 존스(1675-1749)지만 오일러가 사용하면서 표준으로 굳어졌다. 함수를 f(x)로 나타내는 것도 그가 창안했다. 게다가 그의 이름이 붙은 수학적 정리도 무척 많다. 한 마디로 현대 수학을 논할 때 오일러를 빼 놓으면 아예 논의가 성립되지 않을 정도이어서 그는 선배들은 물론이고 그와 동시대의 수학자들 중에서도 단연 발군의 실력을 지녔기에 '해석학의 화신' 이라는 별명으로도 불렸다.

레온하르트 오일러는 1707년에 스위스의 바젤에서 목사의 아들로 태어났다. 어릴 때부터 수재였던 그는 수학에 관심이 많던 아버지에게서 가르침을 받다가 나중에는 다니엘(1700-1782)과 니콜라우스(1695-1726)라

[그림 5-4-3] 윌리엄 존스
(William Jones, 1675-1749)

[그림 5-4-4] 레온하르트 오일러
(Leonhard Euler, 1707-1783)

는 두 형제와 친하게 지냈는데, 이들은 오일러와 마찬가지로 수학적 재능이 뛰어난 사람들이었다. 그런데 이 교우 관계는 나중에 오일러가 대수학자로 성장하는데 적잖은 영향을 끼친 듯 하다. 이들 형제는 스위스에서도 알아주는 수학자 집안 출신이었기 때문이다. 형제의 아버지는 역시 수학자인 요한 베르누이라는 사람이었고, 그들의 큰아버지는 '베르누이의 정리'로 유명한 수학자 야콥 베르누이였다. 야콥 베르누이와 요한 베르누이 형제는 프랑스 과학아카데미의 첫 외국인 회원으로 동시에 선출된 기록을 지니고 있을 정도로 수학자로서 명성이 자자했다. 이런 훌륭한 지인들이 있었기에 오일러의 타고난 재능은 더 빛을 발하게 되었을 것이다.

오일러가 수학자로서 이름을 날리게 된 것도 다니엘과 니콜라우스 형제 덕분이다. 이들은 러시아 여왕 예카테리나 1세를 설득하여 오일러를 러시아로 초빙하게 했는데 오일러 나이 20세 때의 일이다. 초빙 수학자가 너무나 젊어서 사람들의 시선에 의혹이 담겼을 지도 모르지만, 수학적 재능은 원래 나이와 무관한 법이다. 당시 러시아 학술원에서는 천문학의 난제 하나를 제시하고 학자들로 하여금 답을 구하게 했는데, 아무도 해결하는 사람이 없었다. 그런데 오일러는 자기만의 독창적인 방법을 적용하여 단 사흘 만에 해답을 내 놓았던 것이다. 이 일로 그의 명성은 높아졌지만 불행의 씨앗도 되고 말았다. 젊었던 그는 기대에 부응하기 위해 무리한 양의 작업을 계속 떠맡아야 했고, 그러다가 그만 오른쪽 눈이 멀고 말았던 것이다. 지도 작성에 열중하던 1738년의 일이다. 눈에 이상이 일어났을 때 즉시 휴식을 갖고 요양을 했더라면 모르지만, 그는 추운 러시아에서 계속 지내다가 결국 영영 시력을 회복하지 못하게 되었다. 1741년에 오일러는 다시 프리드리히 대왕의 초빙으로 프로이센 왕국의 베를린으로 간다. 베를린에 학사원을 부흥시켜 예술과 학문의 발전을 후원하던 프리드리히 대왕은 학사원의 수학부장을 맡은 오일러에게도 극진한 대접을 해 주었다. 그런데 당시 러시아의 여왕 에카테리나 2세가 또 오일러를 청했다.

[그림 5-4-5] 예카테리나 1세
(Yekaterina I, 1684–1727)

[그림 5-4-6] 프리드리히 대왕
(Friedrich II, 1712–1786)

오일러로서는 한쪽 눈의 시력을 잃어버리게 되었던 러시아로 다시 돌아가고 싶지 않았겠지만, 여왕의 초빙 권유가 집요한데다 베를린 학사원에서는 그를 싫어하는 사람들과의 불화도 있었다. 결국 오일러는 1766년에 자신의 후임으로 프랑스의 대수학자 라그랑주를 추천한 뒤 다시 러시아로 간다. 그런데 그에게 또다시 불운이 닥치고 말았다. 러시아의 혹한에 남은 한쪽 눈마저 멀어버린 것이다. 그러나 오일러의 위대함은 그런 상황에서 오히려 더 빛을 발했다. 그는 두 눈이 안 보이는 조건에서도 머리속에 든 기억과 지식만으로 수학 연구를 계속했던 것이다. 그는 장님인 채로 하인에게 구술 작업을 시키는 방법 등으로 열의를 이어간 끝에 새로운 저술을 내놓기도 했다. 게다가 집에 화재가 나서 그동안 수집한 모든 연구 자료며 책 등이 몽땅 잿더미로 변해버리는 일까지 겪었지만 그의 열정은 그칠 줄 몰랐다. 오히려 화재 뒤에 이전에 나온 책을 더 보완하여 새로이 출판하기도 했던 것이다.

실로 오일러가 쓴 책이나 논문은 초인적인 양에 달하였으며, 지금까지 발견된 것만 하여도 800편이나 되는 방대한 것이다. 이러한 끊임없는 노력이 "오일러는 18세기 후반의 모든 수학자에게는 공통의 스승이었다.(라플라스)" 라는 당연한 찬사를 받게 한 것이다. 그의 업적은 미적분학의 체계화, 해석역학, 천체역학에 걸치는 광범한 영역에 이른다. 해석역학에 관한 연구로는 "역학 또는 해석적으로 표시된 운동의 과학(1736)" 이라는 명저가 있다. 또 일정한 점의 주위를 회전하는 물체의 이론인 팽이의 운동에 관한 이론이며, 지구의 세차(歲差)운동까지도 설명하는 극히 중요한 것이다. 물체의 일반운동, 방정식론 등 값진 업적을 지적할 수 있다. 수학에서는 변분법을 개발해서 광학을 비롯하여 여러 가지 물리적인 문제를 해결했다.

4.4 라그랑주

라그랑주는 이탈리아에서 출생한 프랑스계의 이탈리아 사람이다. 18살에 벌써 육군 포병학교의 교수가 되었으며, 1761년에 이르러 그는 이미 생존하는 가장 위대한 수학자의 한 사람으로 인정받고 있었다. 1764년 달의 칭동(秤動)에 관한 논문으로 파리 과학 아카데미 상을 받았다. 달의 칭동이란 지구로 향한 달 면 위에서 달 모양의 놓인 위치에 약간의 변화를 일으키는 진동을 말한다. 그는 이 논문에서 지금은 라그랑주 방정식으로 불리는 방정식을 사용했다. 1766년 아카데미는 현상 과제로 목성의 위성에 대한 운동론을 제안했다. 상은 다시 그에게 수여되었고 1772, 1774, 1778년에 같은 영예를 얻었다. 1776년 오일러와 프랑스의 수학자 장 달랑베르의 추천을 받아 오일러의 뒤를 이어 베를린 아카데미 소속 수학자가 되었다. 이것은 "유럽에서 가장 위대한 수학자"를 갖는 "유럽에서 가장 위대한 왕"이 되기를 원한다고 한 프리드리히 대왕의 소원이기도 했다. 이때부터 라그랑주는 명실상부한 일류 수학자가 되었다. 1793년 프랑스 혁명 정부의 도량형 개정 위원장을 지냈으며, 그 후 곧 수학, 물리, 공학 분야에서의 당시 세계 제일의 학교인 에꼴 폴리메크니크의 교수직을 지냈다. 나폴레옹이 수학의 위대한 피라밋이라고 격찬하였을 만큼 그 업적은 화려했다.

20살에 변분법에 관한 문제를 오일러의 기하학적 방법과는 다른 해석적인 방법으로 풀어서 오일러를 놀라게 할 정도였다. 1766년 오일러가 러시아에 초빙되어, 베를린 과학아카데미를 떠난 뒤를 이어서 "유럽에서 으뜸가는 왕은 역시 유럽 제일의 수학자를 궁정에 초빙하겠다는 프리드리히 대왕의 열성적인 권유로 그 자리를 대신 이어받고 해석학에 큰 업적을 남겼다. 라그랑주의 해석역학 5권은 과학사의 견지에서 볼 때, 뉴턴의 프링키피아에 못지않은 중요한 위치를 차지한다. 이 책은 역학의 입장에서나

[그림 5-4-7] 조제프 루이 라그랑주
(Joseph-Louis Lagrange, 1736-1813)

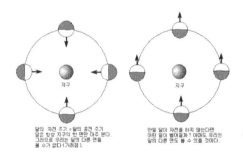

달의 자전 주기 = 달의 공전 주기
달은 항상 지구의 한 면만 마주 본다.
그러므로 우리는 달의 다른 면을
볼 수가 없다 (거꾸로).

만일 달이 자전을 하지 않는다면
어떤 일이 벌어질까? 아마도 우리는
달의 다른 면도 볼 수 있을 것이다.

청동 (Libration)

2009. 10. 11.   2013. 10. 27.

[그림 5-4-8] 달의 칭동

수학적인 견지에서나 똑같이 훌륭한 의의를 지니고 있다. 한마디로 물리 현상은 모두 논리적으로 설명 할 수 있기 때문에 물리학의 방법은 엄밀한 논리로 구성되어야 하고, 직관에 의존할 것이 아니라는 것이 이 책에 담겨진 기본적인 사상이었다. 뉴턴은 자신이 미적분학을 발견 하였으면서도 역학에 사용한 미적분의 이론은 극히 적었고, 거의 기하학적인 방법을 사용하였으나, 라그랑주는 철저하게 해석적인 방법을 사용함으로써 방법이 완전히 바뀌어졌다. 다시 말해서 뉴턴이 처음 건설한 역학은 곧 100년 후에 라그랑주에 의해서 근대적인 해석의 형태를 갖게 된 것이다. 라그랑주는 뉴턴 못지않게 일반적인 원리를 찾아내는 탁월한 재능을 지니고 있었을 뿐만 아니라, 동시에 보기 드문 우수한 직관력으로 추상적인 이론을 발전시킬 수 있었다.

4.5 라플라스

프랑스 뉴턴이라고 불리어지는 라플라스는 노르만디에서 출생하여 젊어서 파리의 육군사관학교 교수직을 맡았다. 36살 때에 파리 과학 아카데미의 회원으로 선출되었다. 이 해에 나폴레옹이 사관학교에 응시하였고, 라플라스는 시험관이었다. 그는 정치적인 야심도 상당히 있었고, 나폴레옹이 쿠테타에 성공하자, 그를 열심히 지지해서 일약 내무장관까지 지냈으나 불과 1개월 반 만에 파면당하고 말았다, 나폴레옹은 "라플라스는 국부적인 면에 너무나 구애를 받아 명확한 관찰력이 없다. 그는 언제나 무한소의 정신을 행정에 적용하려든다." 라고 정치가로서의 결점을 지적하고 있다. 사람마다 적성이 있는 법이다. 라플라스는 천문학자, 수학자로서는 일급이었지만 정치인으로서는 낙제였다. 그러나 처세술이 어찌나 능란하였던지, 나폴레옹 때는 원로원 의원, 백작까지 올라갔고 1814년 나폴레옹이 실각하자, 곧바로 배반하고 부르봉 왕가에 아첨하여 후작이 되는 등 변절을 일삼았다. 학자이면서도, 이렇게도 비열한 인격을 가졌다는 점은 두고두고 화제가 되었다.

라플라스는 30살쯤이 될 때까지 미분방정식의 연구를 하였고, 유명한 공식 "카스케이드법" 을 발견하였다. 그밖에 미적분에 관해서 라플라스의 공식, 라플라스의 방정식 등으로 알려진 공식을 만들기도 하였다. 그의 중요한 저서로는, 천체역학에 관한 그 당시까지의 결과를 모두 종합 체계화한 대저술인 "우주체계론", "천체론", 그리고 확률에 관한 저술 "확률의 해석적 이론" 등이 있다. 라플라스가 나폴레옹에게 "우주천체론" 을 바쳤을 때, 나폴레옹이 "라플라스 백작, 그대는 우주 체계에 관해 이 대저를 발간했으나, 그 속에 창조주에 관해서는 한마디도 없다면서 ?" 라고 묻자 그는 "폐하! 나는 가설은 필요하지 않습니다." 라고 태연히 대답했다고 한다. 라플라스의 이 말은 여러 가지로 해석할 수 있다. 뉴턴이 만유인력의 법칙을 발견하여 그것을 천체 운동의 설명 원리로 삼았으나, 아직 이것만으로는 역학적으로 충분한 이론이 될 수 없다는 것을 깨달았기 때문에, 할 수 없이 그는 태양계의 조화의 근본 원인을 전지전능한 창조주에게 돌렸다. 나중에 오일러, 달랑베르(Jean Le Rond d'Alembert, 1717-1783), 특히 라플라스의 연구로 역학적인 설명이 가능해졌을 때에야 구태여 신의 힘을 빌릴 필요도 없게 되었다.

[그림 5-4-9] 장 달랑베르
(Jean Le Rond d' Alembert, 1717-1783)

6

근대의 수학

18세기는 17세기에 창설된 해석학의 발전 시대로 새롭고 강력한 방법인 미적분학을 개발하는데 소요되었다. 18세기 동안 삼각법, 해석기하학, 정수론, 방정식론, 확률론, 미분방정식, 해석역학 등의 분야에서 상당히 높은 수준의 발전이 있었으며, 또한 보험 통계학, 변분법, 고차함수, 편미분방정식, 화법기하학, 미분기하학 등 수많은 새로운 분야가 창조되었다.

19세기에는 현대 수학의 건설에 많은 업적을 남긴 수학자들이 많았다. 가우스(Gauss,K.T. 1777-1855)는 아르키메데스, 뉴턴과 더불어 세계의 3대 수학자 중의 한 사람으로 18세기 수학으로부터 19세기 수학으로의 전환은 가우스의 힘에 의존하고 있다. 그는 복소수를 진정한 수학적 대상으로 파악하고, 수학적 실재로서의 위치를 부여하였다. 또한 대수학의 기본 정리인 '복소수 계수를 가지는 n차원 대수방정식은 적어도 하나의 복소수 근을 가진다'를 일반적으로 증명하였다. 노르웨이의 아벨(Abel,N.H. 1802-1829)와 갈루아(Galois,E. 1811-1832)는 '군(group)'이라는 추상적인 개념을 방정식론의 기본 개념으로 삼았으며, '군론'에 대한 연구를 통해 현대 대수학에 크게 기여하였다. 한편, 라그랑주와 가우스에 의한 해석학의 엄밀한 작업은 변수 사이의 관계로 함수를 정의한 코시(Cauchy,A.L. 1789-1857)에 의하여 상당히 심화되었으며, 야코비(Jacobi,K. G.J. 1804-1851)는 행렬식(determinant)이라는 용어를 처음 사용하였으며, 행렬식 이론에 기여하였다.

1. 근대 수학과 가우스

　18세기와 19세기를 동시에 대표한 야누스의 두 얼굴을 가진 수학의 거인은 가우스였다. 수학의 응용에 관한 업적을 생각한다면, 그는 18세기의 수학자라 볼 수 있고, 또 순수 수학자이기도 했다는 점에선 19세기적인 수학자이다. 가우스의 경우, 응용수학에도 힘을 기울였다 는 사실이 순수 수학자로서의 면목을 한층 돋보이게 하고 있다. 물리학자라고 할 수 있는 가우스는, 이런 뜻에서 18세기의 마지막 수학자였다. 그는 동시에 순수수학에 새로운 의미를 부여하는 창조적인 기초작업을 개척한 현대수학의 산모였던 것이다.

　그는 천문학, 전자기학, 측지학, 수치해석 등에 관한 연구로 위대한 업적을 세웠고, 한편 수론, 방정식론, 복소수함수론, 타원함수론, 미분방정식론, 미분기하학, 비유클리드 기하학에서도 눈부신 창의성을 발휘하였다. 그는 흔히 말하는 박식가가 아니었고, 수학의 각 분야마다 이 대수학자의 손이 닿기만 하면 곧장 하나의 금자탑이 세워졌다는 뜻에서의 만능의 학자였던 것이다. 수론, 타원함수론, 복소수함수론 등에 관한 가우스의 연구가 19세기적이었다는 것은 한마디로 이들 이론이 논리와 체계를 바탕으로 하여 다루어졌기 때문이다. 18세기 영국의 수치해석의 전통을 배경으로 하여 해석학(미적분학)을 탄생시킨 것은 뉴턴이었지만 이 학문에 논리적인 엄밀성을 부여한 것은 가우스였다. 이러한 19세기에 있어서의 논리성은 수학의 체계를 확립하기 위해서였다기보다 그 당시의 이론물리학의 발전에 자극을 받았기 때문이라고 할 수 있다.

　가우스의 위대성은 이것을 거의 그 한사람의 힘으로 완전히 통일적으로 체계화시켰다는 점에 있다. 가우스는 극히 내성적이고 조심스러웠다. 그는 생전에 편지라든가 일기 따위는 그만두고 수학에 관한 논문을 발표한 적이 거의 없었기 때문에, 그의 연구가 어떤 내용의 것인지 알고 있는 사람은 거의 없었다. 게다가 50년 이란 긴세월을 천문대 속에 갇혀 지내 강의를 한 적도 없었다. 이 대수학자는 독창적인 연구에 대해서는 수고를 아끼지 않았으나, 제 것이건 남의 것이건 그것을 쉽게 풀이해서 전달하는 일을 싫어하였기 때문에 이 수학의 왕자로부터 직접 영향을 받은 사람은 극히 제한되어 있었으며, 그것도 그의 사상을 더 발전시킬 수 있다고 인정받은 사람에 한정되었다.

수학적인 사실은 수학체계 내에서 스스로 확립되어야 한다는 것이 현대수학의 기본적인 입장인데, 19세기 이후 수학의 각 분야가 이론적으로 자립할 수 있도록 기초를 닦은 것은 역시 가우스였다. 어떤 개념이 수학상의 법칙으로서 파악되기 위해서는 수학적 대상의 인식을 필요로 한다. 이 대상과 기능, 19세기 후반 이후의 용어로 표현한다면 "집합과 함수"는 이미 예언자인 라이프니츠에 의해 예견되었지만 그것이 구체화되었다는 점에서 19세기 수학의 특징을 찾아볼 수 있다.

[그림 6-1-1] 가우스

2. 근대 수학의 사회적 배경

여기서는 편의상 근대를 18세기 말에서 19세기의 후반까지 근 100년 간의 기간을 가리키기로 한다. 이 시기는 이전의 다른 어떤 100년 간보다도 유럽의 정치, 경제상의 눈부신 변화를 겪었다. 그 특징을 요약해보면 절대군주제를 타도한 정치혁명과 그에 따라 일어난 산업혁명, 또 그것에 이어지는 근대자본주의의 형성 등이라고 할 수 있다. 즉, 경제상으로는 자본주의적인 생산방법이 결정적인 승리로 기울어지고 유럽의 여러 나라가 거의 산업자본주의 시대로 접어들게 되었다.

우선 프랑스의 경우를 살펴보면, 1789년 피로 물들인 대혁명이 일어났다. 이것은 원래 프랑스의 국내 사건에 지나지 않았으나, 프랑스의 새 정부에 대항하여 영국을 비롯한 유럽의 각 나라가 군사동맹을 만들어 그 후 20여 년간에 걸치는 유럽의 대 동란으로 까지 발전되었다. 프랑스의 혁명과 나폴레옹 전쟁은 한낱 국부적인 사건 이상으로 전 유럽의 경제, 사회, 정치구조를 밑 뿌리부터 흔드는 엄청난 불씨의 구실을 하였다.

한편 영국의 정치혁명은 본래 봉건제도의 뿌리가 비교적 약했던 탓으로 별로 큰 힘이 들지 않았다. 크롬웰(Oliver Cromwell, 1599-1658)의 철권통치 아래 공화제가 실시된 이후 곧 근대적 질서가 확립되었다. 그리하여 17세기 이후 꾸준히 발전을 거듭 하던 영국의 상공업은 세계 시장을 개척하고 그 산물로서 증기기관, 방직기계의 발명을 계기로 18세기 후반에는 산업혁명이 시작되었던 것이다. 영국의 산업은 더욱더 성숙해졌고, 혁명으로 혼란을 겪은 프랑스는 이 영향을 받아 뒤늦게 산업이 발달하였다.

18세기 말엽의 독일은 경제적 후진국, 그것도 많은 제후들이 할거하고 있는 분산국이었다. 프랑스와는 달리 서민계층은 무능력해서 봉건제도를 무너뜨리는 힘이 되기에는 미약하고 영국, 프랑스에서 들어온 과학과 철학은 당시의 경제적, 사회적인 상황을 반영해서 소위 관념론 철학으로 탈바꿈하였다. 그러나 마침내 독일, 이탈리아는 국민적 통일이라는 형태로 봉건적인 권력을 무너뜨리기에 이르렀다. 이러한 시민혁명이 봉건적 유물을 청소해 버림으로써 비로소 산업의 비약적인 발전을 기약할 수 있었다.

잇따른 사회적 대변동이 학문의 내용을 일변시킨 것은 너무나 당연하다. 그리하여 천문학, 역학, 광학, 그리고 이것들과 밀접한 관계를 갖는 수학에 변화가 온 것이다. 특히 나폴레옹 전쟁은 무엇보다도 측지학, 토목, 건축술 등을 발전 시켰다. 또 산업혁명을 계기로 해서 급격히 발달한 근대 광산업은 근대 화학, 지질학 및 광물학을 탄생시켰다. 또 봉건적 농업에서 근대 농업에의 전환기에 식물학, 동물학이 생겼다. 즉, 이 시대의 과학의 발전 속도는 비약적이어서 산업혁명, 그리고 세계시장 개척과 결부한 항해술, 조선술, 군사기술, 열역학, 수력학 등의 새로운 과학 기술 분야가 등장하였고, 기계학과 천문학은 물론이고 이론적인 물리학 분야에서도 전자기 현상이나 열 현상을 연구하기 위해서 수학적 방법을 사용하는 문제가 활발히 연구되었다.

과학적인 연구를 추진하는 아카데미가 유럽의 곳곳에 설치되어 대학 구실이 점차로 넓어져서, 특히 프랑스 혁명의 무렵에는 사회적으로 많은 직업적인 학자가 배출되었다. 그들의 주된 업무는 연구와 교육이었다. 또 사상의 측면에서는 인간해방 정신을 모체로 하여 자유로운 사고가 태어나고, 이것이 수학에 반영되어 사고의 자유성이라는 기본입장이 마련되었다.

[그림 6-2-1] 크롬웰

[그림 6-2-2] 나폴레옹

3. 근대 수학의 탄생

과학 분야의 대약진이 수학에 반영되어 새로운 시대에 알맞는 새로운 근대 수학의 방향이 결정되었다. 이 수학은 크게 나누어 세 가지 방향 즉, 해석학, 대수학, 그리고 기하학 분야로 각기 발전하였다.

3.1 해석학

근대 수학의 두드러진 특징의 하나는 이 전의 수학을 이론적으로 더욱 엄밀하게 다듬었다는 점이다. 그러면 수학에 왜 엄밀성이 새삼스럽게 필요하게 된 것일까? 앞서 이야기한 것처럼 근대 이전의 수학자들이 미적분학을 역학, 천문학의 연구수단으로 쓴다고 하는 실용적인 목적이 주가 되어 있었으므로, 기초적인 개념을 충분히 음미할 만한 차분한 여유가 없었다. 그러나 그 응용 범위가 넓어질수록 토대의 취약성이 드러나기 시작했다. 이를테면 미적분학의 기초를 그대로 방치해둔 채 앞으로만 밀고 나간다면 사상누각이 되어버린다는 의구심이 일어 났고, 또 실지로 19세기 초반에는 그 징조가 나타나기 시작하였다. 이 기초란 미분, 적분의 정확한 정의의 규명이라든지, 급수의 수렴과 발산 등의 문제를 연구하는 일이었다. 이 결과 해석학은 수학적 엄밀성을 지니게 되었다. 라크르와(Sylvestre F. Lacroix, 1765-1843)는 그의 "미적분학" 에서 양 사이의 대응관계로서 함수개념을 다루었다. 같은 입장에서 푸리에(Jean B.J. Fourier, 1768-1830)도 열의 해석적 이론을 다루었다. 수학의 기초 작업과 관련된 이론적 연구로, 가우스와 함께 그 영예를 나눈 코시는, 무한소해석에 관한 엄밀한 이론을 전개하여 유명한 "코시의 조건" 을 발표 하였다. 1823년에 발표한 그의 미분적분법에 관한 강의의 다음 구절이 그것이다.

"함수 $y = f(x)$ 의 정 해진 두 한계 사이에서 연속일 때, 변수에 준 무한소의 증분에 의하여, 함수 자체에 무한소의 증분이 생긴다. 따라서 $\triangle x = i$ 라고 두면, 차의 비의 두 항은 무한히 작은 양이지만, 이 두 항이

[그림 6-3-1] 라크르와
(Sylvestre F. Lacroix, 1765-1843)

[그림 6-3-2] 푸리에
(Jean B.J. Fourier, 1768-1830)

[그림 6-3-3] 오귀스탱 루이 코시
(Augustin Louis Cauchy, 1789-1857)

$$\frac{\triangle y}{\triangle x} = \frac{f(x+i)-f(x)}{i}$$

한 없이, 그리고 동시에 극한값 0 에 가까워진다면, 비 그 자체는 다른 양
또는 음의 극한값에 수렴하는 경우가 있을 것이다. 이 극한값은, 그것이 존
재한다면. 각 값에 대하여 일정한 값을 지닌다. 자본론(Das Kapital, 1867)
의 집필과 관련해서 수학을 배우기 시작하여 죽는 날까지 그 연구를 계속
하였던 마르크스(Karl Marx, 1818-1883)는 이 미분학의 발전 과정을 예의
변증법적 발전관에 의하여

　　신비적 미분법(증분과 미분을 동일시하여 어떤 특별한 비밀스러운 성
　　　　　질을 이에 덧붙였던 단계 : 뉴턴, 라이프니츠) ⇒
　　합리적 미분법(초기의 방법을 수정하여 미분개수의 정의를 보다 정확
　　　　　히 하였으나, 실제로는 효과적 미분개수를 찾는 방법이
　　　　　나타나지 않는 단계 : 오일러, 달랑베르) ⇒
　　대수적 미분법(도함수를 직접 발견하는 방법이 마련한 단계 : 라그랑주)

[그림 6-3-4] 자본론(Das Kapital, 1867)

[그림 6-3-5] 마르크스(Karl Marx, 1818–1883)

의 단계로 그 나름대로 분류하고 있다. 그의 수학에 관한 유고에는 다음과 같은 구절이 있다. "뉴턴은 처음부터 미분법의 연산을 완성하는데 있어서 역학적 관점에서 출발하여, 순수히 해석적으로 접근하지 않았다. 테일러나 매클로린은 전적으로 미분법 그 자체를 기초로 하여 연구하였다. 따라서 이들은 이 연산의 가능한 한 간단한 대수적 근거를 밝힐 필요는 전혀 없었던 것이다. 뉴턴파와 라이프니츠파의 논쟁은, 엄밀히 규정된 형식과 경험으로부터 축적된 형식을 둘러싸고 이루어졌다. 이러한 형식 들은 새로이 발견된 여태 볼 수 없던 특수한 것이었으며, 또 수학의 한 분야로서의 보통의 대수학과는 하늘과 땅만큼의 차이가 있었다. … 낡은 것과 새로운 것의 실제적이고, 따라서 가장 손쉬운 결합은, 새로운 쪽이 이미 완성된 형식을 갖추고 있을 때에만 항상 가능하다."

연속함수에 관한 아벨의 연구도 그 이후의 해석학에 큰 영향을 주었다. 볼차노(Bernard Bolzano, 1781-1848)는 무한집합에 관련시켜서 연속함수를 다루었다. 또 코시의 미분방정식 연구는 가우스로 하여금 타원 함수에 주목하게 하는 계기가 되었으며 아벨, 야코비 등은 이것을 열심히 연구하여 나중에는 타원함수론으로 발전시켰다. 이 이론은 19세기 후반 와이에르슈트라스에 의하여 완성되었던 것이다.

라이프니츠 시대의 함수개념은, "변수 x 와 y 사이에 하나의 방정식이 성립 하고 x 의 임의의 값이 주어 질 때, 그에 대하는 y 의 값이 결정되면 y 를 x 의 함수라 한다." 라고 하는 것이었다. 그러나 "푸리에 함수" 로 전개되는 함수는 불연속으로 나타나기 때문에 이 정의로는 충분하지 못했다. 그래서 함수를 더 포괄적인 뜻으로 다시 정의하게 된 것이다. 이 시대의 해석학을 대표하는 수학자로서는, 수의 영역을 실수로부터 복소수까지 확대함으로써 일반 함수론 즉, 복소수함수론의 기초를 닦은 가우스와 코시, 그리고 그것을 발전시킨 와이에르슈트라스를 말할 수 있으나 가우스는 해석학분야 뿐만이 아닌, 응용과 해석의 두 가지 수학 분야에 걸친 최고의 수학자이었기 때문에 그를 제외시킨다면, 해석학의 새 세계를 원리적으로 개척한 사람은 코시라고 할 수 있다.

3.2 대수학

대수학 발전의 터전은 이미 18세기 초에 갖추어졌으나 때마침 뉴턴의 "보편산술(Arithmetica Universalis)"이 출판되어 산술보다, 한층 높은 계산법으로서의 대수가 구체적으로 나타났다. 그 후 눈이 멀어진 오일러가 구술해서 출판하였던, 같은 이름의 책(1767)에서는 대수학의 내용을 분명히 규정하고 있다. 이 책을 보면 뉴턴으로부터 오일러에 이르는 사이에 대수학은 상당한 발전을 하였다는 것을 알 수 있다. 대수적인 연구의 밑바닥에는 양이라든지 크기, 수에 관한 개념이 깔려 있다. 특히 기호를 중심으로 하는 대수학인 기호 대수학은 수의 개념을 확장시킬수록 방법이 일반화되고 또 응용 범위도 넓어진다. 18세기를 통해 이 개념이 발전하였던 것이다. 대수학의 내용면에서는 방정식의 해법에 관련된 영역이 중심이 되어 있었다. 18세기의 대수학이 이 방향으로 발전한 계기는 라그랑주의 "방정식의 대수적 해법에 관한 고찰(1771)"로 최고 단계에 이르렀다. 그 후 가우스는 1799년 7월에 그의 박사학위 논문 "대수학의 기본정리"에서 "대수방정식의 근은 모두 복소수의 테두리 안에서 존재 한다."는 것을 증명하였다. 방정식의 근을 치환하는 법칙을 파악하고 치환군의 개념을 끌어내기 위해서는, 근을 첨가한 수체(數体)의 확대가 필요한데, 역사상 처음으로 시도한 것은 가우스였다.

19세기가 되어 대수학의 체계 속에서 방정식론과 수론이 완전히 다듬어지게 됨에 따라서 군(群, group)과 체(体, field)라는 연산 구조에 관한 개념이 태어났고, 이 이론은 발견자인 가우스에 이어, 요절한 노르웨이의 천재 아벨에 의하여 완성되었다. 이 결과로부터, 5차방정식에 관한 일반적 해법이 존재할 수 없다는 "5차방정식의 대수적 방법의 불능 증명"이

[그림 6-3-6] 볼차노(Bernard Bolzano, 1781-1848)

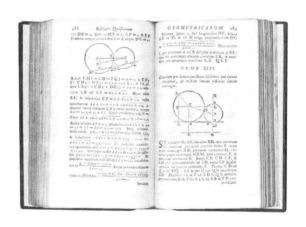

[그림 6-3-7] 뉴튼의 "보편산술(Arithmetica Universalis)"

유도된 것이다. 이 연구와 관련해서, 아벨보다 더 어린, 불과 20세의 나이로 사랑과 혁명에 짧은 생애를 바쳐 결투로 숨진 천재 소년 갈루아의 이름이 수학사에 빛나고 있다. 아벨의 연구와 마찬가지로 갈루아도 대수방정식을 푸는 조건을 찾는데 노력하였다.

1830년에, 이른바 혁명적 사상이 대수학에 나타났다. 영국의 수학자 피콕(George Peacock, 1791-1858)은 대수학이라는 책에서 식에 나타나는 문자는 수 이외의 것을 나타내도 상관이 없다는 획기적인 주장을 하였다. 이 생각은 드모르간 등의 지지를 받았고, 조지 불(George Boole)은 이것을 토대로 논리학을 일종의 대수학으로까지 발전시켰다. 그리하여 논리대수라는 수학의 새 분야가 개척되었다. 계속 이 연구는 퍼스(Charles S. Peirce, 1839-1914), 슈레이더(Ernst Schrader, 1841-1902)에 의해 추진되고, 마침내 화이트 헤드의 "보편대수(1898)"로 그 열매를 맺었다. 이 시기에 대수학은 다시 근본적으로 재편성되었다. 이 재편성이란 대수학의 여러 분야를 하나로 통합하는 일이었고, 연구의 대상은 군, 환, 체라고 부르는 복잡하고 추상적인 연산구조에 관한 것이었다.

대수학은 18세기에 접어들면서 갑자기 급속도로 발전하기 시작했고 극적인 변화가 몇 단계에 걸쳐 나타났다. 이것은, 18세기 초의 뉴턴의 보편산술 ⇒ 18세기 후반의 방정식론 ⇒ 군론 등 확대와 심화의 변신이었다.

이 시기의 대수학의 발전과정은 수학 본래의 발전 법칙에 잘 따랐으며, 낡은 수학의 내부에 태동하던 새로운 개념과 방법은 종래의 그것에 비해 전혀 이질적이었다. 그러한 분리현상과 동시에 현실적인 수학적 과정의 반영과 사고의 경제성이라는 이중의 구실을 떠맡게 된 기호 사용에 관한 방법이 나타난 것이 또 하나의 두드러진 특징이었다. 그 결과 분리된 새로운 분야가 곧 군론(群論)과 갈루아 이론이었다.

[그림 6-3-8] 라그랑주

[그림 6-3-9] 아벨(Niels Henrik Abel(1802-1829)

[그림 6-3-10] 갈루아

[그림 6-3-11] 피콕(George Peacock, 1791~1858)

[그림 6-3-12] 드모르간

[그림 6-3-13] 조지 불

[그림 6-3-14] 퍼스(Charles S. Peirce, 1839-1914)

[그림 6-3-15] 슈레이더(Ernst Schrader, 1841-1902)

3.3 몽주의 화법기하학

르네상스의 미술과 건축을 배경으로 해서 유클리드기하와는 다른 실용기하가 등장하였다. 그러나 기하학적 도형의 사영적 성질을 규명하는 데 자르그와 파스칼의 이론은 당시의 사회적인 여건으로 보아 턱없는 조산아였기 때문에 그 후 150년간이나 빛을 보지 못했다. 1789의 프랑스 대혁명 이후 20여 년간 유럽은 전쟁에 휩쓸렸다. 이 때 일어난 군사과학은 측지학, 토목학, 건축학 등을 발전 시켰고, 그 여파는 기하학에도 미쳐 새로운 과학 기술을 뒷받침하는 새로운 방법이 필요하게 되었다. 여기서 마침내 사영기하학은 긴 동면을 지나서 봄맞이를 하게 되었다. 몽주는 16세 때에 이미 자기가 만든 측량기를 가지고 고향 도시의 지도를 작성할 정도의 과학소년이었다고 한다. 병기학교에 재학 중 건축술에 관한 복잡한 계산을 간단한 기하학적인 작도로 나타내 보려하였던 몽주의 착상은 화법기하학 (Geometrie descriptive, 1795) 이라는 책으로 나타났다. 프랑스 혁명은 전

[그림 6-3-16] 가스파르 몽주

통적인 귀족과 평민의 구별을 없앴다, 국민의회가 1795년 1월 1일에 설립한 것이 고등사범학교(Ecole Normale)였다. 빈부의 차별이 없고 평등하게 대우 받게 되어, 입학시험의 성적만으로 학생을 뽑았다. 몽주는 여기서 교수가 되어 화법기하학을 가르쳤다. 나폴레옹이 황제가 된 후로는 상원의 원직과 백작의 칭호를 얻어 귀족의 신분이 되었으나, 수학에 대한 정열은 더욱 왕성해지기만 하였으며, 해석적 연산과 기하학적 운동 사이의 관계에 주목하여, 공간에 있어서의 도형의 운동을 해석적으로 표현할 수 있는 가능성을 확인하는 등 특수한 성질을 가진 곡면 군에 관한 연구에 몰두하였다. 화법기하학의 기본적인 입장은, 첫째, 공간적인 물체를 평면상의 도형으로 나타내는 것 즉, 3차원의 공간도형을 2차원의 화지 위에 묘사하는 방법과, 둘째, 공간 도형의 모양이나 위치에 관한 명제를 찾아낼 것, 이상의 두 가지로 요약할 수 있다. 혁명의 산물인 군사적, 공업적 기술과 손을 맞잡은 몽주의 기하학은 비현실적인 그리스 기하학, 그리고 또 대수적인 해석기하학과도 판이한 성격을 지녔다. 그것은 직접 도형 그 자체를 구체적으로 어김없이 표현하기 위한 실용적이고 기술적인 기하학이었으며, 따라서 다른 어떠한 기하학보다도 직설적이었다.

3.4 퐁슬레의 사영기하학

그 후 몽주의 기하학은 퐁슬레에 의해 조직화 되어 이로써 근대 사영기하학이 탄생되었다. 고등공예학교(Ecole Polytechnique)에서 몽주의 제자였던 퐁슬레는 사라토프에서 러시아군의 포로로 잡혔을 당시 스승에게 배웠던 기하학을 다시 되새기면서 수학을 연구하였다. 그 결과가 "도형의 사영적 성질에 관한 이론" 이었다. 여기서 그는 "사영기하학 정리가 하나 있으면, 그 속에서 점과 직선의 위치를 바꾼 정리도 성립한다" 고 하는 유한 쌍대의 원리를 내놓았다. 이를테면, 평면상에 하나의 원뿔곡선(원, 타원, 포물선, 쌍곡선 등)이 있다고 하자. 지금 평면상의 1점 P 를 지나 임의

[그림 6-3-17] 장 빅터 퐁슬레

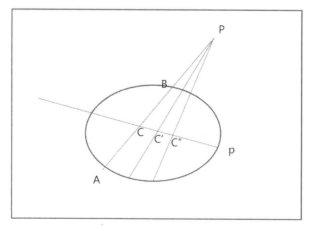

[그림 6-3-18] 조화공투점(調和共投点)

의 직선을 그어, 이 원뿔 곡선과의 교점을 A, B 로 하고, A, B 의 점에 관한 조화공투점을 C (BC : AC=BP : AP) 라고 하면, 점 C 의 자취는 1개의 직선 P 가 된다. 이때, 직선 P (BC. : AC=BP : AP)를 점 P 의 극선, 점 P 를 직선 p 의 극이라고 부른다. 따라서 평면상에 1개의 원뿔 곡선이 있으면, 점에는 그 극선을 대응시키고, 직선에는 그 극을 대응시킴으로써 평면상의 점과 직선과의 사이에 1대 1의 대응이 이루어지도록 할 수 있다. 이 대응에 의하여, 1점에 모이는 직선에는 일직선상의 점이 대응하고, 일직선상의 점에는 1점에 모이는 직선이 대응한다. 따라서 사영기하학의 정리가 1개 있으면, 거기서 점과 직선의 역할을 바꾼 정리도 성립한다. 이것이 퐁슬레가 발견한 "쌍대의 원리" 인 것이다. 퐁슬레의 사영기하학은 몽주의 기술적인 화법기하학에 비한다면 순전히 기하학적인 메커니즘을 바탕으로 하는 이론적 구조를 지닌다. 다시 말하면 실용적인 의미를 떠난 순수수학에 속하는 연구로 발전하였던 것이다.

3.5 곡면기하학(미분기하학)

18세기 후반에서부터 시작한 측지학은 나폴레옹 전쟁으로 급격히 발전하였다. 그 이전의 전쟁은 용병들이 중심이 된 소규모의 것이었으, 나폴레옹 전쟁은 징병제도를 실시한 후의 일이었으므로 대군을 이동시키는 데는 정밀한 지도의 제작이 시급한 문제였다. 나폴레옹은 "나의 사전에는 불가능이란 낱말은 없다." 를 비롯한 수많은 명언을 남기고 있는 데, 이때도 "지형도는 군대의 눈이다." 라는 캐치프레이즈로 정밀지도의 작성을 권장하였다. 측지학은 정밀성에 치중할수록, 지구 표면의 조건인 곡면의 성질이 문제가 된다. 이 때문에 곡면과 공간, 곡선을 대상으로 하는 새로운 기하학이 18세기 이후부터 중요한 연구 분야로 등장하였다. 이것이 오늘날 미분기하학이라는 이름으로 불리는 학문이다.

방법적인 면에서 본다면, 미분기하학이란 해석기하학과 미분학을 하나로 묶어서 곡선이나 곡면의 성질을 연구하는 수학분야이다. 구체적으로 말하면 미분방정식을 써서 기하학을 다루고, 또 거꾸로 미분방정식을 기하학적으로 해석하기도 한다. 몽주는 이 영역에서도 선구자 구실을 하였다. 따라서 미분기하학 자체는 본질적으로 새로운 것은 아무것도 들어가 있지 않다. 데카르트가 창시한 해석기하학이 뉴턴, 라이프니츠가 발견한 미적분법을 수단 삼아 한층 정밀하게 다듬어졌을 뿐이다. 그러나 미분기하학이 전개한 곡면론은 전연 새로운 기하학 즉, 소위 비유클리드기하학의 출발점이 된 것이다.

3.6 비유클리드 공간

19세기 초 가우스에 의해서 완성된 일반 곡면론은 처음으로 곡면상의 기하학을 탄생시킨 계기가 되었다. 가우스는 이 새로운 기하학의 건설에 힘쓰기는 하였으나, 그의 조심스러운 성격 탓으로 새 영역을 개척하는 일에 적극적인 기여는 하지 못하였다. 우리가 지금까지 보아온 기하학은 그리스의 유클리드 기하학을 비롯한 해석기하학과 사영기하학이었다. 물론 이것들은 제각기 독특한 성격을 지니고 있지만, 그런대로 공통적인 면이 있었다. 즉, 기하학에서는 1 차원의 도형은 직선이고, 2 차원의 도형은 평면, 그리고 3 차원의 도형이 입체라는 점에서 말이다. 그러나 구를 가지고 생각해보자. 구의 중심을 지나는 평면과 구면이 만나서 생기는 대원은 그 일부가 분명히 곡선이다. 곡선은 이전의 기하학에서 본다면 2 차원의 도형이다. 그러나 이 구면을 2 차원으로 생각한다면, 그 위의 대원은 1 차원 도형으로 간주한다. 즉, 평면상의 직선에 해당한다. 따라서 이 구면 상의 기하학에서는 종래의 기하학의 정리는 성립하기 어렵게 된다. 가령 구면을 우리가 살고 있는 지구 표면이라 생각하여, 북극과 남극을 지나는 2 개의 대원을 그려보자. 이 2 개의 대원 즉, 직선은 각각 적도와 직각으로 만

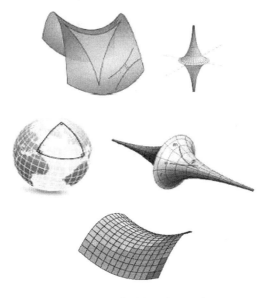

[그림 6-3-19] 비유클리드 공간

나고 있으므로 북극을 꼭짓점, 적도의 일부를 밑변으로 하는 구면삼각형의 내각의 합은 2 직각보다 크다는 결과가 나온다. 여기서 우리는 종래의 기하학과는 다른 곡면의 기하학이 있음을 알게 된다. 지금 구면을 생각했으나 구 이외의 곡면, 이를테면 나팔 모양의 곡면체를 위시해서 수없이 많은 곡면이 있다. 따라서 수많은 곡면의 기하학이 있을 수 있다. 이들 곡면상의 기하학을 통틀어 비유클리드 기하학이라고 부른다. 유클리드 기하가 학문으로서 우수하였던 것은 도형을 다루지 않고 엄격한 논리에 의해 이론체계를 쌓아 올려 갔다는 점에 있다. 그러나 그 내용을 자세히 검토해보면 몇 가지 문제점이 있다. 가령 삼각형의 합동을 증명할 때 도형을 겹친다, 또는 평면이 직선으로 분할된다, 또는 2직선이 1점에서 만난다는 따위는 직관적인 면이 상기되는 대목이다. 그것보다도, 본래 당연한 이치라야 할 공준(公準) 속에, 그렇지 않은 것이 들어있어서 큰 문제가 된다. 공준이라는 것은 그것을 바탕으로 하여 전개되는 모든 서술에 조금도 모순이 일어나지 않도록 처음부터 내세우는 조건이다. 즉, 그것은 그 위에 기하학 전체가 세워지는 기본적인 출발점이 되는 가정이다. 기하학의 체계를 건물에 비유한다면 공준은 그 주춧돌의 구실을 하는 셈이다. 앞에서 언급한 유클리드 원론의 5 공준을 다시 살펴보면,

1. 임의의 점에서 임의의 점까지 하나의 직선을 그을 수 있다.
2. 한정된 직선을 연장하여 하나의 직선으로 할 수 있다.
3. 임의의 중심 및 반지름으로 원을 그릴 수 있다.
4. 직각은 모두 같다.
5. 1직선이 2직선과 만나서 그 한쪽의 2내각의 합이 2직각보다도 작을 때는 그 2직선을 연장하면 내 각의 합이 2직각보다도 작은 쪽에서 만난다.

이 중에서 마지막의 평행선의 공준은 너무 복잡하고 오히려 정리처럼 보인다. 그렇다면 증명도 가능한 것이 아닌가하는 생각에서 옛날부터 유명, 무명의 수학자들에 의한 증명이 거듭 시도되었으나 만족스러운 것이 나타나지 않았다. 그래서 방법을 바꾸어 이 공준을 부정하였을 때의 모순점을 찾아내는, 간접적인 증명법을 써보았더니 그 결과는 엉뚱하게도 모순이 일어나기는커녕 이전과는 다른 새로운 명제인 정리가 쏟아져 나왔다. 그리하여 이것들을 하나로 엮으면 유클리드 기하학과는 딴판인 새로운 기하학의 체계가 이루어진다는 것을 알게 되었다.

리만의 비유클리드 기하는 "직선 밖의 한 점을 지나서 이 직선에 평행인 직선은 존재하지 않는다." 는 기하학이다. 또 직선은 길이가 한정되어 있고 닫혀져 있다는 기하학이다. 이 기하학의 모형을 유클리드공간에서 나타내면 구면기하학이 된다. 지금 하나의 구면을 생각하여, 이것을 평면으로 하고, 그리고 구면상의 대원(大圓) 즉, 중심 0 을 지나는 선을 직선이라고 부른다. 구면상의 임의의 점 p 와 구(球)의 중심 0 에 관한 대칭점

P' 를 같은 것으로 생각한다. 즉, P 와 P' 를 합쳐서 한 점으로 본다. 다른 모든 점도 이와 같이 다루기도 한다. 그 이유는 만일 P 와 P' 를 다른 점으로 간주하면 두 점을 지나는 직선이 무수히 많아지는 결과가 생기고 "두 개의 서로 다른 점은 항상 하나의 직선을 결정한다." 는 공리에 어긋나기 때문이다. 이제 우리는 평행선에 관해서 서로 상반되는 공준을 가진 세 가지 기하학을 알게 되었다.

1. 유클리드기하 : 평행선은 하나밖에 없다
2. 로바체프스끼 및 볼리아이 기하 : 평생선이 둘 있다(결국 무수히 많이 존재한다.)
3. 리만 기하: 평행선은 존재하지 않는다.

위의 2, 3 은 비유클리드기하학이며, 이 기하학들의 차이를 다음과 같이 나타낼 수 있다. 즉, 삼각형의 내각의 합에 관해서,

1. $\angle A + \angle B + \angle C = \pi$
2. $\angle A + \angle B + \angle C < \pi$
3. $\angle A + \angle B + \angle C > \pi$

또 곡률(曲率)을 M 이라 한다면,

1. M = 0 (곡률이 0, 평면)
2. M < 0 (곡률이 마이너스, 나팔형의 곡면체)
3. M > 0 (곡률이 플러스, 구면)

새 기하학 탄생의 산파역 맡은 삼총사는 로바체프스키, 볼리아이, 그리고 리만 세 사람이었다. 이들 세 가지 기하학은 결코 같은 방법으로 체계화된 것이 아니었음이 분명하다. 볼리아이, 로바체프스키의 기하학은 말하

자면 종합법에 의해서 형성된 것이지만 리만 기하학은 처음부터 해석적인 것이었다. 그 후에도 수많은 천재의 손을 거쳐서 근대 기하학이 발전하였다.

철학자 칸트가 유클리드 기하학을 의심할 여지가 없는 명백한 진리라 믿었던 확신은 비유클리드 기하학이 나타남으로써 무너지고 말았다. 비유클리드 기하학의 출현은 단순히 수학 내부에서의 변화를 뜻하는 것이 아니고 인간의 사고의 역사에 전환기를 가져온 대사건이었던 것이다.

[그림 6-3-20] 임마누엘 칸트

4. 근대의 수학자

4.1 아벨

닐스 헨리크 아벨(Niels Henrik Abel, 1802~1829)은 노르웨이의 수학자이다. 대학에 들어가 홀름보에를 만나서 수학에 흥미를 갖게 되었다. 1823년 크리스티아니아 대학을 졸업하고, 1825년 베를린에 유학하였다. 1827년 귀국하여 타원 함수론 · 적분 방정식과 5차방정식의 대수적 불능 문제를 연구하였다. 그는 대수 함수론의 기본 정리인 "아벨의 정리"를 발표하였다. 친구들과 유럽을 돌아다니며 카를 프리드리히 가우스를 비롯한 많은 저명한 수학자 친구를 얻었지만, 귀국 후에 일자리를 잡지 못하고 빈곤한 생활을 하다가 죽었다.

[그림 6-4-1] 아벨

저서로 "타원 함수의 변형에 관한 일반 문제의 해" 가 있다. 5차 이상의 대수방정식에는 일반적인 근의 공식이 존재하지 않는 것을 처음으로 정확하게 증명해 냈다. 이를 아벨-루피니 정리라고 한다. 이 업적에 대해서는, 파올로 루피니의 중요한 공헌이 있지만, 그 증명은 완전한 것이 아니었다고 한다. 이 문제는 당시의 오랜 세월의 긴 현안이었으며, 이 실적만으로도 아벨의 이름이 수학사에 기록되기에 충분하지만, 아벨의 진가가 발휘된 것은 그 후의 타원함수에 관한 연구이다. 아벨은 가우스의 몇 마디로부터 힌트를 얻어 타원적분의 역함수 연구에 임해, 가우스의 연구(가우스의 완벽주의 때문에 생전에는 공표되지 않았다)에 도달했다. 연구의 라이벌이었던 야코비는 아벨의 논문을 보고 "나로선 비평도 할 수 없는 대논문" 이라고 최대의 찬사를 보냈다고 한다. 그의 이름을 딴 아벨상이 2001년에 창설되었다.

[그림 6-4-2] 파올로 루피니

4.2 코시

오귀스탱 루이 코시 (Augustin Louis Cauchy, 1789-1857)는 프랑스의 수학자이다. 조제프 루이 라그랑주, 피에르 시몽 라플라스(P. S. Laplace) 등으로 대표되는 18세기의 수학을 19세기적 단계에 올려놓은 프랑스의 대수학자로도 평가된다. 프랑스 혁명의 해에 파리에서 태어나 에콜 폴리테크니크에서 공부하고 후에 모교의 교수가 되었다. 당시는 혁명과 반혁명이 교차하는 정치적인 격동기로, 엄격한 가톨릭 신자이고 왕당파였던 코시는 정치적으로 지조를 지키고자 하여 많은 고난을 겪었다.

코시의 수학상 업적 중에서 가장 큰 공로는 해석학을 엄밀한 기초 위에 올려 놓은 것이다. 무한소라는 애매한 개념상에 있던 미적분을 극한(極限)과 연속, 급수의 합 등의 개념을 확립함으로써 합리화시킨 공적이 크다. 또, 실변수함수의 정적분문제에서 복수변수의 함수연구에 손을 대어 복소수함수론의 기초정리를 확립했다. 그리고 그 때까지 계산으로 푸는 것만 시도되던 미분방정식에 대해 해(解)의 존재를 증명했다. 한마디로 말하면 코시는 해석학을 계산에서 논리의 단계로 올려놓았다고 할 수 있다.

4.3 야코비

카를 구스타프 야코프 야코비(Carl Gustav Jacob Jacobi, 1804-1851)는 독일의 수학자로서 유대인 가정에서 태어났다. 베를린 훔볼트 대학교에서 공부하였고, 1825년 박사학위를 수여받았다. 학위논문 "단분수의 해석적 연구 (Disquisitiones analyticæ de fractionibus simplicibus)" 는 부분분수 이론을 다뤘다. 1827년 쾨니히스베르크 대학교에서 수학하고 원외교수가 되었다. 1829년에는 정교수가 되었고, 1842년까지 활동하였다. 귀국 후에는 베를린에 머물면서 국왕으로부터 연금을 받고 평생을 보냈다.

[그림 6-4-3] 야코비
(Carl Gustav Jacob Jacobi, 1804~1851)

삼각함수에 기초를 둔 타원함수를 만들었다. 아벨의 초월함수를 연구하고 타원함수론을 확립했으며, 행렬식을 연구해 해석학에 중요한 함수행렬식을 만들었다. 또한 편미분 방정식을 연구해 해밀턴-야코비 방정식을 도입하여 역학을 연구하는 데 매우 중요한 역할을 했다.

4.4 야노스 볼리아이

야노스 볼리아이(János Bolyai, 1802~1860)는 1802년 12월15일 헝가리의 콜로즈바르(현재의 루마니아)에서 대학의 수학·물리학 교수였던 파르카스 볼프강 볼리아이(Farkas Wolfgang Bolyai)의 아들로 태어났다. 수학은 그의 아버지로부터 직접 배웠다고 하며, 이미 열세 살 때 미적분학을 숙달했다고 한다. 야노스의 아버지인 파르카스는 아들의 천재성을 깨닫고 가우스에게 야노스를 수습수학자로서 받아달라는 편지를 보냈는데, 당시 가우스는 이 편지에 대한 답을 보내지 않았다고 한다.

야노스는 빈에 있는 왕립 공과대학에 입학하여 군사공학을 전공했으며, 원래 7년 과정이었던 대학을 5년만에 끝마쳤고(1818-1822), 대부분의 과목에서 최우수 성적을 받았다고 한다. 1823년 공병장교가 되어 11년간을 근무했으며, 유클리드의 제5공준(평행선 공준)의 증명을 위해 연구했다. 이에 대한 10여 년의 연구 끝에 평행선 공준이 증명 불가능하다는 결론을 내린 후, 비유클리드 기하학을 발견했다. 야노스는 수학자뿐만이 아니라 바이올린 연주자로서도 유명했고, 특히 펜싱 선수로서 두각을 나타냈다. 그는 오스트리아헝가리 군대에서 최고의 검술가이며 댄서였다. 또 여러 외국어에도 능통했다고 하는데, 중국어와 티베트어를 포함한 아홉 개의 언어를 구사할 수 있었다고 하며, 만년에는 만국 공통어를 만드는 일에 전념했다고 전해진다. 그는 내향적인 성격으로 대부분의 시간을 조용히 보냈으며, 담배나 술은 물론이고 커피도 입에 대지 않았다.

[그림 6-4-4] 야노스 볼리아이
(János Bolyai, 1802-1860)

야노스가 평행선 공준을 연구하고 처음에는 가우스와 마찬가지로 삼각형의 내각의 합이 2직각보다 큰 경우와 작은 경우로 나누어 모순점을 발견하면 이를 제거하려고 했으나 실패하였고, 가우스처럼 유클리드 기하학과 독립적인 또 하나의 기하학이 있다는 생각을 하게 되어 1829년 드디어 완성된 원고가 파르카스에게 전달되었다. 파르카스는 이 논문을 친한 친구였던 가우스에게 보내 가우스가 아들의 천재성을 입증해 줄 것이며, 이 업적을 널리 선전해 줄 것이라는 기대를 하고 있었다. 가우스는 그 편지에 대한 답을 6개월 이후에나 보내주었는데, 그 내용 또한 이미 20여 년 전에 알고 있었다는 답장이었다고 한다. 야노스는 무척 자존심이 상했으나 포기하지 않고 그의 이론을 1832년 아버지의 저서 "열심인 젊은이들을 위한 수학의 원리에 관한 소론(Tentamen)"의 제Ⅰ권, 26쪽짜리 부록에 "공간의 절대과학(The Absolute Science of Space)"라는 논문으로 출간하였다. 그는 이 논문에서 "만일 한 점을 지나 주어진 직선과 평행인 직선이 하나 이상 있다고 하면…"이라는 가정에서 시작해서 모순이 없는 즉, 유클리드 기하학과 독립인 일관성 있는 체계를 갖춘 기하학이 성립한다는 것을 밝혀냈다. 하지만, 당시에는 야노스의 수학을 이해할 수 있는 사람들이 없어서 야노스를 심하게 비판했고, 특히 러시아 수학자 로바체프스키가 3년 전에 이미 비유클리드 기하학이란 이름으로 똑같은 논문을 발표했다는 사실을 알게 된 야노스는 크게 실망한 후, 다시는 그의 연구를 발표하지 않았다. 이후, 그의 생애는 평탄하지 않았는데, 그는 "역사는 평탄한 길을 걷지 않는다. 더 많은 혁명과 폭력이 필요한 것이다"고 스스로 선언하였을 정도로 압제자에 대한 혁명운동 속에서 그 대부분을 보냈다.

야노스는 평행선 공준을 제외한 아홉 개의 공리와 공준에 의해 유도된 28개의 명제로 이루어진 평행선 공준이 없는 기하학을 "절대기하학(Absolute Geometry)"라고 불렀고, 후에 이 기하학은 프레노비츠(Prenowits, W)와 조르당(Jordan, M)에 의해 "중립기하학(Neutral Geometry)"로 불린다. 이 중립 기하학은 평행선 공준과 무관하기 때문에 유클리드 기하학과 비유클리드 기하학의 양쪽에 공통적으로 사용되는 기하학이다.

4.5 로바체프스키

러시아 수학자 로바체프스키(Nilolay Ivanovich Lobachevsky, 1792-1856)는 카잔대학에서 수학하였다. 학생시절에 매우 난폭하여 감옥에 들어 간 일도 있었으나 수학에는 재능이 뛰어 났다고 한다. 1811년 카잔대학 졸업 후 대학에 남아서 교편을 잡았고, 1816년에 정교수가 되어 수학 외에 천문학과 물리학 등도 강의하였다. 그 후 도서관장과 박물관장을 겸하였고 1827년에 학장이 되었다. 유클리드기하학의 기초공리를 검토하여 유클리드 기하학과는 전혀 다른 새로운 기하학의 성립 가능성을 구상하여 1826년 카잔 수학물리학 협회에서 발표하여 헝가리의 볼리아이와는 별도로 비유클리드기하학을 창시하였다. 이 연구에 대한 당시의 반응은 냉담하였고 연구 초고마저 분실하였으나, 로바체프스키의 비유클리드 기하학에 관한 최초의 논문은 볼리아이의 논문이 인쇄되기 2, 3년 전인 1829-1830년에 카잔대학 학보(Kasan Bulletin)에 발표했다. 이 논문은 러시아에서는 거의 관심을 끌지 못했고, 러시아어로 쓰어 졌기 때문에 실제로 다른 곳에서도 아무런 관심을 끌지 못했다. 로바체프스키는 이 최초의 논문을 다른 곳에 소개시키려 하였다. 좀 더 많은 사람에게 알리려고 1840년 "평행선 이론의 기하학적 고찰(Geoinetrische Untersuchungen zur Theorie der Parallellinien)" 이라는 제목의 독일어로 소책자를 발간하고, 수학계에 알려지게 되었다. 대수학에서는 "유한의 계산(1834)", 수학해석에서는 "무한급수의 수렴성(1841)" 등이 있고, 함수의 미분 가능성과 연속성의 구별을 처음으로 지적하고 "로바체프스키 방정식" 으로 불리는 대수방정식의 수치해법을 실행하는 등 폭넓은 연구를 하였다.

[그림 6-4-5] 로바체프스키
(Nikolay Ivanovich Lobachevsky, 1792-1856)

　죽기 1년 전이며 장님이 된 1년 후인 1855년에 "범기하학(Pangeometrie)"
이라는 제목의 프랑스어로 쓰여진 최종적이며 진전된 논문을 발간하였다.
당시에는 새로운 발표에 대한 정보가 매우 늦게 전파되었기 때문에 가우스
는 1840년 독일어판이 나와서야 비로소 로바체프스키의 논문을 보았고, 야
노스 볼리아이는 1848년까지 그 논문을 모르고 있었다. 로바체프스키 자신
은 그의 논문이 널리 알려지는 것을 보지 못하고 죽었지만 그가 발전시킨
비유클리드 기하학을 오늘날 종종 로바체프스키의 기하학(Lobachevskian
Geometry)이라 불린다. 이것은 평면 위에서 직선 밖의 한 점을 지나 이
직선에 평행한 직선은 적어도 2개 존재한다는 것을 공리(로바체프스키-볼
리아이의 공리)로 채택하여, 이것과 유클리드 "기하학 원론" 의 다른 공리
로부터 3차원 유클리드공간 내에서의 비유클리드 기하학을 창시한 것으
로 "쌍곡선 비유클리드기하학" 이라고도 하며, 등각사상론(等角寫像論),
곡면의 위상기하학 등 그 응용범위가 넓다.

4.6 리만

게오르크 프리드리히 베른하르트 리만(Georg Friedrich Bernhard Riemann, 1826-1866)은 독일의 수학자이다. 해석학, 미분기하학에 혁신적인 업적을 남겼으며, 리만 기하학은 일반상대성이론의 기술에 사용되고 있다. 그의 이름은 리만 적분, 코시-리만 방정식, 리만 제타 함수, 리만 다양체 등의 수학용어에 남아 있다. 현재 독일의 다넨베르크(Dannenberg) 근처인 하노버 왕국의 한 마을에서 태어났다. 부친 프리드리히 베른하르트 리만(Friedrich Bernhard Riemann)은 루터 교회의 가난한 목사였고, 리만은 6명의 자녀 중 둘째였다. 어머니를 일찍 여의었다. 부끄러움을 잘 타고, 자주 신경쇠약에 시달렸다. 어릴 때부터 보기 드문 수학적 재능을 나타냈지만 대중 앞에서 말하기에는 너무 수줍음을 타는 편이었다. 1840년 할머니와 살면서 중학교(lyceum, middle school)를 다니기 위해 하노버(Hanover)에 갔다. 1842년 할머니가 세상을 떠나자 요하네움 뤼넨부르크(Johanneum Lüneburg)에 있는 고등학교에 진학하였다. 고등학교 시절 성경을 열심히 공부하면서도 그의 관심은 자주 수학으로 돌아가곤 했다. 심지어 창세기의 정확성을 수학적으로 증명할 생각까지 했다. 담당 교사는 자신이 가르치는 제자의 천재성을 간파했고, 그가 아주 복잡한 수학문제를 풀어내는 것을 보고 감탄하였다. 당연히 그 제자는 교사의 교수능력 범위를 벗어나곤 했다. 1846년 19세 때 목사가 되어 생활에 보탬이 되기 위해 철학과 신학을 공부하기 시작했다. 1847년 아버지로부터 신학공부를 그만두고 수학을 공부해도 좋다는 허락을 받고, 야코비(Jacobi), 디리클레(Dirichlet), 슈타이너(Steiner)등이 가르치는 베를린으로 가서 2년간 머물렀다가 1849년 괴팅겐(Göttingen)으로 돌아왔다.

짧은 일생을 통해 발표한 논문의 수는 비교적 적지만, 수학의 각 분야에서 획기적인 업적을 남겼다. 복소함수론에서의 연구의 특징은 유체역학적 고찰에 의해 영향을 받아, 수학의 다른 많은 영역과 복소함수론 사이에 광범위한 유사성이 있음을 보여 주었으며, 또 복소함수의 기하학적인 이론의 기초를 마련한 점이다. 1851년 학위 논문에서, 그는 (x, y)평면을 (u, v)평면 위에 등각적(等角的)으로 사상시켜, 한 평면 위의 임의의 단일연결역(單一連結域)이 다른 평면위의 임의의 단일연결역으로 변형될 수 있는 함수의 존재를 증명하였다. 이것은 1857년에 아벨함수에 관한 논문으로, 위상수학적 고찰을 해석함으로 도입한 리만면의 개념으로 유도한 것이었다. 1854년의 교수자격취득 논문에서, 그는 리만적분을 정의하고, 삼각급수의 수렴에 관한 조건을 제시했는데, 이 적분의 정의는 함수가 적분된다는 것은 무엇을 뜻하는지를 나타낸 것이었다.

"리만 기하학" 의 창시자인 리만은 1854년 괴팅엔 대학의 취임 강연에서 "기하학의 기초가 되는 가설" 이라는 논문을 발표하여 새 기하학의 출발을 세상에 알렸다. 폐결핵으로 40세에 일찍 죽기는 했으나, "빛나는 직관력의 소유자(펠릭스 클라인)" 라는 평을 받았던 그는 볼리아이나 로바체프스키와는 독립적으로 자신의 비유클리드 기하학을 건설하였다. 그는 이 두 사람의 업적을 전혀 알지 못하였다고 한다.

[그림 6-4-6] 베른하르트 리만(Georg Friedrich B. Riemann, 1826-1866)

7

현대의 수학

　20세기 수학 연구의 많은 부분은 주제의 논리적 기초와 구조를 검증하는 데 전념되어 왔으며, 이것은 점차 공리론(axiomatics), 즉, 공준집합과 그것들의 성질에 관한 연구를 탄생시켰다. 많은 수학의 기본 개념이 눈부시게 발전되고 일반화되었으며, 데데킨트(Dedekind, J. W. R. 1831-1916)는 절단(schnitt)이라는 개념을 도입하여 수학의 기초를 확립하는데 기여하였다. 클라인은 해석학에서 많은 업적을 남겼을 뿐만 아니라 엘랑겐 프로그램(Erlangen Program)을 발표하여 기하학 전체를 명확하게 분류하고, 나아가서는 새로운 기하학이 탄생할 길을 트게 하였다. 힐베르트(Hilbert, D. 1862-1943)의 기하학의 공리계 연구는 현대 공리주의 수학의 기초를 이루었다.

　현대 수학은 그의 기초를 확립하는 작업을 강력히 추진하면서, 한편으로는 종래의 성과 위에 새로운 성과를 축적해 나가고, 또 수학의 많은 분야의 통일화와 그의 응용을 꾀하는 등 부단한 진보와 발전을 거듭하고 있다. 칸토르의 일반적인 집합론의 기초에 관한 역설 또는 모순이 발견되면서 수학의 기초가 위기를 맞게 되었다. 수학의 많은 부분을 집합론이 지배하고 있기 때문에 집합론에서 역설이 출현한다는 것은 자연스럽게 수학의 전반적인 기본 구조의 타당성에 대하여 의문을 제기하는 것이다. 러셀(Russell, B. 1872-1970)은 1902년에 집합론에 관계되는 역설을 발견하였다. 집합론의 역설을 해결하기 위한 시도는 논리에서의 문제점을 찾아내는 것이며, 일반적인 집합론에서의 역설의 발견이 논리의 기초를 철저하게 고찰하도록 만들었다. 수학의 기초와 관련하여 논리주의, 직관주의, 형식주의라 불리우는 주요 세 가지 시조가 탄생하였다. (1) 러셀과 화이트 헤드의 논리주의(Logicism), (2) 브로우베르 직관주의(Intuitionism) (3) 힐베르트의 형식주의(Formalism)가 그것이다.

1. 칸토르와 집합론

슈투름 운트 드랑(Sturm und Drang, 질풍노도(疾風怒濤))이라는 격정의 계절을 지나, 고전주의에 대한 반역의 시기에 접어들었던 1883년, 이해에 니체는 "짜라투스트라"를, 칸토르는 무한을 주제로 한 집합론을 발표했다. 이들 위대한 두 로만티스트의 등장이 시기적인 일치를 보인 것은 우연이 아니라 데까르트 이래 서유럽 문화의 중심 사상으로 군림해온 낙관적인 이성관 즉, 근대 합리주의의 위기를 알리는 강한 암시였다. 그것은 다가오는 미래로부터 도전장을 받아, 갈림길에 서게 된 시대정신의 고뇌를 상징하는 것이기도 하였다. 니체는 "신은 죽었다." 라는 공격적인 슬로건으로 기독교적인 신의 죽음을 선언하여 종래의 윤리, 도덕, 철학 등 일체의 가치관을 거부하였다.

뉴턴 물리학을 절대적인 진리로 삼은 19세기의 자연관은 하나의 신앙을 낳았다. 그것은 인간을 포함한 모든 존재를 수학적으로 나타낼 수 있다는 이른바, 기계론적인 세계관이다. 다시 말해서 모든 현상은 원자의 위치와 그 운동으로 설명할 수 있을 뿐만 아니라, 나아가서는 세계의 과거, 미래까지도 역학적인 법칙으로 설명할 수 있다고 하는 신앙이었다. 그러나 근래에 뉴턴의 역학을 뒤집었던 상대성 원리는 전자기학적 현상의 설명으로 시간과 공간의 절대성을 부정하는 새로운 개념을 제시하였다. 또한편 현미경을 통해 미분자의 세계는 확률론적인 현상이라는 것을 플랑크(Max Planck, 1858-1947)가 발견함으로써 양자론이 개척되었다. 이와 같이 소위 결정론 철학의 토대가 흔들리자, 절대불변의 진리라고 믿어온 19세기 자연관도 무너지기 시작했다.

칸토르가 집합론을 구상하였을 때, 그 기초로 삼은 무한집합의 개념은 "전체는 부분보다 크다." 고 하는 종래의 상식을 부정하지 않으면 내세울 수 없는 성질의 것이었다. 그뿐만 아니라, 근본적으로는 칸트 철학의 기본 명제인 "수학적인 진리는 선험적이다." 라는 주장에 정면적으로 도전한 셈이었고, 결과적으로 당시 유럽의 사상계을 지배하던 권위적인 견해와 맞서야 하는 엄청난 부담을 안게 되었다. 그래서 칸토로는 어떤 논문 속에서 "수학의 본질은 자유에 있다." 는 명제를 스스로 내걸지 않을 수 없었던 것이다.

과학의 기초를 위협하는 일련 사건들이 연달아 일어 났지만, 이것은 수학의 입장에서도 결코 강 건너의 불이 아니었다. 유클리드의 평행선 공리가 한낱 가설에 지나지 않는다는 새 사실의 발견이 바로 그 예이다. 이렇게 보면 칸토르가 수학의 본질은 자유라고 선언한 것은 다음 주역인 현대 수학의 등장을 알리는 서곡이었다고 할 수 있었다. 옛날부터 무한은 오로지 신의 소유였으며, 감히 인간이 접근할 수 없는 성지이었다. 다만

[그림 7-1-1] 칸토르

그것이 존재한다는 것이 알려 졌을 뿐, 신 이외에는 그 심연을 들여다 볼 수 없었다. 그러나 칸토르는 마침내 금단의 영역에 발을 내딛고 말았다. 이 무한의 세계는 요지경 속이었다. 수학의 가장 간단한 대상인 자연수의 집합 1, 2, 3, … 은 무한이고, 하나의 선분 속에 들어 있다고 생각되는 점의 개수도 무한이다, 그러나 같은 무한이면서도 자연수 전체가 모인 무한과 하나의 선분(길이는 어떻게 되든 상관이 없다)을 메우고 있는 모든 점의 모임인 무한과는 다르고, 후자의 경우가 더 많다고 하니 미칠 지경이었다. 칸토르는 무한히 뻗은 직선상에 띄엄띄엄 떨어져 있는 점(그러나 이 점들도 무한히 뻗어 있다)의 개수와 꽉 붙어서 선분을 메우고 있는 경우를 구별해서, 요컨대 작은 무한과 큰 무한이 있다는 것을 밝혀냈다.

자연수 : 1 2 3 4 5 · · · · · ·

↕ ↕ ↕ ↕ ↕

짝수 : 2 4 6 8 10 · · · · · ·

자연수의 집합과 짝수의 집합은 크기가 같다

[그림 7-1-2] 자연수의 집합과 짝수의 집합의 크기

원소의 개수가 유한일 때에는 그 개수에 의하여 집합의 크기를 비교할 수 있지만, 원소가 무한히 많을 때에는 그렇게 할 수는 없다. 그리하여 칸토르는 두 집합의 원소 사이에 1 대 1 의 대응을 성립시킬 수 있을 때 이 두 집합은 같은 농도(machtigkeit, power)를 가진다고 정의하여 종래의 개수에 대해서 새롭게 농도의 개념을 도입하였다. 이렇게 정하면, 무한의 세계에서는 전에 볼 수 없던 기묘한 현상이 벌어진다. 그 예로, 무한집합에서는 반드시 전체가 부분보다 크다고 할 수 없다는 따위가 그것이다. [그림 7-1-2]에서는 자연수 전체의 집합이 그의 일부분에 지나지 않는 짝수 전체의 집합과 1 대 1의 대응을 이루고 있다. 즉, 같은 농도가 되고 만다. 자연수의 집합과 같은 농도를 가진 집합을 가부번집합(Abzählbare Menge, denumerable set)이라고 이름지은 칸토르는 비가부번의 집합이 존재한다는 것을, 1891년 할레에서 열린 자연과학자회의에서 0 과 1 사이의 모든 실수의 집합을 예로 들어 입증하였다. 가령, 이 집합이 가부번이라고 한다면 다음과 같이 번호를 매길 수 있어야 한다.

$$X_1 \quad : 0, \quad a_1 \quad a_2 \quad a_3$$
$$X_2 \quad : 0, \quad b_1 \quad b_2 \quad b_3$$
$$X_3 \quad : 0, \quad c_1 \quad c_2 \quad c_3$$

위의 a, b, c, … " 등은 0, 1, 2, …, 9 의 10 개의 숫자 중의 어느 하나를 나타낸다. 또 0.3 과 같은 유한소수는 0.2999… 처럼 무한소수의 꼴로 나타내기로 한다고 약속해둔다. 그리하여 [그림 7-1-3]과 같이 대각선상에 있는

a_1, b_2, c_3.....를 꺼내고,

$a_1' \neq a_1, \quad b_2' \neq b_2, \quad c_3' \neq c_3, \quad$ ....

와 같이 되도록 $x' = a_1', b_2', c_3'$........ 를 정하여,

$x' = 0.a_1' b_2' c_3'$....... 를 만들면

이 x'는 $x_1, \quad x_2, \quad x_3,$............의 어느 것과도 다른 소수가 된다.

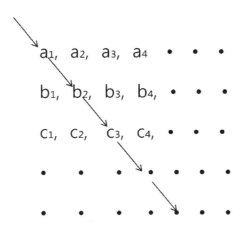

[그림 7-1-3] 가부번집합의 예

이것은 x_1, x_2, x_3, ………… 이 0 과 1 사이의 모든 실수와 빠짐없이 대응한다는 가정 과 어긋난다. 따라서 0 과 1 사이의 실수의 집합은 가부번이 아니다. 이 집합과 같은 농도를 지닌 집합을 "연속체" 라고 그는 불렀다 가부번집합의 원소 사이에 차례를 매기기 위해서는 자연수 집합 {1, 2, 3, … } 만으로 충분하지만, 그렇지 않을 때에는 이것만으로는 부족하기 때문에 "초한수" ω 를 도입하여 그 다음에 이어,

$$\omega + 1, \omega + 2 \cdots, \omega + n, \cdots$$

와 같이 순위를 정한다. 그리고 이 다음에는 또,

$$2\omega + 1, 2\omega + 2, \cdots, 2\omega + n, \cdots$$

로 정하여 이 n 을 크게 하면 $\omega\omega = \omega^2$ 을 생각할 수 있고, 또 지수의 2 를 크게 하면 ω^n 이 되고, 또 이 n 을 더 크게 하여 ω^ω 에 도달한다. 이것을 계속 되풀이하면,

가 된다. 칸토르는, 이것을 ε 으로 나타냈다. 그리하여 또

$\varepsilon+1$, $\varepsilon+2$, $\varepsilon+3$, … 과 같이 진행한다.

무한개념 자체도 문제였다. 가우스 같은 대수학자도, "나는 무한을 한 갓 [물건으로 취급한다는 것에 반대한다. 그러한 개념의 사용이란 수학에 서는 있을 수 없다. 무한의 참뜻은 극한과정이다." 라고 말하였다. 무한이 란 "한없이 뻗어나가는 상태", 그러니까 아무리 쫓아가도 실제로는 도달 힐 수 없는 것 즉, 무한 전체를 어떤 그릇 속에 담고 한마디로 그 크기를 말한다는 것은 도저히 불가능한 일이라고 보았다. 이러한 무한을 그릇 속 에 넣고 전체를 한 눈으로 볼 수 있게 하고, 따라서 그 크기도 정했으니, 이때의 무한을 현실적 무한이라고 부른다. 무한을 담고 있는 이러한 그릇 을 현실적 무한이라고 부를 수 있을 것이다.

칸토르의 무한 즉, 그릇에 담겨진 현실적 무한의 입장에서 보면 전체 와 부분이 같아져버린다. 같은 크기라고 했다가, 다른 한편에서는 무한 중 에도 크고, 작은 것이 있다고 하는 따위 등이 겉으로 보기에는 미친 사람 의 망상이거나, 심술 같기도 한 이 대담한 발상은 무려 2천년에 걸친 전통 을 뒤 집어 엎는 결과를 가져오기 때문에, 당시 독일의 지도적 입장에 있 었던 수학자 사이에서는 와이에르슈트라스 한 사람만 옛 제자인 칸토르에 호의적으로 대해 주었고, 동료 중에서는 데데킨트만이 그를 격려 해주었 을 뿐이었다. 무한을 부정해서 소위 유한주의의 입장을 고수하였던 크로 네커와 같은 수학자는 칸토르를 실없는 불장난으로 억압하였다. 수학적 진리의 철학적 의미를 밝히는 것이 중요한 목적이었던 크로네커의 처지에 서는, 모든 수의 기초가 되는 정수인 자연수를 중요시하지 않을 수 없었 으며, 스스로도 "신은 정수를 만들었다. 그 이외의 것은 모두 인간이 만든 것이다." 라는 선언 아래 수학의 산술화(arithmetization)를 목표로 연구하

여, 이 방면에서 뛰어난 업적을 남긴 것도 사실이지만, 자신의 철학에 대한 집념 때문에 집합론과 같은 이단은 결코 용납하지 않았다. 자신의 생각에 대한 너무나 거센 반대와 비난 때문에 큰 충격을 받은 칸토르는 정신적인 이상까지 일으켜서 좌절하였지만, 어쨌든 그의 무한론은 철학에서 니체가 한 것처럼 과거의 수학을 파괴하고 그 위에 새로운 수학 세계를 세우는 주춧돌이 되었다.

무한론이 많은 이율배반을 내포하고 있었다는 것은 유한을 대상으로 하는 논리로 무한세계를 다루었기 때문에 일어나는 당연한 현상이었다. 수학이 그리스 시대에 철학과 밀착하였다가 떨어져 나갔지만, 다시 이 시점에서 철학은 이론의 전개에서 수학적인 방법이 필요하고, 수학은 자신의 기초에 관한 재검토를 위해 철학이 필요하였던 것이다.

[그림 7-1-4] 와이에르슈트라스

[그림 7-1-5] 데데킨트

[그림 7-1-6] 크로네커

2. 힐버트와 공리 주의

칸토르는 정신병원에서 쓸쓸하게 그의 생애를 마쳤지만, 그의 집합론을 이어받아 20세기 수학에 결정적인 영향을 끼치게 한 선두주자의 한사람은 힐버트였다. 그는 "칸토르가 우리를 위하여 마련해준 이 낙원인 집합론" 으로부터 우리를 내쫓는 것은 누구든 용서 못한다하며 열렬한 칸토르의 지지자로 나섰다. 힐버트가 집합론을 낙원으로 생각한 까닭은 집합개념이야 말로 19세기의 해석학, 그리고 위상개념을 비롯하여 현대 수학의 중요한 열매를 약속해주는 값진 밑거름으로 믿었기 때문이다. 사실 그의 이러한 생각은 옳았다. 힐버트의 가장 큰 업적은 무한이 수학의 세계에 등장함으로써 한때 위기에 빠진 논리에 대한 신앙을 회복시켰을 뿐만 아니라, 그것을 종전보다 더욱 확고한 위치에 올려 놓았다는 점이다. 그는 수학 전체를 공리화시키고 논리기호만을 사용하여 완전히 형식적으로 표현하는 방법을 택했다. 그는 공리주의라는 이름으로 현대 추상수학의 기틀을 잡았다. 1899년에 출판된 힐버트의 "기하학 기초론(Grundlagen der Geometric)" 이라는 저서는 유클리드의 원론에 담겨진 직관적인 요소를 말끔히 없애고, 순전히 공리적으로 기하학의 체계를 다시 구성한, 20세기의 "새 기하학 원론" 이라고 할 수 있다.

힐버트는 "기하학은 대수학과 마찬가지로 체계적인 발전을 위해서는 극히 제한된 간단한 기본원리가 필요하다. 이 몇 개의 기본원리는 기하학의 공리라고 불리는 것이다. 유클리드이래로 기하학의 공리를 설정하고 그것들 사이의 상호관계를 따져왔지만 이것은 공간적인 직관을 논리적으로 분석한다는 것을 뜻한다.(기하학 기초론)" 고 말하고 있다. 유클리드 원론에서 점이라든지 직선을 정의 할 때, 그것은 우리의 경험을 이상화하는 것이었고, 공리(공준)란 우리의 경험세계에서 너무도 당연한 사실 즉, 자명의 이치였다. 그러나 철저하게 논리성을 내세운 지금의 사정은 그때

[그림 7-2-1] 힐버트

[그림 7-2-2] 기하학 기초론

와 달라졌다. 이제는 정의한다는 것부터가 불가능하다는 입장을 취하게 되었으며 논리적으로 따질 때 이렇게 되는 것이 오히려 당연하다. 가령 "점은 위치만 있고 크기는 없다." 는 정의를 생각해 보자. 이것은 논리적으로 완전한 것은 못 된다. 왜냐하면 점을 정의하기 위해서는 위치라든지 크기가 정의되어 있어야 하고, 이것들을 정의하기 위해서는 그 정의에 쓰이는 용어를 또 정의해야 하고 결국 모든 용어를 정의할 수 없기 때문에 순환론에 빠지고 만다. 예를 들면 사전에서 A 라는 낱말을 찾아보면, 그것은 B 라는 낱말과 같다고 되어 있어서 B 를 찾아보면 C, C 를 찾아보면 D, 이렇게 헤매다 보면, 다시 A 로 되돌아오고 만다는 경우와 같다. 점이라든지 직선을 정의한다는 것은 논리적으로는 도저히 불가능한 일이다. 그렇다고 기하학이, 우리가 경험하는 세계와 전혀 관계를 갖지 못하면 기하학으로서의 의미가 없어지고 만다. 그래서 점이나 직선을 여전히 생각하기도 하지만 소위 무정의 요소로 쓰기로 한다. 즉, 이제는 점이다, 직선이다 하여도 이름뿐으로 그 밖의 특별한 의미를 덧붙이지 않는다. 그리고 그들 사이는 오직 공리에 의해서만 관계 맺도록 한다.

"무정의 요소와 얼마간의 공리, 이것을 공리계라고 한다." 를 바탕으로 하여, 그 위에 순전히 논리적으로 수학이론을 전개 하는 방법을 공리적 방법이라고 한다. 그리고 수학이론을 공리적 방법에 의해서 전개하는 입장이 소위 공리주의이다. 이렇게 보면 힐버트의 "기하학 기초론" 이야말로 공리주의 수학의 파일럿 구실을 하였던 것이 다. 힐버트는 공리란 원론에서처럼 자명한 진리를 뜻한다든지 우리의 경험을 표현한다는 따위의 성격을 지니는 것이 아니고, 단순히 기본 개념 사이의 관계를 정하는 가설에 지나지 않는다고 보았다. 따라서 [점], [직선], [평면] 이라고 할 때, 그 것은 반드시 우리가 직관적으로 느끼는 점이나 직선, 평면을 뜻하는 것이 아니고, 주어진 공리를 만족시키기만 하면 무엇이라도 상관없다는 것이다. 이것을 힐버트는 "점, 직선, 평면 대신에 테이블, 의자, 컵 등을 사용해도 기하학을 할 수 있다." 라는 말로 나타내고 있다. 이처럼 힐버트의 수학은 가설적인 공리를 기초로 하여 수립된 연역체계 즉, 낱낱의 대상으로부터 구체성을 추상함으로써 얻어지는 것 사이에 성립하는 형식이라는 뜻으로 "형식주의" 라고 불리고 있다. 또 이러한 뜻에서 그는 분명히 20세기 수학의 창시자였다. 대상의 외연화, 법칙성의 추상, 그리고 형식의 확립 등은 공리주의의 이름으로 불리는 20세기의 추상수학의 형태를 규정짓는 것이다. 그리고 공리주의가 19세기에서 20세기적인 것으로 발전하는 과정에는 항상 집합론에 관한 문제가 깔려 있다는 점에 유의할 필요가 있다. 집합론의 혁명적인 영향이 미치는 범위는 그만큼 컸던 것이다.

3. 수학과 논리

어느 시대를 막론하고 그 체계 속에 모순이 나타나서는 안 된다는 것은 수학이 성립하기 위한 가장 기본적인 조건이다. 이에 관해서 아리스토텔레스는 그의 논리학에서 모순을 내포하는 이론으로부터는 아무런 사실도 끌어낼 수 없다고 말하였다. 아무튼 수학이론 속에는 어떤 모순이 포함될 수도 있다는 것을 19세기 이전의 수학자들은 꿈에도 생각해본 적이 없었다. 그런데 집합론 속에 모순이 있다는 것이 지적되었으니 문제는 심각하였다. 러셀이 발견하였기 때문에 보통 러셀의 파라독스라는 이름으로 불리는 이 모순은 다음과 같은 것이었다. 즉, 자기 자신을 원소로 가지고 있지 않는 집합을 정상집합이라 부르기로 한다면 다음과 같은 모순된 정리가 동시에 성립한다.

정리 1. 모든 정상집합의 집합은 정상집합이다.
정리 2. 모든 정상집합의 집합은 정상집합이 아니다. 즉, 자기 자신도
　　　　그 집합의 원소가 된다.

위의 정리 1과 2는 순전히 논리적으로 따져서 얻은 결과이다. 처음에는 이러한 모순을 별로 중요시하지 않는 수학자도 있었다. 그 이유는 논리학자가 아닌, 수학자가 관심을 가질 문제가 아니라고 생각하였기 때문이다. 일부 이러한 수학자의 무관심도 얼마 지탱하지 못하였다. 수학이 논리를 중요한 무기로 사용하는 이상, 논리가 지니고 있는 결함은 바로 수학상의 문제가 안 될 수 없고 특히 이 결함이 수학상의 정의라든지 증명에 쓰이는 개념 속에서 발견된다면 수학으로서는 치명적인 타격이 되기 때문이다. 그래서 당연한 결과이기도 하였지만 수학자 사이에 논리학을 연구하려는 움직임이 일어나기 시작했다. 논리학이라 하면 종전에는 소위 아리스토텔레스 논리학이 옛날 그대로의 모습으로 줄곧 이용되었지만, 이

7
·
현대의 수학 ─

289

[그림 7-3-1] 러셀

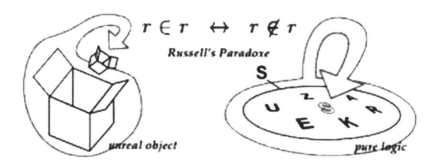

[그림 7-3-2] 러셀의 파라독스

때부터 비로소 기호논리학 또는 수학적 논리학이라고 불리는 새로운 연구 분야가 활발히 개발되었다.

고대 그리스 이래 한결 같았던 논리학은 이리하여 라이프니츠, 드모르간, 조지 불 등이 시작한 기호적 방법을 바탕으로 하여 그보다 훨씬 강화되었다. 그러나 여기에도 두 가지의 입장이 있었다. 그 하나는 페아노의 방법이다. 페아노의 공리계라는 이름으로 알려진 자연수의 공리를 세운 그는 현대 기호논리학의 기초를 닦은 거인 중의 한 사람이었고, 러셀도 페아노로부터 많은 영향을 받았다. 그러나 페아노는 논리학을 수학의 수단 방법으로 간주하였다. 논리는 필요 불가결의 가장 중요한 방법이기도 하지만 수학이라는 주인을 섬기는 머슴에 지나지 않는다는 것이었다. 이러한 페아노의 견해에 대해서 거꾸로 논리학과 수학의 관계를 보려는 입장이 나오는 것은 당연한 인정일지도 모른다. 즉, 20세기에 접어들면서 논리학은 수학의 이론을 튼튼하게 만들기 위한 도구가 아니고, 오히려 수학의 조상이라는 주장이 나오게 되었다. 이것은 프레게(Gottlob Frege, 1848-1925)가 처음에 생각하였고 러셀이 발전시켰기 때문에 "프레게 러셀의 입장(Frege-Russell thesis)" 또는 "논리주의적 입장(logistic thesis)"이라고 불린다. 러셀은 "역사적으로 보면 수학과 논리학은 전혀 다른 연구였다. 수학은 과학과 관계가 있고 논리학은 그리스 사람들이 만들어낸 것이다. 그러나 이 둘은 근래에 아주 발전하여 논리학은 수학적인 것으로 수학은 논리학적인 것으로 변하고, 그 결과 오늘날에는 둘 사이에 분명한 한계선을 그을 수 없고, 마침내 사실상 하나의 학문이 되고 말았다. 뿐만 아니라, 이 둘 사이의 차이는 흡사 어린이와 어른 사이의 그것과 같은 것이고, 논리학을 수학의 청년시대라 한다면 수학은 논리학의 장년시대이다.(러셀, 수리철학서설)" 수학은 요컨대 논리학으로부터 나온다는 것, 그러니까 논리학의 연장이라고 하는 기본 입장은 러셀이 화이트 헤드와 공저하였던 "수학의 원리(Principia Mathematica)"에 자세하게 전개되어 있다.

[그림 7-3-3] 화이트 헤드

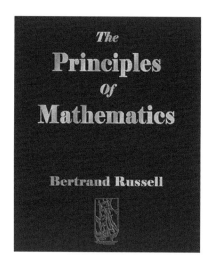

[그림 7-3-4] 수학의 원리

4. 수학의 추상화

고대로부터 19세기에 이르기까지 수학자가 연구하는 대상이 수, 양, 도형이라는 점과 수학이 수와 도형에 관한 연구를 외면한다는 것은 도저히 있을 수 없는 것으로 여겨져 왔다. 그러나 새로운 상황과 문제에 부딪치고, 그로 인하여 새로운 사상이 생겨남에 따라서 종전의 테두리 안에 그대로 수학의 대상을 한정시키는 것은 어려운 일이었다. 때마침 음수와 허수의 등장은 수학자들의 새로운 용단을 부채질하게 되었다. 그리하여 수학관의 근본적인 전환이 움트기 시작하였다. 수학에 있어서는 하등 구체적인 의미가 없는 것일지라도 마땅히 연구의 대상이 되어야 한다는 입장이 그것이다. 이미 1847년에 조지 불은 "수학이란 연산 그 자체를 그 연산이 적용되는 모든 사물과는 독립적으로 다루는 것(논리학전집, 제 1, 2권)"이라는 혁명적인 주장을 한 바 있고, 그 후 잇따라 "수학이란 순전히 지적이며, 순수한 형식의 이론이다.(한켈, Hermann Hankel, 복소수 체계, 1867)", "수학은 그 발전에 있어서 완전히 자유롭다. 다만 수학의 개념은 자기모순에 빠져서는 안 된다는 제약이 있을 뿐이다.(일반집합론)" 이라는 등의 대담한 해석이 쏟아져 나왔다. 이것은 앞에서도 이야기한 바 있지만, 하나의 수학 이론의 기본개념은 아무렇게나 이름지어도 상관이 없고, 다만 논리적인 엄밀성만은 지켜야 한다는 힐버트의 입장과 통한다. 또 이것은 푸앙카레가 "공리란 가면을 쓴 정의이다." 고 말한 것과 같은 정신의 발로이기도 하다.

수학은 이제 구체적인 내용을 모두 털어버리고 추상적인 골격만으로 이루어지는 학문이 되었다. 물리학, 화학, 심지어 심리학일지라도 우선 어떤 현상이 먼저 있고, 이 현상의 법칙성을 연구하고 설명하기 위해서 과학이 나타났다. 그러나 수학에는 이러한 현상은 존재하지 않는다. 즉, 수학의 출발은 현상이 아니고 인간의 사고 속에 있었다. 이런 뜻에서 수학

[그림 7-4-1] 한켈

[그림 7-4-2] 푸앙카레

은 본래 추상적인 학문이라고 할 수 있지만, 20세기인 지금 하나의 상식이 되어버린 추상을 위한 추상이라는, 이른바 수학상의 추상주의는 19세기부터 비로소 시작된 것이다.

수학이 추상적인 측면에서 다루어진 지금, 구조라는 개념이 가장 중요한 문제로 모습을 나타낸다. 실제로 구체적인 의미를 떠나서 생각한다면, 어떤 구조인 추상적인 골격이 단순한 성질의 것이면 같은 종류의 여러 가지 구조를 찾아내기는 어려운 일이 아니다. 19세기 중엽에 이미 알려진 군(group)의 구조가 바로 그 좋은 예다. 이 구조의 개념은 특수한 형태이기는 하지만, 이전에도 대수학이나 기하학에서 쓰였다. 그러나 공리적인 방법으로 군의 구조가 추상화된 적은 없었다. 수학의 여러 분야에서 가장 기초적 셈인 뺄셈, 곱셈이라든지 또는 기하학에서의 변환의 결합 따위와 같은 연산이 추상적인 입장에서 연구되면서부터 그것 들 사이에 어떤 공통적인 개념이 숨어있다는 것이 밝혀지게 되었다. 여기에서 군을 공리적으로 정의한다는 필연적인 결과가 생겼다. 군 구조의 모형(model)은 수 집합에서의 연산인 덧셈과 곱셈 구조가 그 바탕이 됨은 물론이다. 이것을 정수의 테두리 안에서의 덧셈을 예로 들어 생각해보자.

첫째, 정수의 집합 내에서 이 연산 덧셈이 자유자재로 행해진다.
  즉, 이 집합은 "덧셈에 관하여 닫혀 있다." (폐쇄성)
둘째, 3개의 정수를 더 하는데 어떤 순서로 둘씩 결합시켜도 결과는
  마찬가지이다. 즉, (a + b) + c = a + (b + c) 이다.(결합성)
셋째, 정수 중에는 이 연산에서 아무런 영향을 끼치지 않는 원소인 더하나마나한 원소가 꼭 하나만 있다. 여기에는 0 이 그 구실을 한다.
  즉, 임의의 정수 에 대하여, a + 0 = 0 + a = a 이다. (단위 원소)
넷째, 임의의 정수에 대해서 그것을 더하면 단위원소(여기서는 0)가 나오는 정수가 꼭 하나 있다. 여기서는 − 가 그 구실을 한다.

즉, a + (-a) = (-a) + a = 0 이다.(역원소)

어떤 연산에 관해서 위의 네 가지 조건이 성립하는 집합은 모두 "그 연산에 관해서 군을 이루고 있다" 고 한다. 지금 집합으로는 정수의 집합을, 그리고 연산으로는 덧셈을 예로 들어서 설명했지만, 어떤 집합에서의 어떤 연산에 대하여도 이 성질을 갖추고 있으면 군의 구조를 가지고 있는 것이다. 이렇게 수학의 어느 분야에서 군의 구조가 어떤 구실을 하고 있다고 보는 경우에 당장 쓰일 수 있도록 군론이라는 연구 분야가 개발되었다.

이 군론의 방법을 기하학에 적용시켜 획기적인 업적을 남긴 사람은 클라인이었다. 그가 23세 때(1872)에 행하였던 엘랑겐대학 취임강연의 내용인 저 유명한 엘랑겐 프로그램은 당시의 수학, 특히 기하학을 정비하는 데 극히 중요한 구실을 하였다. 클라인이 엘랑겐 프로그램을 발표하기 이전의 기하학을 살펴보면 퐁슬레와 폰 슈타우트(von Staudt, 1798-1867) 등에 의하여 사영기하학이 이미 개발되었고, 리만에 의하여 위상기하학의 출발신호가 울려 퍼진 상태였다. 그러나 여러 가지 기하학 사이의 관계라든지 그러한 기하학이 수학에 있어서 어떤 위치를 차지하는지 등에 대해서는 아직 검토되지 않던 무렵이기도 하였다. 이러한 상황에서 나타난 엘랑겐 프로그램은 기하학 전체를 명확하게 분류하고, 나아가서는 새로운 기하학이 탄생할 길을 트이게 하였다는 점에서 수학사상 그 의의가 대단히 크다고 한다.

그런데 위상기하학이란 위상변환 속에서 다루어지는 기하학이다. 위상변환은 알기 쉽게 말해서 도형을 찢거나, 겹치거나 하지 않는 이상, 가령 누르거나 잡아당기거나 아무렇게 해도 상관이 없는 도형의 변환을 뜻한다. 좀 더 수학적으로 설명하면 도형상의 점을 연속적으로 1대 1로 대응시키는 변환이다. 토폴로지(topology)라고 불리는 이 연구 분야는 위상기하학이라는 좁은 개념으로부터 위상수학이라는 보다 광범위한 개념으로 발전

[그림 7-4-3] 클라인

[그림 7-4-4] 엘랑겐 프로그램

[그림 7-4-5] 폰 슈타우트

함에 따라서 기하학은 물론 해석학, 대수학 등 수학의 모든 영역에 걸치게 되었고, 심지어는 모든 수학적 집합이 위상공간으로 생각할 수 있을 만큼 넓은 전망과 통합적인 방법을 갖추게 되었다.

군의 개념이 발전하여, 수학 전체에 대한 편리한 도구로 쓰어 지게 된 것처럼, 위상기하학 또는 위상수학은 순한 기하학적인 연구에서 시작하여 수학의 모든 분야의 유용한 방법이자 비전(vision)을 제시하는 기본 개념으로 발전하였다. 이처럼 수학의 모든 분야에 적용되는 공통적인 방법이 개발된 것은 수학이 추상화되고, 따라서 구조적으로 다루어지게 되었다는 것을 의미한다. 오늘날 이 경향을 가장 두드러지게 대변하고 있는 것이 자칭 부르바끼라고 하는 프랑스의 중견 수학자들의 그룹이다. 부르바끼들은 대상(= 집합) − 또는 기능(= 함수) − + 법칙 (= 공리) = 구조를 수학의 중심과제로 삼은 철저한 구조주의자들이다. 이러한 부르바끼들의 수학관에 대해서 비판적인 수학자들이 있지만, 현대 수학의 중요한 특성을 반영하는 것은 사실이다.

Grete Hermann 01-84   Wolfgang Krull 99-71   v.d.Waerden 03-96   Paul Alexandroff 96-82   Heinz Hopf 94-71

Saunders MacLane 09-05   Max Deuring 07-84   Ernst Witt 11-91   Olga Taussky 06-95   Kenjiro Shoda 03-77

Jacques Herbrand 08-31   F.K.Schmidt 01-77   Gottfried Köthe 05-89   Chiungtze Tsen 98-40   Nathan Jacobson 10-99

[그림 7-4-6] 부르바끼 그룹

5. 현대 수학의 흐름

현대 수학을 오늘 현시점에서 말하는 것은 불가능한 일이다. 오늘의
화제작이 내일에는 무의미한 졸작으로 드러날 수도 있고, 반대로 거의 눈
에 띄지 않았던 연구가 나중에는 위대한 업적으로 재평가를 받게 될지도
모르는 일이다. 그래서 매우 어려운 일이지만 우선 표면에 나타난 현대의
수학의 흐름을 대강 설명한다.

20세기 이래 현대의 수학은 1900년 여름의 파리제2수학자회의에서 힐
버트가 행한 극적인 연설에서 막이 올랐다. 힐버트는 그의 역사적인 강연
인 "수학의 장래의 문제에 관해서" 에서 수학의 여러 가지 분야로부터 23
개의 문제를 골라서, 이것을 풀도록 젊은 수학자들을 다음과 같이 격려하
였다. "수학의 통일적인 성격은 다른 모든 과학적인 인식의 기초가 된다.
이 고차원의 23개의 문제를 해결하기 위해서 새로운 세기의 천재들과 고
귀한 정열에 불타는 많은 젊은이가 분기하기 바란다." 그가 내 놓은 23개
의 문제들은 다음과 같다.

1. 연속체의 농도에 관한 칸토르의 문제,
2. 산술의 공리에 관한 무모순성,
3. 밑넓이와 높이가 같은 두 사면체의 부피는 같다는 것의 증명 (해결),
4. 직선이 2점 사이의 최단거리를 주는 기하학,
5. 군을 정의 하는 함수의 미분가능성을 가설로 두지 않은 연속변환
   군에 관한 리 군(Lie群)의 개념(해결),
6. 물리학의 공리에 관한 수학적 취급,
7. 어떤 수의 무리성과 초월성(해결),
8. 소수(素數)의 문제,
9. 임의의 수체(數体)에 있어서의 일반적인 상호법칙(해결),
10. 디오판토스 방정식의 해결 가능성의 결정,

11. 임의의 대수적 수를 계수로 갖는 2차형식(해결),
12. 임의의 대수적 유리영역에 있어서의 아벨 수체에 관한 크로네커 정리의 확장,
13. 일반의 7차 대수방정식을 2 변수만의 함수에 의하여 풀 수 없다는 것의 증명,
14. 어느 완전한 함수계의 유한성의 개념,
15. 슈버트의 개수 계산법의 엄밀한 기초 확립(해결),
16. 대수곡선과 곡면의 위상기하학의 문제,
17. 정부호(定符号) 형식을 제곱의 합으로 나타내는 것(해결),
18. 합동인 다면체로 공간을 완전히 메우는 것,
19. 정칙(正則)인 변분 문제의 해는 항상 해석적이어야 하는가,
20. 일반적인 경계치 문제,
21. 주어진 모노드로미 군을 갖는 선형미분방정식의 존재의 증명,
22. 해석적 관계의 보형(保型) 함수에 의한 일의화(一意化),
23. 변분학의 방법의 전개 등이었다.

[그림 7-5-1] 파리제2수학자회의

여기서 힐버트가 제시한 기본목표를 한마디로 요약하면 새로운 개념을 위해서는 새로운 심볼인 기호가 필요하다는 것이었다. 즉, 수학은 기본적인 규칙인 공리가 정해진 일종의 게임이고, 규칙에 따라서 움직이고 있는 말이 무엇을 뜻하고 있든, 또는 무엇이라고 생각하든 상관이 없고, 중요한 것은 단 한 가지 처음에 정해놓은 규칙을 절대로 어기지 말고 게임을 진행시킨다는 일 뿐이었다. 이렇게 해서 무 내용의 내용을 속성으로 가진 수학의 응용범위를 더욱 확대하는 하나의 계기가 되었다.

힐버트의 사상을 집약한 것이 앞에서도 이야기한 바 있는 "기하학기초론" 이었고, 수학적 구조니 수학적 공리니 하는 것은 자명의 진리가 아니고 "논리적인 건조물" 이라는 러셀의 철학도 이와 같은 사상의 계보에 속한다. 이제는 도형이나 수 따위와는 아무런 상관이 없는 대상일지라도 이것이 일정한 구조를 지니고만 있다면 모두 수학의 대상으로 다루어지게 되었다. 20세기의 수학자들은 전 세기의 경우와는 달리, 구체적인 대상은 자신의 목표로 삼지 않고 추상적인 이론체계를 세우는 것만으로 만족했다. "추상=보편" 이라는 자부심 때문이었다.

이 시대를 대표하는 수학자로서 항가리 태생인 "폰 노이만" 이 있다. 미국 원자력 위원장직을 맡은 적도 있는 그는 컴퓨터에서 자동기계(automation)에 이르는 현대적 수리과학의 전 분야에 걸쳐서 정력적인 업적을 남겼다. 노이만의 수학상의 업적은 너무도 다방면에 걸쳤기 때문에 자세히 소개하는 것은 도저히 불가능하다. 다만 그가 20세기 전반기의 대수학자의 한사람임에 틀림없다는 점만을 강조해둔다. 노이만의 초기의 연구는 힐버트의 이상을 좇아서 수학의 논리적 기초를 닦는 공리적 집합론의 구성에 있었다. 그것은 이 작업이야말로 수학의 가치를 한층 높이는 일로 믿었기 때문이다. 노이만은 함수개념을 중심으로 수학의 공리화를 시도하였다. 그의 이론은 나중에 베르나이즈(Paul Bernays, 1888-1977)와

[그림 7-5-2] 폰 노이만

[그림 7-5-3] 베르나이즈

괴델에 의해서 더욱 간결하기 다듬어져서 오늘날의 공리계는 NBG체계라고 불리고 있다.

체코슬로바키아 태생의 괴델은 수학기초론과 수리논리학에 결정적인 영향을 주었고, 이 분야에 있어서의 그의 폭넓고 깊은 연구업적은 한마디로 평가하지 못할 정도이다. 지금 일반적으로 잘 알려진 업적으로는 소위 "완전성의 정리"와 "불완전성의 정리"라고 하는 얼핏 보기에 서로 모순되는 두 법칙을 들 수 있다. 완전성의 정리란 한마디로 말해서 지금까지 알려진 논리학의 법칙 이외의 그 이상 새로운 논리법칙은 생길 수 없다는 것 즉, 우리가 가지고 있는 논리만으로 이미 완성되어 버렸음을 증명한 것이다. 그리고 두 번째의 불완전성의 정리는 현재 일반적으로 널리 쓰이고 있는 자연수에 대한 페아노의 공리계가 불완전하다는 것 즉, 자연수에 관한 =, +, x 와 논리기호만으로 나타내는 바른 명제인 정리 중에는 페아노의 공리계로는 증명할수 없는 것이 있음을 밝힌 것이다. 집합론에 관해서도 유명한 이론을 남긴 괴델의 업적은 인간의 논리적 사고에 관해 가장 깊은 고찰을 하였다는 평가를 받고 있다.

유럽에서는 니콜라 부르바끼(Nicola Bourbaki)라는 익명으로 알려진 이들 프랑스 중견 수학자 그룹의 활동은 20세기 수학에 가장 중요한 영향력을 발휘하였고 직접, 간접으로 수학자의 모든 연구 분야에 영향을 주고 있다. "부르바끼가 없었다면 좋든 나쁘든 간에 현대 수학은 완전히 이질적인 것이 되었을 것이다."는 것은 할마스(B.H. Halmas)의 말이다. 멤버는 약 10명 정도, 지금까지 30권 정도의 책을 출간했다. 현대까지의 모든 수학을 재구성하겠다는 것이 그들의 목적이다.

수학에는 전통적으로 3개의 A가 있다. 그것은 수론(Arithmetic), 대수(Algebra), 해석(Analysis)인데 현대 수학은 이들 3개를 1개의 A 즉, 추상(Abstract)으로 바꾸어놓았다. 힐버트의 기초정리가 "이것은 수학이 아니며 신학" 이라는 평을 받은 것은 19세기 말의 일이었다. 그러나 이 추상화의 과정에서 수학이 발달된 것이며, 그것은 고전적인 방법으로는 도저히 도달할 수 없는 세계를 유도한 것이다. 수학의 각 분야, 가령 기하학과 해석학의 양쪽에서 공통적인 수법이라는 것이 있다면 그 패턴을 분리하고, 표준화라는 추상적인 수법을 사용해야 된다. 매년 전 세계에서 발표되는 순수수학의 연구논문은 수 만 페이지에 이르고 있다. 그들의 질은 모두 같은 자로 잴 수 있는 것이 아니다. 그러나 해마다 나온 우수한 논문으로 인하여 새로운 세계로 확장되어 가고 있다.

[그림 7-5-4] 프린스턴 연구소

수학의 철학은 틀림없이 인간의 정신 산물에 직접 관련되는 것이며, 보석처럼 순수하고 높은 추상과 내적인 조화의 체계에 대한 인간의 근원적인 바램에 이어지는 것이다. 부르바끼는 그 사실을 충분히 의식하며 그의 길을 헤치고 나갈 것이며, 2차 세계대전 이후에 나타난 수학의 미국 러시아 양대국 분극현상으로 미국 프린스턴 연구소는 유럽의 현대 수학을, 그리고 뉴욕의 쿠런(Courant) 연구소는 고전 수학을 흡수하였다. 그리하여 극도로 발달된 자본주의를 배경으로 미국인의 의욕적인 에너지는 학문과 연구를 상품화할 정도로 추진시켜 전후의 수학이 풍요하게 성장할 터전을 닦아놓았다. 모스크바의 연구풍토는 본래부터 미국과는 대조적이었으며, 연구체제의 조직화가 정치우위의 사회생리를 그대로 반영하였다. 그러나 1960년대에 접어 들면서 부터는 어떻게 된 셈인지 미·러의 연구체질이 거의 같아져 버렸다. 1967년 국제수학자회의가 모스크바에서 열렸을 때, 서방사회의 수학자들이 대거 러시아를 다녀왔고, 그 후로는 종전보다 많은 러시아 수학자들이 미국과 유럽을 다녀갔다. 이 현상은 수학이라는 학문이 이제 세계적인 규모로 확대되었다는 것을 뜻한다. 다시 말해서 연구체제에 다소의 차이가 있어도 학문의 기본개념과 문제의식, 그리고 연구방법이 같을 때는 본질적인 차이는 없어지고만다는 것을 보여주는 하나의 예가 되었다. 20세기 후반기는 연구의 상품화를 한술 더 떠서 "연구자의 상품화" 라는 새로운 상황을 빚어냈다. 그리스의 익살극작가 루키아노스(Loukianos, 120-180)의 학자의 시장이 현실화된 것이다.

확률론에 공리주의적인 기초를 세워준 것은 모스크바 학파의 총수 꼴모고로프이었다. 그는 1932년에 유명 한 "꼴모고로프 공리계" 를 세웠다. 꼴모고로프의 이론이 순수수학과 응용수학의 대립을 해소한 것은 추상수학의 방법으로 현상의 본질을 수학적인 구조로 정립시키는 데 성공하였기 때문이다. 자연법칙의 수학화라는 이 새로운 방법론은 지난 세기까지의 소위 응용수학과는 근본적으로 다르다. 즉, 이 방법은, 이를테면 물리학과

[그림 7-5-5] 쿠런 연구소 폰 슈타우트

[그림 7-5-6] 루키아노스

[그림 7-5-7] 꼴모고로프

[그림 7-5-8] 촘스키

[그림 7-5-9] 레비스트로스

[그림 7-5-10] 피아제

수학이라는 국한된 경우뿐만 아니라 일반적으로 논리적인 사고가 존재하는 분야라면 어디에나 적용된다. 말하자면 법칙성이 있는 것이면 무엇이나 바로 수학의 대상이 된다.

언어학을 예로 든다면 촘스키(Noam Chomsky, 1928-)의 통사구조, 사회학이라면 레비스트로스(C. Levi-Strauss, 1908-2009)의 친족구조, 심리학의 경우라면 피아제(Jean Piaget, 1896-1980)가 주장한 인식구조, 이것들이 바로 수학인 것이다. 이러한 상황은 학문의 분과주의가 붕괴되고, 라이프니츠의 꿈이던 보편수학의 20세기 판이 나타난 느낌이다.

이러한 예들은 이른바 정성적인 법칙성에 관한 것이었으나 정량적인 처리를 통한 수학과 다른 과학의 경계영역도 나타났다. 통계학이 바로 그것이다. 통계학은 처음 19세기의 근대 국가의 성장과 더불어 여러 분야에 걸쳐 나타난 수치의 대량화를 기술적으로 처리하기 위해서 탄생한 것이지만, 현대에 와서는 대량현상의 법칙성을 찾아낸 확률론과의 결합에서 비약적인 발전을 하고 있다.

6. 카타스트로피(파국) 이론

오늘날 기하학은 보다 인간에 가까워지고 인간의 현실생활에 경험하는 특이한 도형을 취급하여 카타스트로피(catastrophe) 즉, 파국 상황을 그 연구영역으로 포함한다. 가령 곡면을 예를 들어 생각한다면, 유클리드기하에서 다루는 것은 평면, 구면, 정다면체 등 지극히 조화와 균형이 잡힌 대상들이다. 그러나 현실세계에서의 모양은 인공적인 그것과는 딴판이다. 수학의 모든 분야의 수법을 전부 동원해서 새로운 분야를 개척해온 위상수학자들은 보다 높은 대상을 보았다. 그것이 파국 이론이었다. 위상수학이 종래의 수학이 감히 대상으로 삼지 못했던 것들을 다루면서 수학 세계를 누벼온 것은 사실이지만 여전히 연속성의 한계를 벗어나지는 못했다. 그러나 이제, 연속성조차도 뛰어넘어 불연속성에 도전하는 새로운 수학이 탄생한 것이다.

톰의 파국이론은 불연속적인 결과를 가져오는 계속되는 행동을 수학적으로 다루고 있다. 이 이론은 혼돈(Chaos)이론과 관련이 있다. 매우 수학적인 접근이지만, 파국이론의 본질은 시스템의 변화와 불연속성을 이해하는 것이다. 만약 하나의 시스템이 휴식상태(지속적인 변화가 없는)에 있으면 원래의 안정된 상태를 유지하거나 또는 최소한 안정된 범위의 상태(Outcome Basin)를 유지하려 하는 경향을 띨 것이다. 변화의 힘에 만약 시스템이 종속되면, 그 때 시스템은 처음에는 시스템이 받는 스트레스를 흡수하는 식으로 반응을 보일 것이다. 그리고 가능하다면 시스템은 그것의 선호하는 안정적 상태를 되찾으려는 시도를 할 것이다. 그러나 만약 변화의 힘이 너무 강해서 흡수될 수 없을 경우에 파국적인 변화가 발생하고 새로운 안정된 상태 또는 상태의 안정된 범위가 결정되게 된다는 것이다.

오늘날 과학자들은 이전의 상황에 대한 완전한 지식과 컴퓨터 없이는 재난을 포함하여 많은 사건들을 정확하게 예측할 수 없다는 사실을 인정하고 있다. 카오스(chaos) 이론의 창시자 중 한 사람인 로렌츠(E. Lorenz)

는, 예컨대 다음 달의 날씨는 오늘의 조건에 아주 미묘하게 관련되어 있기 때문에 "브라질에서 일어난 나비 한 마리의 날갯짓이 미국 텍사스 주에 회오리바람을 일으킬 수 있다"고 말했다. 이 말은 1979년에 열린 미국 과학발전협회 회의에 제출한 논문 "예측 가능성"의 부제였다.

　태양계 자체도 수억년 후의 움직임에 대해서는 예측이 불가능하다. 태양계 행성들의 카오스적인 움직임은 어떤 한계 속에 갇혀 있어서 지구가 금성과 부딪칠 가능성은 거의 없어 보이지만, 그러한 가능성을 완전히 배제할 수도 없을 뿐더러, 뉴턴의 법칙이 다음 어떻게 작용하여 10억년 동안에 지구가 태양계에서 완전히 떨어져나갈 가능성마저 배제할 수 없다. 채프먼(C. R. Chapman)과 모리슨(D. Morrison)은 "이보다 더 가능성이 높은 위험은, 수십만 년간 아주 규칙적인 궤도를 돌던 소행성의 궤도가 갑자기 카오스적으로 변해 혜성처럼 변해 지구로 접근해올 가능성이다"고 지적했다.

[그림 7-6-1] 나비효과의 로렌츠 (Edward Norton Lorenz, 1917-2008)

카오스 이론이 밝혀낸 예측의 어려운 문제는 톰(R. Thom)과 지만(E. C. Zeeman)의 카타스트로피(catastrophe) 이론, 백(P. Bak)과 첸(K. Chen)이 "자기 조직되는 임계이론" 이라 부른 이론에서도 다루어진다. 카타스트로피란, 반드시 재난을 가져오는 것이 아니라고 해도 급격한 변화를 의미한다. 로렌츠의 '카오스' 는 종종 좋은 것을 가리킬 때가 있다. 예컨대, 심장의 박동은 로렌츠가 의미하는 '카오스적' 인 패턴을 가져야만 건강하다. 다윈의 진화론에 적용했을 때, 파국이론은 오랜 기간 안정 상태가 지속되다가 별안간 수많은 새로운 종들이 출현하는 급변을 설명하는 데 도움이된다. 국제관계가 전쟁을 향해 긴장이 높아갈 때, 파국이론은 얼마나 많은 사람들이 죽게 될지 예측해 주지는 못하지만, 전쟁이 필연적으로 일어날 확률이 어느 정도인지 제시할 수는 있다. 파국이론을 사용해 캐스티(J. L. Casti)가 보여준 것처럼, 국가들로 이루어진 계는 모든 국가들이 선의를 갖고 있다고 해도, 전쟁을 향해 치닫는 수가 종종 있다.

카타스트로피의 가장 일반적인 예로는 모래성이 무너지는 것을 들 수 있다. 모래알을 하나하나 쌓아 모래성을 쌓다보면, 어느 순간 와르르 무너지게 된다. 작은 판 위에 깨끗한 모래를 쌓을 때, 붕괴가 일어나는 규모는 사실상 예측하기 어렵다. 많은 연구들은 복잡한 많은 계들도 이와 유사한 양상을 보인다는 것을 밝혔다. 어떤 계의 복잡성은 그 자체가 점점 더 복잡한 상태들로 진화해가도록 해, 불안정의 수준이 점점 높아져 마침내 모래성이 무너지는 것과 같은 붕괴가 일어난다는 사실도 카타스트로피 연구를 통해 밝혀졌다. 박과 첸은 "지각이나 증권시장, 지구 생태계와 같이 아주 크고 복잡한 계들은 큰 충격을 받아서가 아니라 바늘 하나를 떨어뜨리는 충격에 의해서도 붕괴할 수 있다. 커다란 상호작용 계는 임계 상태에 도달할 때까지 끊임없이 자신을 조직해나간다. 임계 상태에서는 아주 사소한 사건조차 연쇄 반응을 일으켜 카타스트로피에 이르게 된다" 고 썼다. 지각의 경우, 카타스트로피는 지진으로 일어난다.

[그림 7-6-2] 채프먼(Clark R. Chapman

[그림 7-6-3] 모리슨
(David Morrison, 1940-)

[그림 7-6-4] 르네 톰(René Frédéric Thom, 1923-2002)

[그림 7-6-5] 에릭 지만(Erik Christopher Zeeman, 1925-)

[그림 7-6-6] 페르 박(Per Bak, 1948-2002)

[그림 7-6-7] 백(P. Bak)과
첸(K. Chen)의 산불모델관련 논문 표지

[그림 7-6-8] 캐스티

　이른바 역사적 운동의 법칙을 연구하는 경우에도 이 개념을 적용시킬 수 있다. 인류의 운동은 무한히 수많은 인간의 자유의지를 바탕으로 하고 있으면서 하나의 연속적인 변화를 하고 있다는 것이다. 이 운동의 법칙을 규명하는 것이 역사의 목적이다. 다만 관찰의 대상으로서의 무한소의 단위, 역사의 "미분"에 해당하는 개인의 충동을 인식하고 "적분법"(즉, 이들 무한소의 총합)에 성공했을 때 비로소 우리는 역사적 법칙의 이론을 기대할 수 있다. 욕망과 경제력이 있을 때 구매행위가 이루어지고, 남녀의 애정관계로부터 아이가 태어난다는 따위의 현상은 각각 하나의 결과에 대한 2개씩에 요인으로 이루어지고 있으므로 2차 공간(평면 공간) 상에 그 원인과 결과 사이의 관계를 나타낼 수 있다. 또 요인의 개수가 3개이면 3차 공간상에 나타낼 수 있다. 결과가 불연속적으로 비약하는 원인 공간의 점을 특이점이라 부르기로 한다면 파국이론은 바로 특이점의 상태를 연구하는 것이다.

　파국이론의 창시자인 톰과 지만은 상황에 따라 여러 가지 형상으로 나타나는 특이점을 7가지의 기본형으로 분류했다. 기본 카타스트로피의 종류의 본질적인 개수는 원인 공간의 차원의 수 K 로서 결정된다. 실지 파국이론은 이러한 상황을 수학적으로 정확히 취급하는 이론이다. 생물학, 심리학, 사회학, 정치학. 경제학 등의 과학은 종래는 이른바 기술적인 것이었으며 이론적 체계를 세울 수 없는 것으로 생각되어 왔다. 그 이유의 하나는 이러한 상황을 다루는 수학적인 수단이 마련되어 있지 않았기 때문이었다. 그러나 앞으로 파국이론은 이런 분야의 과학을 비약적으로 발전시킬 것으로 기대된다.

[부록-1] 세계수학사연표
Timeline of mathematics

(From Wikipedia, the free encyclopedia, Feb. 12, 2015)

This is a timeline of pure and applied mathematics history.

1. Rhetorical stage

1.1 Before 1000 BC

70,000 BC - South Africa, ochre rocks adorned with scratched geometric patterns.

35,000 BC to 20,000 BC - Africa and France, earliest known prehistoric attempts to quantify time.

20,000 BC - Nile Valley, Ishango Bone: possibly the earliest reference to prime numbers and Egyptian multiplication.

3400 BC - Mesopotamia, the Sumerians invent the first numeral system, and a system of weights and measures.

3100 BC - Egypt, earliest known decimal system allows indefinite counting by way of introducing new symbols.

2800 BC - Indus Valley Civilization on the Indian subcontinent, earliest use of decimal ratios in a uniform system of ancient weights and measures, the smallest unit of measurement used is 1.704 millimetres and the smallest unit of mass used is 28 grams.

2700 BC - Egypt, precision surveying.

2400 BC - Egypt, precise astronomical calendar, used even in the Middle Ages for its mathematical regularity.

2000 BC - Mesopotamia, the Babylonians use a base-60 positional numeral system, and compute the first known approximate value of π at 3.125.

2000 BC - Scotland, Carved Stone Balls exhibit a variety of symmetries including all of the symmetries of Platonic solids.

1800 BC - Egypt, Moscow Mathematical Papyrus, findings volume of a frustum.

1800 BC - Berlin Papyrus 6619(Egypt, 19th dynasty) contains a quadratic equation and its solution.

1650 BC - Rhind Mathematical Papyrus, copy of a lost scroll from around 1850 BC, the scribe Ahmes presents one of the first known approximate values of π at 3.16, the first attempt at squaring the circle, earliest known use of a sort of cotangent, and knowledge of solving first order linear equations.

1046 BC to 256 BC - China, Chou Pei Suan Ching, arithmetic and geometric algorithms and proofs

2. Syncopated stage

2.1 1st millennium BC

1000 BC - Vulgar fractions used by the Egyptians. However, only unit fractions are used (i.e., those with 1 as the numerator) and interpolation tables are used to approximate the values of the other fractions.

first half of 1st millennium BC - Vedic India— Yajnavalkya, in his Shatapatha Brahmana, describes the motions of the sun and the moon, and advances a 95-year cycle to synchronize the motions of the sun and the moon.

c. 8th century BC - the Yajur Veda, one of the four Hindu Vedas, contains the earliest concept of infinity, and states that "if you remove a part from infinity or add a part to infinity, still what remains is infinity."

800 BC - Baudhayana, author of the Baudhayana Sulba Sutra, a Vedic Sanskrit geometric text, contains quadratic equations, and calculates the square root of twocorrectly to five decimal places.

624 BC - 546 BC - Thales of Miletus has various theorems attributed to him.

600 BC - the other Vedic "Sulba Sutras" ("rule of chords" in Sanskrit) use Pythagorean triples, contain of a number of geometrical proofs, and approximate πat 3.16.

Second half of 1st millennium BC - The Lo Shu Square, the unique normal magic square of order three, was discovered in China.

530 BC - Pythagoras studies propositional geometry and vibrating lyre strings; his group also discovers the irrationality of the square root of two.

510 BC - Anaxagoras

500 BC - Indian grammarian Pānini writes the Astadhyayi, which contains the use of metarules, transformations and recursions, originally for the purpose of systematizing the grammar of Sanskrit.

500 BC Oenopides of Chios

470 BC - 410 BC - Hippocrates of Chios utilizes lunesin an attempt to square the circle.

5th century BC - Apastamba, author of the Apastamba Sulba Sutra, another Vedic Sanskrit geometric text, makes an attempt at squaring the circle and also calculates the square root of 2 correct to five decimal places.

490 BC - 430 BC Zeno of Elea Zeno's paradoxes

5th c. BC Theodorus of Cyrene

460 BC - 370 BC Democritus

460 BC - 399 BC Hippias

428 BC Archytas

423 BC - 347 BC Plato

417 BC - 317 BC Theaetetus (mathematician)

400 BC - Jaina mathematicians in India write the "Surya Prajinapti", a mathematical text which classifies all numbers into three sets: enumerable, innumerable and infinite. It also recognizes five different types of infinity: infinite in one and two directions, infinite in area, infinite everywhere, and infinite perpetually.

408 BC - 355 BC Eudoxus of Cnidus

5th century Antiphon the Sophist

5th century (late) Bryson of Heraclea

400 BC - 350 BC Thymaridas

395 BC 313 BC Xenocrates

4th century BC - Indian texts use the Sanskrit word "Shunya" to refer to the concept of 'void' (zero).

390 BC - 320 BC Dinostratus

380 - 290 Autolycus of Pitane

370 BC - Eudoxus states the method of exhaustion for area determination.

370 BC - 300 BC Aristaeus the Elder

370 BC - 300 BC Callippus

350 BC - Aristotle discusses logical reasoning in Organon.

330 BC - the earliest work on Chinese geometry, the Mo Jing, is compiled

310 BC - 230 BC Aristarchus of Samos

390 BC - 310 BC Heraclides of Pontus

380 BC - 320 BC Menaechmus

300 BC - Jain mathematicians in India write the "Bhagabati Sutra", which contains the earliest information on combinations.

300 BC - Euclidin his Elements studies geometry as an axiomatic system, proves the infinitude of prime numbers and presents the Euclidean algorithm; he states the law of reflection in Catoptrics, and he proves the fundamental theorem of arithmetic.

c. 300 BC - Brahmi numerals(ancestor of the common modern base 10numeral system) are conceived in India.

370 - 300 - Eudemus of Rhodesworks on histories of arithmetic, geometry and astronomy now lost.

300 BC - Mesopotamia, the Babylonians invent the earliest calculator, the abacus.

300 BC - Indian mathematician Pingala writes the "Chhandah-shastra", which contains the first Indian use of zero as a digit (indicated by a dot) and also presents a description of a binary numeral system, along with the first use of Fibonacci numbers and Pascal's triangle.

280 - 210 BC Nicomedes(mathematician)

280 BC - 220 BC Philon of Byzantium

279 BC - 206 BC Chrysippus

280 BC - 220 BC Conon of Samos

250 BC - 190 BC Dionysodorus

202 BC to 186 BC - Book on Numbers and Computation, a mathematical treatise, is written in Han Dynasty, China

262 - 198 BC Apollonius of Perga

260 BC - Archimedes proved that the value of π lies between 3 + 1/7 (approx. 3.1429) and 3 + 10/71 (approx. 3.1408), that the area of a circle was equal to π multiplied by the square of the radius of the circle and that the area enclosed by a parabola and a straight line is 4/3 multiplied by the area of a triangle with equal base and height. He also gave a very accurate estimate of the value of the square root of 3.

250 BC - late Olmecshad already begun to use a true zero (a shell glyph) several centuries before Ptolemy in the New World. See 0(number).

240 BC - Eratosthenes uses his sieve algorithm to quickly isolate prime numbers.

240 BC 190 BC Diocles(mathematician)

225 BC - Apollonius of Perga writes On Conic Sections and names the ellipse, parabola, and hyperbola.

206 BC to 8 AD - Counting rods are invented in China

200 BC - 140 BC Zenodorus(mathematician)

150 BC - Jain mathematicians in India write the "Sthananga Sutra", which contains work on the theory of numbers, arithmetical operations, geometry, operations with fractions, simple equations, cubic equations, quartic equations, and permutationsand combinations.

150 BC - Perseus(geometery)

150 BC - A method of Gaussian elimination appears in the Chinese text The Nine Chapters on the Mathematical Art

150 BC - Horner's method appears in the Chinese text The Nine

Chapters on the Mathematical Art

150 BC - Negative numbers appear in the Chinese text The Nine Chapters on the Mathematical Art

150 BC - 75 BC Zeno of Sidon

190 BC - 120 BC - Hipparchus develops the bases of trigonometry.

190 BC - 120 BC Hypsicles

160 BC - 100 BC Theodosius of Bithynia

135 BC - 51 BC Posidonius

50 BC - Indian numerals, a descendant of the Brahmi numerals(the first positional notation base-10 numeral system), begins development in India.

- Mid 1st century Cleomedes(as late as 400 AD)
- Final centuries BC — Indian astronomer Lagadha writes the "Vedanga Jyotisha", a Vedic text on astronomy that describes rules for tracking the motions of the sun and the moon, and uses geometry and trigonometry for astronomy.
- 1st C. BC Geminus

2.2 1st millennium AD

1st century - Heron of Alexandria, (Hero) the earliest fleeting reference to square roots of negative numbers.

100 Theon of Smyrna

60 - 120 Nicomachus

70 - 140 Menelaus of Alexandria Spherical trigonometry

3rd century - Ptolemy of Alexandria wrote the Almagest

240 - 300 Sporus of Nicaea

250 - Diophantus uses symbols for unknown numbers in terms of syncopated algebra, and writes Arithmetica, one of the earliest treatises on algebra

263 - Liu Hui computes π using Liu Hui's π algorithm

300 - the earliest known use of zero as a decimal digit is introduced by Indian mathematicians

234 - 305 Porphyry(philosopher)

300 - 360 Serenus of Antinouplis

300 to 500 - the Chinese remainder theorem is developed by Sun Tzu

300 to 500 - a description of rod calculus is written by Sun Tzu

335 - 405 Theon of Alexandria

340 - Pappus of Alexandria states his hexagon theorem and his centroid theorem

350 - 415 Hypatia

400 - the Bakhshali manuscript is written by Jaina mathematicians, which describes a theory of the infinite containing different levels of infinity, shows an understanding of indices, as well as logarithms to base 2, and computes square roots of numbers as large as a million correct to at least 11 decimal places

412 - 485 Proclus

420 - 480 Domninus of Larissa

440 Marinus of Neapolis "I wish everything was mathematics"

450 - Zu Chongzhi   computes π to seven decimal places,

474 - 558 Anthemius of Tralles

500 - Aryabhata writes the "Aryabhata-Siddhanta", which first introduces the trigonometric functions and methods of calculating their approximate numerical values. It defines the concepts of sine and

cosine, and also contains the earliest tables of sineand cosine values (in 3.75-degree intervals from 0 to 90 degrees)

480 - 540 Eutocius of Ascalon

490 - 560 Simplicius of Cilicia

6th century - Aryabhata gives accurate calculations for astronomical constants, such as the solar eclipse and lunar eclipse, computes π to four decimal places, and obtains whole number solutions to linear equations by a method equivalent to the modern method

550 - Hindu mathematicians give zero a numeral representation in the positional notation Indian numeral system

7th century - BhaskaraI gives a rational approximation of the sine function

7th century - Brahmagupta invents the method of solving indeterminate equations of the second degree and is the first to use algebra to solve astronomical problems. He also develops methods for calculations of the motions and places of various planets, their rising and setting, conjunctions, and the calculation of eclipses of the sun and the moon

628 - Brahmagupta writes the Brahma-sphuta-siddhanta, where zero is clearly explained, and where the modern place-value Indian numeral system is fully developed. It also gives rules for manipulating both negative and positive numbers, methods for computing square roots, methods of solving linear and quadratic equations, and rules for summing series, Brahmagupta's identity, and the Brahmagupta theorem

8th century - Virasena gives explicit rules for the Fibonacci sequence, gives the derivation of the volume of a frustum using an infinite procedure, and also deals with the logarithm to base 2 and knows its laws

8th century - Shridhara gives the rule for finding the volume of a sphere and also the formula for solving quadratic equations

773 - Kanka brings Brahmagupta's Brahma-sphuta-siddhanta to Baghdadto explain the Indian system of arithmetic astronomy and the Indian numeral system

773 - Al Fazaii translates the Brahma-sphuta-siddhanta into Arabic upon the request of King Khalif Abbasid Al Mansoor

9th century - Govindsvamin discovers the Newton-Gauss interpolation formula, and gives the fractional parts of Aryabhata's tabular sines

810 - The House of Wisdomis built in Baghdad for the translation of Greek and Sanskrit mathematical works into Arabic.

820 - Al-Khwarizmi─ Persian mathematician, father of algebra, writes the Al-Jabr, later transliterated as Algebra, which introduces systematic algebraic techniques for solving linear and quadratic equations. Translations of his book on arithmetic will introduce the Hindu-Arabic decimal number system to the Western world in the 12th century. The term algorithm is also named after him.

820 - Al-Mahani conceived the idea of reducing geometrical problems such as doubling the cubeto problems in algebra.

850 - Al-Kindi pioneers crypt analysis and frequency analysis in his book on cryptography.

895 - Thabit ibn Qurra: the only surviving fragment of his original work contains a chapter on the solution and properties of cubic equations. He also generalized the Pythagorean theorem, and discovered the theorem by which pairs of amicable numbers can be found, (i.e., two numbers such that each is the sum of the proper divisors of the other).

900 - Abu Kamil of Egypt had begun to understand what we would

write in symbols as $x^n \cdot x^m = x^{m+n}$

940 - Abu'l-Wafa al-Buzjani extracts roots using the Indian numeral system.

953 - The arithmetic of the Hindu-Arabic numeral system at first required the use of a dust board (a sort of handheld blackboard) because "the methods required moving the numbers around in the calculation and rubbing some out as the calculation proceeded." Al-Uqlidisi modified these methods for pen and paper use. Eventually the advances enabled by the decimal system led to its standard use throughout the region and the world.

953 - Al-Karaji is the "first person to completely free algebra from geometrical operations and to replace them with the arithmetical type of operations which are at the core of algebra today. He was first to define the monomials x, x^2, x^3, $\cdots$ and $1/x$, $1/x^2$, $1/x^3$, $\cdots$ and to give rules for products of any two of these. He started a school of algebra which flourished for several hundreds of years". He also discovered the binomial theorem for integer exponents, which "was a major factor in the development of numerical analysis based on the decimal system."

975 - Al-Batani extended the Indian concepts of sine and cosine to other trigonometrical ratios, like tangent, secant and their inverse functions. Derived the formulae: $\sin \alpha = \tan \alpha / \sqrt{1 + \tan^2 \alpha}$ and $\cos \alpha = 1/\sqrt{1 + \tan^2 \alpha}$

3. Symbolic stage

3.1. 1000–1500

1000 - Abū Sahl al-Qūhī(Kuhi) solves equations higher than the second degree.

1000 - Abu-Mahmud al-Khujandi first states a special case of Fermat's Last Theorem.

1000 - Law of sines is discovered by Muslim mathematicians, but it is uncertain who discovers it first between Abu-Mahmud al-Khujandi, Abu Nasr Mansur, and Abu al-Wafa.

1000 - Pope Sylvester-II introduces the abacusu sing the Hindu-Arabic numeral system to Europe.

1000 - Al-Karaji writes a book containing the first known proofs by mathematical induction. He used it to prove the binomial theorem, Pascal's triangle, and the sum of integral cubes. He was "the first who introduced the theory of algebraic calculus."

1000 - Ibn Tahir al-Baghdadi studied a slight variant of Thabit ibn Qurra's theorem on amicable numbers, and he also made improvements on the decimal system.

1020 - Abul Wáfa gave the formula: $\sin (\alpha + \beta) = \sin \alpha \cos \beta + \sin \beta \cos \alpha$. Also discussed the quadrature of the parabola and the volume of the paraboloid.

1021 - Ibn al-Haytham formulated and solved Alhazen's problem geometrically.

1030 - Ali Ahmad Nasawi writes a treatise on the decimal and sexagesimal number systems. His arithmetic explains the division of fractions and the extraction of square and cubic roots (square root of 57,342; cubic root of 3, 652, 296) in an almost modern manner.

1070 - Omar Khayyám begins to write Treatise on Demonstration of Problems of Algebra and classifies cubic equations.

1100 - Omar Khayyám "gave a complete classification of cubic equations with geometric solutions found by means of intersecting conic sections." He became the first to find general geometric solutions of cubic equations and laid the foundations for the development of analytic geometry and non-Euclidean geometry. He also extracted roots using the decimal system (Hindu-Arabic numeral system).

12th century - Indian numerals have been modified by Arab mathematicians to form the modern Hindu-Arabic numeral system (used universally in the modern world)

12th century - the Hindu-Arabic numeral system reaches Europe through the Arabs

12th century - Bhaskara Acharya writes the Lilavati, which covers the topics of definitions, arithmetical terms, interest computation, arithmetical and geometrical progressions, plane geometry, solid geometry, the shadow of the gnomon, methods to solve indeterminate equations, and combinations

12th century - Bhāskara-II(Bhaskara Acharya) writes the "Bijaganita" ("Algebra"), which is the first text to recognize that a positive number has two square roots

12th century - Bhaskara Acharya conceives differential calculus, and also develops Rolle's theorem, Pell's equation, a proof for the Pythagorean Theorem, proves that division by zero is infinity, computes π to 5 decimal places, and calculates the time taken for the earth to orbit the sun to 9 decimal places

1130 - Al-Samawalv gave a definition of algebra: "[it is concerned] with operating on unknowns using all the arithmetical tools, in the same way as the arithmetician operates on the known."

1135 - Sharafeddin Tusi followed al-Khayyam's application of algebra to geometry, and wrote a treatise on cubic equations which "represents an essential contribution to another algebra which aimed to study curves by means of equations, thus inaugurating the beginning of algebraic geometry."

1202 - Leonardo Fibonacci demonstrates the utility of Hindu-Arabic numerals in his Liber Abaci(Book of the Abacus).

1247 - Qin Jiushao publishes Shùshū Jiǔzhāng("Mathematical Treatise in Nine Sections").

1260 - Al-Farisi gave a new proof of Thabit ibn Qurra's theorem, introducing important new ideas concerning factorization and combinatorial methods. He also gave the pair of amicable numbers 17296 and 18416 which have also been joint attributed to Fermat as well as Thabit ibn Qurra.

1250 - Nasir Al-Din Al-Tusi attempts to develop a form of non-Euclidean geometry.

1303 - Zhu Shijie publishes Precious Mirror of the Four Elements, which contains an ancient method of arranging binomial coefficients in a triangle.

14th century - Madhava is considered the father of mathematical analysis, who also worked on the power series for π and for sine and cosine functions, and along with other Kerala school mathematicians, founded the important concepts of Calculus

14th century - Parameshvara, a Kerala school mathematician, presents a series form of the sine function that is equivalent to its Taylor series expansion, states the mean value theorem of differential calculus, and is also the first mathematician to give the radius of circle with inscribed cyclic quadrilateral

1400 - Madhava discovers the series expansion for the inverse-tangent function, the infinite series for arc tan and sin, and many methods for calculating the circumference of the circle, and uses them to compute π correct to 11 decimal places

1400 - Ghiyath al-Kashi "contributed to the development of decimal fractions not only for approximating algebraic numbers, but also for real numbers such as π. His contribution to decimal fractions is so major that for many years he was considered as their inventor. Although not the first to do so, al-Kashi gave an algorithm for calculating nth roots which is a special case of the methods given many centuries later by Ruffini and Horner." He is also the first to use the decimal point notation in arithmetic and Arabic numerals. His works include The Key of arithmetics, Discoveries in mathematics, The Decimal point, and The benefits of the zero. The contents of the Benefits of the Zero are an introduction followed by five essays: "On whole number arithmetic", "On fractional arithmetic", "On astrology", "On areas", and "On finding the unknowns [unknown variables]". He also wrote the Thesis on the sine and the chord and Thesis on finding the first degree sine.

15th century - Ibn al-Banna and al-Qalasadi introduced symbolic notation for algebra and for mathematics in general.

15th century - Nilakantha Somayaji, a Kerala school mathematician, writes the "Aryabhatiya Bhasya", which contains work on infinite-series expansions, problems of algebra, and spherical geometry

1424 - Ghiyath al-Kashi computes π to sixteen decimal places using inscribed and circumscribed polygons.

1427 - Al-Kashi completes The Key to Arithmetic containing work of great depth on decimal fractions. It applies arithmetical and algebraic methods to the solution of various problems, including several geometric ones.

1478 - An anonymous author writes the Treviso Arithmetic.

1494 - Luca Pacioli writes Summa de arithmetica, geometria, proportioni et proportionalità; introduces primitive symbolic algebra using "co" (cosa) for the unknown.

3.2 Modern

3.2.1 16th century

1501 - Nilakantha Somayaji writes the Tantrasamgraha.

1520 - Scipione dal Ferro develops a method for solving "depressed" cubic equations (cubic equations without an x^2 term), but does not publish.

1522 - Adam Ries explained the use of Arabic digits and their advantages over Roman numerals.

1535 - Niccolò Tartaglia independently develops a method for solving depressed cubic equations but also does not publish.

1539 - Gerolamo Cardano learns Tartaglia's method for solving depressed cubics and discovers a method for depressing cubics, thereby creating a method for solving all cubics.

1540 - Lodovico Ferrari solves the quartic equation.

1544 - Michael Stifel publishes "Arithmetica integra".

1550 - Jyeshtadeva, a Kerala school mathematician, writes the "Yuktibhāṣā", the world's first calculus text, which gives detailed derivations of many calculus theorems and formulae.

1572 - Rafael Bombelli writes "Algebra" teat rise and uses imaginary numbers to solve cubic equations.

1584 - Zhu Zaiyu calculates equal temperament

1596 - Ludolf van Ceulen computes π to twenty decimal places using inscribed and circumscribed polygons.

3.2.2 17th century

1614 - John Napier discusses Napierian logarithms in Mirifici Logarithmorum Canonis Descriptio,

1617 - Henry Briggs discusses decimal logarithms in Logarithmorum Chilias Prima,

1618 - John Napier publishes the first references to e in a work on logarithms.

1619 - René Descartes discovers analytic geometry(Pierre de Fermat claimed that he also discovered it independently),

1619 - Johannes Kepler discovers two of the Kepler-Poinsot polyhedra.

1629 - Pierre de Fermat develops a rudimentary differential calculus,

1634 - Gilles de Roberval shows that the area under a cycloidis three times the area of its generating circle,

1636 - Muhammad Baqir Yazdi jointly discovered the pair of amicable numbers 9,363,584 and 9,437,056 along with Descartes(1636).

1637 - Pierre de Fermat claims to have proven Fermat's Last Theorem in his copy of Diophantus' Arithmetica,

1637 - First use of the term imaginary number by René Descartes; it was meant to be derogatory.

1654 - Blaise Pascal and Pierre de Fermat create the theory of probability,

1655 - John Wallis writes Arithmetica Infinitorum,

1658 - Christopher Wren shows that the length of a cycloid is four times the diameter of its generating circle,

1665 - Isaac Newton works on the fundamental theorem of calculus and develops his version of infinitesimal calculus,

1668 - Nicholas Mercator and William Brouncker discover an infinite series for the logarithm while attempting to calculate the area under a hyperbolic segment,

1671 - James Gregory develops a series expansion for the inverse-tangent function (originally discovered by Madhava)

1673 - Gottfried Leibniz also develops his version of infinitesimal calculus,

1675 - Isaac Newton invents an algorithm for the computation of functional roots,

1680s - Gottfried Leibniz works on symbolic logic,

1691 - Gottfried Leibniz discovers the technique of separation of variables for ordinary differential equations,

1693 - Edmund Halley prepares the first mortality tables statistically relating death rate to age,

1696 - Guillaume de L'Hôpital states his rule for the computation of certain limits,

1696 - Jakob Bernoulli and Johann Bernoulli solve brachistochrone problem, the first result in the calculus of variations,

3.2.3 18th century

1706 - John Machin develops a quickly converging inverse-tangent series for π and computes π to 100 decimal places,

1712 - Brook Taylor develops Taylor series,

1722 - Abraham de Moivre states de Moivre's formula connecting trigonometric functions and complex numbers,

1724 - Abraham De Moivre studies mortality statistics and the foundation of the theory of annuities in Annuities on Lives,

1730 - James Stirling publishes The Differential Method,

1733 - Giovanni Gerolamo Saccheri studies what geometry would be like if Euclid's fifth postulate were false,

1733 - Abraham de Moivre introduces the normal distribution to approximate the binomial distribution in probability,

1734 - Leonhard Euler introduces the integrating factor technique for solving first-order ordinary differential equations,

1735 - Leonhard Euler solves the Basel problem, relating an infinite series to π,

1736 - Leonhard Euler solves the problem of the Seven bridges of Königsberg, in effect creating graph theory,

1739 - Leonhard Euler solves the general homogeneous linear ordinary differential equation with constant coefficients,

1742 - Christian Goldbach conjectures that every even number greater than two can be expressed as the sum of two primes, now known as Goldbach's conjecture,

1748 - Maria Gaetana Agnesi discusses analysis in Instituzioni Analitiche ad Uso della Gioventu Italiana,

1761 - Thomas Bayes proves Bayes' theorem,

1761 - Johann Heinrich Lambert proves that π is irrational,

1762 - Joseph Louis Lagrange discovers the divergence theorem,

1789 - Jurij Vega improves Machin's formula and computes π to 140 decimal places,

1794 - Jurij Vega publishes Thesaurus Logarithmorum Completus,

1796 - Carl Friedrich Gauss proves that the regular 17-gon can be constructed using only a compass and straightedge

1796 - Adrien-Marie Legendre conjectures the prime number theorem,

1797 - Caspar Wessel associates vectors with complex numbers and studies complex number operations in geometrical terms,

1799 - Carl Friedrich Gauss proves the fundamental theorem of algebra(every polynomial equation has a solution among the complex numbers),

1799 - Paolo Ruffini partially proves the Abel–Ruffini theorem that quinticor higher equations cannot be solved by a general formula,

3.2.4 19th century

1801 - Disquisitiones Arithmeticae, Carl Friedrich Gauss's number theory treatise, is published in Latin

1805 - Adrien-Marie Legendre introduces the method of least squares for fitting a curve to a given set of observations,

1806 - Louis Poinsot discovers the two remaining Kepler-Poinsot polyhedra.

1806 - Jean-Robert Argand publishes proof of the Fundamental theorem of algebraand the Arg and diagram,

1807 - Joseph Fourier announces his discoveries about the trigonometric decomposition of functions,

1811 - Carl Friedrich Gauss discusses the meaning of integrals with complex limits and briefly examines the dependence of such integrals on the chosen path of integration,

1815 - Siméon Denis Poisson carries out integrations along paths in the complex plane,

1817 - Bernard Bolzano presents the intermediate value theorem—a continuous functionwhich is negative at one point and positive at another point must be zero for at least one point in between,

1822 - Augustin-Louis Cauchy presents the Cauchy integral theorem for integration around the boundary of a rectangle in the complex plane,

1824 - Niels Henrik Abel partially proves the Abel–Ruffini theorem that the general quinticor higher equations cannot be solved by a general formula involving only arithmetical operations and roots,

1825 - Augustin-Louis Cauchy presents the Cauchy integral theorem for general integration paths—he assumes the function being integrated has a continuous derivative, and he introduces the theory of residues in complex analysis,

1825 - Peter Gustav Lejeune Dirichlet and Adrien-Marie Legendre prove Fermat's Last Theorem for n= 5,

1825 - André-Marie Ampère discovers Stokes' theorem,

1828 - George Green proves Green's theorem,

1829 - Bolyai, Gauss, and Lobachevsky invent hyperbolic non-Euclidean geometry,

1831 - Mikhail Vasilievich Ostrogradskyre discovers and gives the first proof of the divergence theorem earlier described by Lagrange, Gauss and Green,

1832 - Évariste Galois presents a general condition for the solvability of algebraic equations, thereby essentially founding group theory and Galois theory,

1832 - Lejeune Dirichlet proves Fermat's Last Theorem for n= 14,

1835 - Lejeune Dirichlet proves Dirichlet's theorem about prime numbers in arithmetical progressions,

1837 - Pierre Wantsel proves that doubling the cube and trisecting the angle are impossible with only a compass and straightedge, as well as the full completion of the problem of construct ability of regular polygons

1841 - Karl Weierstrass discovers but does not publish the Laurent expansion theorem,

1843 - Pierre-Alphonse Laurent discovers and presents the Laurent expansion theorem,

1843 - William Hamilton discovers the calculus of quaternions and deduces that they are non-commutative,

1847 - George Boole formalizes symbolic logic in The Mathematical Analysis of Logic, defining what is now called Boolean algebra,

1849 - George Gabriel Stokes shows that solitary waves can arise from a combination of periodic waves,

1850 - Victor Alexandre Puiseux distinguishes between poles and branch points and introduces the concept of essential singular points,

1850 - George Gabriel Stokes rediscovers and proves Stokes' theorem,

1854 - Bernhard Riemann introduces Riemannian geometry,

1854 - Arthur Cayleyshows that quaternions can be used to represent rotations in four-dimensional space,

1858 - August Ferdinand Möbius invents the Möbius strip,

1858 - Charles Hermite solves the general quintic equation by means of elliptic and modular functions,

1859 - Bernhard Riemann formulates the Riemann hypothesis which has strong implications about the distribution of prime numbers,

1870 - Felix Klein constructs an analytic geometry for Lobachevski's geometry thereby establishing its self-consistency and the logical independence of Euclid's fifth postulate,

1872 - Richard Dedekind invents what is now called the Dedekind Cut for defining irrational numbers, and now used for defining surreal numbers,

1873 - Charles Hermite proves that e is transcendental,

1873 - Georg Frobenius presents his method for finding series solutions to linear differential equations with regular singular points,

1874 - Georg Cantor proves that the set of all real numbers is uncountably infinitebut the set of all real algebraic numbers is countably infinite. His proof does not use his diagonal argument, which he published in 1891.

1882 - Ferdinand von Lindemann proves that π is transcendental and that therefore the circle cannot be squared with a compass and straightedge,

1882 - Felix Klein invents the Klein bottle,

1895 - Diederik Korteweg and Gustav de Vries derive the Korteweg-de Vries equation to describe the development of long solitary water waves in a canal of rectangular cross section,

1895 - Georg Cantor publishes a book about set theory containing the arithmetic of infinite cardinal numbers and the continuum hypothesis,

1896 - Jacques Hadamard and Charles Jean de la Vallée-Poussin independently prove the prime number theorem,

1896 - Hermann Minkowski presents Geometry of numbers,

1899 - Georg Cantor discovers a contradiction in his set theory,

1899 - David Hilbert presents a set of self-consistent geometric axioms in Foundations of Geometry,

1900 - David Hilbert states his list of 23 problems which show where some further mathematical work is needed.

3.3 Contemporary

3.3.1 20th century

1900 - David Hilbert publishes Hilbert's problems, a list of unsolved problems

1901 - Élie Cartan develops the exterior derivative,

1903 - Carle David Tolmé Runge presents a fast Fourier Transform algorithm[citation needed]

1903 - Edmund Georg Hermann Landau gives considerably simpler proof of the prime number theorem.

1908 - Ernst Zermelo axiomizes set theory, thus avoiding Cantor's contradictions,

1908 - Josip Plemelj solves the Riemann problem about the existence of a differential equation with a given monodromic group and uses Sokhotsky − Plemelj formulae,

1912 - Luitzen Egbertus Jan Brouwer presents the Brouwer fixed-point theorem,

1912 - Josip Plemelj publishes simplified proof for the Fermat's Last Theorem for exponent n= 5,

1919 - Viggo Brun defines Brun's constant B_2 for twin primes,

1928 - John von Neumann begins devising the principles of game theory and proves the minimax theorem,

1930 - Casimir Kuratowski shows that the three-cottage problem has no solution,

1931 - Kurt Gödel proves his incompleteness theorem which shows that every axiomatic system for mathematics is either incomplete or inconsistent,

1931 - Georges de Rham develops theorems in cohomology and

characteristic classes,

1933 - Karol Borsuk and Stanislaw Ulam present the Borsuk–Ulam antipodal-point theorem,

1933 - Andrey Nikolaevich Kolmogorov publishes his book Basic notions of the calculus of probability(Grundbegriffe der Wahrscheinlichkeitsrechnung) which contains an axiomatization of probability based on measure theory,

1940 - Kurt Gödel shows that neither the continuum hypothesis nor the axiom of choicecan be disproven from the standard axioms of set theory,

1942 - G.C. Danielson and Cornelius Lanczos develop a Fast Fourier Transform algorithm,

1943 - Kenneth Levenberg proposes a method for nonlinear least squares fitting,

1945 - Stephen Cole Kleene introduces realizability,

1945 - Saunders Mac Lane and Samuel Eilenberg start category theory

1945 - Norman Steenrod and Samuel Eilenberg give the Eilenberg–Steenrod axioms for (co-)homology

1948 - John von Neumann mathematically studies self-reproducing machines,

1949 - John von Neumann computes π to 2,037 decimal places using ENIAC,

1949 - Claude Shannon develops notion of Information Theory.

1950 - Stanisław Ulam and John von Neumann present cellular automata dynamical systems,

1953 - Nicholas Metropolis introduces the idea of thermodynamic simulated annealing algorithms,

1955 - H. S. M. Coxeteret al. publish the complete list of uniform polyhedron,

1955 - Enrico Fermi, John Pasta, and Stanis ł aw Ulam numerically study a nonlinear spring model of heat conduction and discover solitary wave type behavior,

1956 - Noam Chomsky describes an hierarchy of formal languages,

1958 - Alexander Grothendieck's proof of the Grothendieck-Riemann-Roch theorem is published

1960 - C. A. R. Hoare invents the quick-sort algorithm,

1960 - Irving S. Reed and Gustave Solomon present the Reed-Solomon error-correcting code,

1961 - Daniel Shanks and John Wrench compute π to 100,000 decimal places using an inverse-tangent identity and an IBM-7090 computer,

1962 - Donald Marquardt proposes the Levenberg-Marquardt nonlinear least squares fitting algorithm,

1963 - Paul Cohen uses his technique of forcing to show that neither the continuum hypothesis nor the axiom of choice can be proven from the standard axioms of set theory,

1963 - Martin Kruskal and Norman Zabuskyan alytically study the Fermi-Pasta-Ulam heat conduction problem in the continuum limit and find that the KdV equation governs this system,

1963 - meteorologist and mathematician Edward Norton Lorenz published solutions for a simplified mathematical model of atmospheric turbulence - generally known as chaotic behaviour and strange attractors or Lorenz Attractor- also the Butterfly Effect,

1965 - Iranian mathematician Lotfi Asker Zadeh founded fuzzy set theory as an extension of the classical notion of set and he founded the field of Fuzzy Mathematics,

1965 - Martin Kruskal and Norman Zabusky numerically study colliding solitary wavesin plasmasand find that they do not disperse after collisions,

1965 - James Cooley and John Tukey present an influential Fast Fourier Transform algorithm,

1966 - E. J. Putzer presents two methods for computing the exponential of a matrixin terms of a polynomial in that matrix,

1966 - Abraham Robinson presents non-standard analysis.

1967 - Robert Langlands formulates the influential Langlands program of conjectures relating number theory and representation theory,

1968 - Michael Atiyah and Isadore Singer prove the Atiyah–Singer index theoremabout the index of elliptic operators,

1973 - Lotfi Zadeh founded the field of fuzzy logic,

1975 - Benoît Mandelbrot publishes Les objets fractals, forme, hasard et dimension,

1976 - Kenneth Appel and Wolfgang Haken use a computer to prove the Four color theorem,

1981 - Richard Feynman gives an influential talk "Simulating Physics with Computers" (in 1980 Yuri Manin proposed the same idea about quantum computations in "Computable and Uncomputable" (in Russian)),

1983 - Gerd Faltings proves the Mordell conjecture and thereby shows that there are only finitely many whole number solutions for each exponent of Fermat's Last Theorem,

1983 - the classification of finite simple groups, a collaborative work involving some hundred mathematicians and spanning thirty years, is completed,

1985 - Louis de Branges de Bourcia proves the Bieberbach conjecture,

1987 - Yasumasa Kanada, David Bailey, Jonathan Borwein, and Peter Borweinuse iterative modular equation approximations to elliptic integrals and a NEC SX-2supercomputer to compute π to 134 million decimal places,

1991 - Alain Connes and John W. Lott develop non-commutative geometry,

1992 - David Deutsch and Richard Jozsa develop the Deutsch-Jozsa algorithm, one of the first examples of a quantum algorithm that is exponentially faster than any possible deterministic classical algorithm.

1994 - Andrew Wiles proves part of the Taniyama-Shimura conjecture and thereby proves Fermat's Last Theorem,

1994 - Peter Shor formulates Shor's algorithm, a quantum algorithm for integer factorization,

1998 - Thomas Callister Hales(almost certainly) proves the Kepler conjecture,

1999 - the full Taniyama-Shimura conjecture is proved,

2000 - the Clay Mathematics Institute proposes the seven Millennium Prize Problemsof unsolved important classic mathematical questions.

3.3.2 21st century

2002 - Manindra Agrawal, Nitin Saxena, and Neeraj Kayalof IIT Kanpur present an unconditional deterministic polynomial time algorithm to determine whether a given number is prime(the AKS primality test),

2002 - Yasumasa Kanada, Y. Ushiro, Hisayasu Kuroda, Makoto Kudoh and a team of nine more compute π to 1241.1 billion digits using a Hitachi64-node supercomputer,

2002 - Preda Mihăilescu proves Catalan's conjecture,

2003 - Grigori Perelman proves the Poincaré conjecture,

2007 - a team of researchers throughout North America and Europe used networks of computers to map E8.

2009 - Fundamental lemma(Langlands program) had been proved by Ngô Bảo Châu.

2013 - Yitang Zhang proves the first finite bound on gaps between prime numbers.

4. References

1. Art Prehistory, Sean Henahan, January 10, 2002.

2. How Menstruation Created Mathematics, Tacoma Community College, archive link

3. OLDEST Mathematical Object is in Swaziland

4. an old Mathematical Object

5. Egyptian Mathematical Papyri - Mathematicians of the African Diaspora

6. Carl B. Boyer, A History of Mathematics, 2nd Ed.

7. Corsi, Pietro; Weindling, Paul (1983). Information sources in the history of science and medicine. Butterworth Scientific. ISBN 9780408107648. Retrieved 6 July2014.

8. Victor J. Katz (1998). History of Mathematics: An Introduction, p. 255–259. Addison-Wesley. ISBN 0-321-01618-1.

9. F. Woepcke (1853). Extrait du Fakhri, traité d'Algèbre par Abou Bekr Mohammed Ben Alhacan Alkarkhi. Paris.

10. O'Connor, John J.; Robertson, Edmund F., "Abu l'Hasan Ali ibn Ahmad Al-Nasawi", MacTutor History of Mathematics archive, University of St Andrews.

11. Arabic mathematics, MacTutor History of Mathematics archive, University of St Andrews, Scotland

12. Various AP Lists and Statistics

13. Jump up ^Paul Benacerraf and Hilary Putnam, Cambridge U.P., Philosophy of Mathematics: Selected Readings, ISBN 0-521-29648-X

14. Elizabeth A. Thompson, MIT News Office, Math research team maps E8Mathematicians Map E8, Harminka, 2007-03-20

15. Laumon, G.; Ngô, B. C. (2004), Le lemme fondamental pour les groupes unitaires, arXiv:math/0404454

16. "UNH Mathematician's Proof Is Breakthrough Toward Centuries-Old Problem". University of New Hampshire. May 1, 2013. Retrieved May 20,2013.
David Eugene Smith, 1929 and 1959, A Source Book in Mathematics, Dover. ISBN 0-486-64690-4.

17. O'Connor, John J.; Robertson, Edmund F., "A Mathematical Chronology", MacTutor History of Mathematics archive, University of St Andrews.

※ "Categories: History of mathematics Mathematics timelines was last modified on 9 February 2015, at 19:05"

[부록-2] 세계과학사연표

(출처 : http://blog.daum.net/hongsy65/16792865)

▌고대

B.C. 4241년 1년 365일 달력 창안

- 이집트
- 구분: 천문학

B.C. 3500년 바퀴 발명

- 메소포타미아
- 구분: 기술

B.C. 2560년 대피라미드 완성

- 이집트
- 구분: 기술

B.C. 550년 피타고라스 정리 증명

- 피타고라스
- 그리스
- 구분: 수학

B.C. 400년 의술 및 선서 주창

- 히포크라테스
- 그리스
- 구분: 생명과학

B.C. 330년 4원소설 제시

- 아리스토텔레스
- 그리스
- 구분: 물리학

B.C. 220년 지레의 원리 및 원주율 발견

- 아르키메데스
- 그리스
- 구분: 수학/물리학

▌~15세기

132년 지진계 '후풍지동의' 발명

- 장형
- 중국
- 구분: 기술

150년 천문학서 [알마게스트] 저술

- 프톨레마이오스
- 이집트
- 구분: 천문학

200년 3체계설 제시

- 갈레노스
- 로마
- 구분: 생명과학

271년 나침반 발명

- 중국
- 구분: 기술

458년 최초 0의 기록

- 인도
- 구분: 수학

850년 화약 제조법 기록

- 중국
- 구분: 화학/기술

1247년 돌에 새긴 천문도 [순우천문도] 제작

- 황상
- 중국
- 구분: 천문학

▌근대과학

1543년 새로운 해부학서 [인체 해부에 대하여] 출간

- 안드레아스 베살리우스
- 이탈리아
- 구분: 생명과학

1543년 지동설 제창

- 니콜라우스 코페르니쿠스
- 폴란드
- 구분: 천문학

1545년 삼차방정식의 해법 공표

- 카르다노, 타르탈리아
- 이탈리아
- 구분: 수학

1582년 그레고리력 반포

- 교황 그레고리오 13세

- 이탈리아
- 구분: 천문학

1590년 현미경 발명

- 한스 부자
- 네덜란드
- 구분: 생명과학/기술

1609년 천체망원경 제작

- 갈릴레오 갈릴레이
- 이탈리아
- 구분: 천문학/기술

1609년 행성운동법칙 다룬 [신천문학] 출간

- 요하네스 케플러
- 독일
- 구분: 천문학

1618년 혈액순환 이론 발견

- 윌리엄 하비
- 영국
- 구분: 생명과학

1632년 [프톨레마이오스-코페르니쿠스 두 개의 주요 우주 체계에 대한 대화] 출간

- 갈릴레오 갈릴레이
- 이탈리아
- 구분: 천문학

1637년 과학적 방법론을 다룬 [방법서설] 출간

- 르네 데카르트
- 프랑스
- 구분: 물리학

1665년 세포 발견

- 로버트 훅
- 영국
- 구분: 생명과학

1665년 미적분법 발견

- 아이작 뉴턴, 고트프리트 라이프니츠
- 영국/독일
- 구분: 수학

1687년 고전역학 ([프린키피아])의 출간

- 아이작 뉴턴
- 영국
- 구분: 물리학

▌18세기

1712년 증기기관의 탄생

- 토마스 뉴커먼
- 영국
- 구분: 기술

1735년 생물의 분류체계 정립

- 칼 폰 린네
- 스웨덴
- 구분: 생명과학

1769년 아크라이트 방적기 등장

- 리처드 아크라이트
- 영국
- 구분: 기술

1778년 동물전기 발견

- 루이지 갈바니
- 이탈리아
- 구분: 생명과학

1785년 화학혁명의 성립

- 앙투안 라부아지에
- 프랑스
- 구분: 화학

1785년 쿨롱의 법칙 발견

$$F = k_e \frac{q_1 q_2}{r^2}$$

- 샤를 쿨롱
- 프랑스
- 구분: 물리학

1796년 종두법 시행

- 에드워드 제너
- 영국
- 구분: 생명과학

1799년 볼타전지 발명

- 알레산드로 볼타
- 이탈리아
- 구분: 물리학

▌19세기

1804년 증기기관차 제작

- 트레비식
- 영국
- 구분: 기술

1808년 원자설 제창

- 존 돌턴
- 영국
- 구분: 물리학

1830년 [지질학 원리] 출간

- 찰스 라이엘
- 영국
- 구분: 지구과학

1831년 전자기 유도현상 발견

- 마이클 패러데이
- 영국
- 구분: 물리학

1839년 사진술의 등장

- 윌리엄 헨리 폭스 톨벗
- 영국
- 구분: 기술

1842년 에너지보존법칙 발견

- 율리우스 마이어, 제임스 줄
- 독일/영국
- 구분: 물리학

1859년 [종의 기원] 출간

- 찰스 다윈
- 영국
- 구분: 생명과학

1864년 전자기학 방정식(맥스웰 방정식) 제시

- 맥스웰
- 영국
- 구분: 물리학

1865년 멘델의 유전법칙 발견

- 그레고르 멘델
- 오스트리아
- 구분: 생명과학

1865년 열역학 제2법칙, 엔트로피 제시

- 클라우지우스
- 독일
- 구분: 물리학

1866년 다이너마이트 발명

- 알프레드 노벨
- 스웨덴
- 구분: 기술/화학

1869년 원소 주기율표 완성

- 드미트리 멘델레예프
- 러시아
- 구분: 화학

1876년 전화의 발명

- 알렉산더 그레이엄 벨
- 미국
- 구분: 기술

1879년 세균병인설 제시

- 루이 파스퇴르
- 프랑스
- 구분: 생명과학

1879년 백열전구 발명

- 토머스 에디슨, 조지프 스완
- 미국/영국
- 구분: 기술

1882년 대형발전기 개발

- 토머스 에디슨
- 미국
- 구분: 기술

1895년 X선 발견

- 빌헬름 뢴트겐
- 독일
- 구분: 물리학

1895년 무선통신의 등장

- 마르케스 마르코니
- 이탈리아
- 구분: 기술

1896년 방사능 발견

- 앙투안 베크렐
- 프랑스
- 구분: 물리학

1897년 전자 발견

- 조지프 톰슨
- 영국
- 구분: 물리학

1900년 양자가설 제시

- 플랑크
- 독일
- 구분: 물리학

1900년 혈액형 발견

- 카를 란트슈타이너
- 오스트리아
- 구분: 생명과학

▌20세기

1903년 가솔린 모터 비행기 발명

- 라이트 형제
- 미국
- 구분: 기술

1905년 특수상대성 이론 제시

- 알베르트 아인슈타인
- 독일
- 구분: 물리학

1907년 삼극진공관 발명

- 리 디포리스트
- 미국
- 구분: 물리학/기술

1911년 원자모델 등장

- 어니스트 러더퍼드
- 영국
- 구분: 물리학

1912년 대륙이동설 제시

- 알프레트 베게너
- 독일
- 구분: 지구과학

1925년 양자역학의 성립

- 베르너 하이젠베르크
- 독일
- 구분: 물리학

1926년 텔레비전 개발

- 존 베어드
- 영국
- 구분: 기술

1928년 페니실린 발견

- 알렉산더 플레밍
- 영국
- 구분: 생명과학

1929년 우주팽창 증거 발견

- 에드윈 허블
- 미국
- 구분: 천문학

1930년 제트엔진 등장

- 휘틀
- 영국
- 구분: 기술

1934년 나일론 발명

- 캐러더스
- 미국
- 구분: 화학

1942년 원자로 가동

- 엔리코 페르미
- 미국
- 구분: 물리학

1945년 최초의 원자탄 폭발

- 미국
- 구분: 물리학/기술

1946년 최초의 전자계산기 'ENIAC' 완성

- 모클리, 존 에커트
- 미국
- 구분: 기술

1947년 트랜지스터 발명

- 존 바딘, 월터 브래튼
- 미국
- 구분: 기술

- (완) -

◦ 참고문헌 ◦

* 수학사를 다룬 외국서적

1. Ball, W .W. Rouse . "A Short Account of the History of Mathematics," 6th ed. London, 1915, Dover reprint, 1960.

2. Baron, M.E. "The Origins of Infinitesimal Calculus," New York, 1969.

3. BarroW, I. "Geometrical Lectures," Chicago, 1916

4. Bell, A. E. "Christian Hurygens and the Development of Science," the Science in Seventeenth Century, London, 1947.

5. Bochner, S. "The Role of Mathematics in the Rise of Princeton," N.J., 1966.*

6. Bos, H.J.M. "Differentials, Higher-order Differentials and the Derivative in the Leibnizian Calculus," AHES, Vol. 4 (1974),

7. Bunt, L.N.H., Jones, P.S.; and Bedient, J.D. "The Historocal Roots of Elementary Mathematics," Englewood Cliffs, N.J., 1976.

8. Capori, F. Willam Oughtred. "A History of Elementary Mathematics," New york, 1986

9. Fellman, E.A. "Die mathematischen Werke von Honoratius Fabri." Physics, Vol. 1 (1959)

10. Hall, A.R. "Philosophers at War. The Quarrel Between Newton and Leibniz," Cambridge, 1900.

11. Hessen, B. "The Sociel and Economic Roots of Newton's Principia." Science at the Crossroads. London, 1934.

12. Kline, M. "Mathematics in Western Culture," New York, 1953.*

13. Mahoney, M.S. "The Mathematical Career of Permat," Princeton, N.J., 1970.

14. Miller, G.A., "A First Lesson in the History of Mathematics," A series of ten articles in Nat Math. Mag., Vols. 13-19 (1939-45).

15. Montel, "P. Pascal mathematicien," Paris, 1951.

16. Sanford, V. "A Short History of Mathematics," London, 1930

17. Scott, J.F. "The Mathematical Works of John Wallis," D.D., F.R.S. Lindon, 1938. Reprinted: New York, 1981.

18. Smith, D. E., and Ginsburg, J. "Numbers and Numerals," New York Teachers' College, 1937. Childe, Gordon. What Happened in History. Pelican Books, 1942.

19. Smith, D.E. and Latham H., ed, "The Geometry of Rene Descartes," English translation, Chicago 1925, New York, 1959.

20. Tannery, Paul "Notions Historiques. In de mathematiques," J. Tannery, ed. Paris,1903,

21. Whiteside, D.T. "Patterns of Mathematical Thought in Later Seventeenth Century." AHES, Vol. 1 (1961),

22. Wilder, R.L. "Evolution of Mathematical Concepts," New York, 1968. HM, Vol. 1-6 (1979),

23. Worrall, J. Zahak, E., ed. "Proofs and Refutation. The Logic of Mathematical Disxovery," Cambridge, 1976.

** 수학사를 다룬 정기간행물

1. Annals of Science, 1936-현재

2. Centaurus, 1950-현재

3. Boethius, 1962-현재

4. Physis, 1959-현재

5. AHES (Archive for History of ExactnSciences), 1974-현재

6. Indian Journal of History of Science.

7. Journal of the History of Arabic Science.

8. Annals of the History of Computers, 1970- 현재.

*** 국문판 수학사 관련 도서

1. E.T, Bell 저, 안재구 역, "수학을 만든 사람들," 미래사, 1998.

2. 김용운, 김용국, 세계수학문화사,"전파과학사, 1983.

3. 김용운, "인간학으로서의 수학," 우성문화사, 1988.

4. 김용운, 김용국 저, "수학서설," 우성문화사, 1995.

5. 더크 스트뤽 저, 장경운 외 공역, "간추린 수학사," 경문사, 2011.

6. 데이비드 벌린스키 저, 김하락, 유주환 공역, "수학의 역사," 을유문화사, 2007.

7. 박세희, "수학의 세계," 서울대학교 출판부, 1987.

8. 사이먼싱 저, 박병철 역, "페르마의 마지막 정리," 영림카디널, 2002.

9. 요시나가 요시미사 저, 임승원 역, "괴델 불완전성 정리," 전파과학사, 2000.

10. 이대현, 최승현, "문제해결을 통한 수학적 경험," 경문사, 2011.

11. 장경운, "한 줄에 꿰는 수학이야기," 경문사, 2006.

12. 秋山 仁 저, 황순현외 공역, "수학의 증명 방법," 미래사, 1994.

13. 케이스 데블린 저, 허민 역, "수학: 새로운 황금시대," 경문사, 1999.

14. 콘스탄스 레이드 저, 임승원 역, "제로에서 무한으로," 전파과학사, 1995.

15. 한병호, "수학이란 무엇인가," 창문각, 1984.

16. 혼다 마쓰오 저, 임승원 역, "위상공간으로 가는 길," 전파과학사, 1995.

국문 찾아보기

● 영문 찾아보기 ●

김수홍
- 서울대학교 공과대학 응용수학과졸업(공학사)
- 서울대학교대학원 계산통계학과졸업(이학석사)
- 서울대학교대학원 계산통계학과졸업(이학박사)
- 미국 메릴랜드주 타우슨대학교 컴퓨터과학과 교수
- 상명대학교 공과대학 컴퓨터공학과 교수(1992년-현재)

스마트세대의 교양 수학의 역사

1판 1쇄 인쇄　2015년 02월 25일
1판 1쇄 발행　2015년 03월 02일
저　　자 김수홍
발 행 인 이범만
발 행 처 **21세기사** (제406-00015호)
　　　　 경기도 파주시 산남로 72-16 (413-130)
　　　　 Tel. 031-942-7861　　 Fax. 031-942-7864
　　　　 E-mail : 21cbook@naver.com
　　　　 Home-page : www.21cbook.co.kr
　　　　 ISBN 978-89-8468-570-3

정가 20,000원